失われたモーセの大預言
「蘇民将来」の謎

飛鳥昭雄・三神たける 著

ONE PUBLISHING

mu SUPER MYSTERY BOOKS

「出エジプト」から「出ジャパン」へ!!
牛頭天王に隠されたユダヤの暗号を解く!!

まえがき

日本最初の寺院のひとつに大阪の四天王寺がある。不思議なことに、寺であるにもかかわらず、四天王寺には鳥居がある。鳥居をくぐり参道を歩いていくと、本堂へと至るのであるが、なぜか正面ではない。四天王寺は南から北へ、中門と五重塔、金堂、そして講堂が一直線に並んでいる。いわゆる四天王寺式伽藍配置で、鳥居は西側にある。ちょうど伽藍のラインと垂直に交わる形で参道が伸びている。

鳥居から続くラインを延長していくと、小さなお堂へと至る。掲げられた扁額には「牛王尊」と書かれてある。正式には「石神堂牛王尊」といい、中には牛の像が安置されている。なんでも、四天王寺が建立されたとき、それまで資材を運搬していた牛が石になった。功績を讃えて、石になった牛を丁重に祀ったのが始まりで、今でも秘祭が行われているという。

四天王寺について長年研究されている怪談蒐集家で、古代史研究家の中山市朗氏は、この牛王尊こそ、四天王寺においてもっとも重要な祭神と見る。四天王寺が建立される以前から、石神堂はあった。四天王寺の鳥居とその参道は本来、石神堂のものだったというのだ。

しかも、四天王寺という名前も、牛王尊に因む。牛王尊とは陰陽道の荒ぶる神「牛頭天王」

●――4

のこと。牛頭天王の天王をもって建てられた寺も「天王寺」と呼ばれ、これが仏教の天部と結びつけられて「四天王寺」と称されるようになった。神仏習合の時代にあっては、四天王寺では牛頭天王も祀られていた可能性が高いという。

実に興味深い指摘である。四天王寺は聖徳太子が建立した。聖徳太子の側近は秦河勝（はたのかわかつ）である。四天王寺の建立には秦氏が深く関わっている。日本における雅楽の祖は秦河勝で、その息子が四天王寺で演じたのが始まりであるという。

京都には同じく聖徳太子の発願で、秦河勝が建立した広隆寺がある。ここでは、かつて牛祭が行われていた。牛に乗った摩多羅神（またらじん）が四天王と呼ばれる4人の鬼を従えて境内を練り歩くのだが、まさにこれは四天王寺にある牛王尊を暗示している。さしずめ、摩多羅神は牛頭天王だ。

摩多羅神と牛頭天王の正体については、本文に譲るとして、ひとつ気になることがある。石だ。四天王寺建立の際、資材を運んできた牛は突如、竣工とともに石になった。これは、いったい何を意味するのだろうか。中山氏とともに現地調査をした際、ふと、石とは牛のことではないかという話になった。石神堂とは牛神堂のことだとすれば筋は通る。イシとウシ、あえて母音を転訛させて、一種の暗号としたのではないだろうか。

そこで、はたと思いついたのが、四天王寺からさほど遠くない場所にある石切神社である。正式名は「石切劔箭神社（いしきりつるぎや）」。この石を牛に置き換えると「牛切劔箭神社」となる。石を切る剣ではなく、牛を切る剣を意味しているのではないか。事実、石切神社の境内には親子の牛像がある。由緒によれば、石切神社の建立のために働いてくれた牛であるとか。献牛祭では、はりぼての牛の像も作られたという。

石になってはいないが、四天王寺の縁起とまったく同じだ。しかも、もうひとつ共通点がある。物部(もののべ)氏だ。石切神社の主祭神は物部氏の祖神ニギハヤヒ命である。神職も代々、物部氏である穂積氏が担ってきた。聖徳太子の時代、物部氏の宗家であった物部守屋(もののべのもりや)は討たれた。四天王寺の境内には、物部守屋を祀った祠もある。ひょっとしたら、石になったという牛は物部守屋のことなのかもしれない。討たれて死んだ物部守屋は石となった。怨霊となって祟りがないように、石神として祀った。そもそも「物部」という名前の「物」は牛扁である。本来は、いろいろな種類の牛のことを意味した。いうなれば、物部氏は「牛部氏」なのだ。

では、なぜ牛なのか。答えは石切神社の名にある。そう、牛を殺して犠牲として捧げる祭礼を行っていたのである。これがのちに陰陽道と習合し、やがて牛頭天王の信仰として位置づけられることになるのだが、源流をたどると、遠く西アジアのユダヤ教へと行きつく。本書では、呪術によって封印された恐るべき牛神の正体を探っていく。石に封じこめられた物部氏を蘇らせるために。

謎学研究家　三神たける

もくじ

まえがき……3
プロローグ―新型コロナ禍で注目された妖怪「アマビエ」の正体――17
コロナ禍と妖怪アマビエ……18
アマビエは神様だった!!……23
三本足の八咫烏……26
三本足の蛙……29
アマビエはスサノオ命だった!!……31
第1章―スサノオ命をめぐる「蘇民将来」と「巨旦将来」の秘教――35
茅の輪……36

茅の輪と太陽……38
茅の輪と偽物の太陽……40
表伊勢＝天照大神と裏伊勢＝スサノオ命……42
蘇民将来伝承……45
蘇民将来の茅の輪……46
蘇民将来の護符……48
記紀の中の蘇民将来伝承……50
高天原を追放されたスサノオ命……55
大気都比売神と蘇民将来の女……56
出雲大社とスサノオ命……59
筑波山と富士山……63
平将門と蘇民将来……66
平将門と安倍晴明……69
牛頭天王縁起……71
牛頭天王の五節句……76
牛頭天王＝スサノオ命……77

第2章 疫病をもたらす「牛頭天王」と新羅系渡来人「天之日矛」――81

祇園祭と神仏分離令……82
八坂神社の縁起と新羅……86
朝鮮の蘇民将来……89
新羅の延烏郎・細烏女伝説……91
天之日矛……94
天之日矛とスサノオ命……97
ツヌガアラシト……98
イザサワケ命……103
神功皇后と天之日矛……105
兵主神と牛頭天王……108
天之日矛と秦氏……111

第3章 謎の渡来人「秦氏」と古代ローマの太陽神「ミトラス」――115

渡来人「秦氏」……116
秦氏と秦始皇帝……118
秦氏と古代朝鮮……120
天之日矛と弓月君……122
秦韓と秦人……124
秦氏と八幡神……126
秦氏と賀茂神社……129
秦氏と牛頭天王……135
秦人系渡来人……138
殺牛儀礼と牛頭天王……141
太秦の牛祭……144
摩多羅神の謎……146
摩多羅神と弥勒菩薩……149
ミトラス教……153

ミトラスとイエス・キリスト……157

第4章 原始キリスト教「秦神道」と天照大神＝イエス・キリスト――161

太秦の謎……162
中国のローマ人村……165
景教と三柱鳥居……168
秦氏＝景教徒説……173
秦氏＝ユダヤ人景教徒説……175
秦氏＝ユダヤ人原始キリスト教徒説……179
ふたつの原始キリスト教団……183
消えたエルサレム教団……185
三位一体説と原始キリスト教……188
御父エル・エルヨーンと御子ヤハウェ……191
聖霊神コクマー……193
ユダヤ教神秘主義カッバーラ……195

秦神道と造化三神……199
陰陽道と迦波羅……203
天岩戸開き神話……208
天照大神＝イエス・キリスト……210
天照大神の復活……212
天孫降臨とイエス・キリスト降臨……215
大嘗祭とイエス・キリスト……218
失われたイスラエルの羊……221

第5章　イスラエル教「物部神道」と漢波羅秘密組織「八咫烏」――225

天津神と国津神……226
蘇民将来伝承と古代シュメール人……228
蘇民将来伝承とノアの箱舟……230
預言者アブラハムと日本神話……232
古代イスラエル王国……234

北朝イスラエル王国と黄金の子牛像……237
失われたイスラエル10支族……241
羌族と失われたイスラエル10支族と騎馬民族……243
騎馬民族征服説……247
神武＝崇神＝応神天皇……249
前方後円墳とマナの壺……251
ミズラヒ系ユダヤ人……255
秦の暗号……258
秦国の秘密結社……261
秦始皇帝……263
秦始皇帝の末裔と秦人……267
秦始皇帝は預言者だった!!……269
徐福と蓬莱山……272
秦始皇帝と徐福の預言成就計画……275
物部氏と海部氏……277

大和朝廷……280
物部神道……284
漢波羅秘密組織八咫烏……286

第6章 ユダヤ人の「過越祭」と大和民族の「年越祭」――291

蘇民将来伝承と『旧約聖書』……292
ヨシュアと蘇民将来伝承……296
古代エジプト文明と神道……299
古代エジプトにおけるイスラエル人……303
大預言者モーセと10の災い……305
過越と蘇民将来伝承……309
過越祭と年越祭……313
年越そばと引っ越しそばと過越そば……315
正月の餅と過越のマツオ……317
正月儀式と陰陽道……320

門松と「生命の樹」……324
注連縄と出雲……328
正月飾りと有翼円盤……332

第7章 大預言者モーセの「出エジプト」と牛頭天皇の「出ジャパン」――339

牛神バアルと牛頭天王……340
牡牛座の時代……344
カッバーラの牛神……347
牡羊座と魚座の時代……349
宝瓶宮時代とメルカバー預言……351
牛の角と栄光……354
「虎の巻」と牛頭天王……358
牛頭「天皇」モーセ……362
継体天皇の王朝交替説……366
継体天皇と武内宿祢の暗号……368

継体天皇は秦氏だった……372
秦河勝と大預言者モーセ……376
消えた大預言者モーセの子孫……381
失われた契約の聖櫃アーク……385
契約の聖櫃アークが隠された洞窟……388
秦始皇帝と大預言者モーセ……391
契約の聖櫃アークと徐福……394
契約の聖櫃アークと古代朝鮮……396
契約の聖櫃アークと神輿……401
ふたつのアークの合体……404
崇神・垂仁天皇とダビデ・ソロモン王……406
本神輿と伊勢神宮の御船代……409
心御柱と聖十字架……412
古代イスラエルの祭具と聖遺物……414
出ジャパン……417

●――16
あとがき……420

プロローグ

新型コロナ禍で注目された妖怪「アマビエ」の正体

コロナ禍と妖怪アマビエ

疫病神は突如、現れた。殺戮の天使のように、静寂の中、息を潜めて忍び寄ってきた。

2019年12月、中国の武漢で劇症性の肺炎が発生。瞬く間に広がり、多くの死者が出た。原因が未知のコロナウイルスであることが判明すると、当局は武漢を封鎖。徹底した感染予防の対策に乗り出した。

しかし、時は、すでに遅し。感染は国外へと広がり、ついには後手に回っていた世界保健機関（WHO）がパンデミック宣言を出すに至った。

日本でも感染者が確認され、4月7日、安倍首相は東京など7都道府県に緊急事態宣言を発令、その後4月16日に全国に拡大し、国民に外出自粛要請を行った。3月23日時点で感染者は1089人、死者は41人にものぼった。かくして予定されていた世界的なスポーツの祭典、東京オリンピック2020は延期を余儀なくされ、ついには中止が叫ばれたことはいうまでもない。

当時、世界中が新型コロナウイルス禍に包まれる中、ネットを中心に、あるイラストがアップされはじめた。モチーフとなったのは妖怪。名を「アマビエ」という。アマビエの絵を描いて掲げると、疫病除けになるというのだ。いわば神頼みならぬ、妖怪頼みといったところだろ

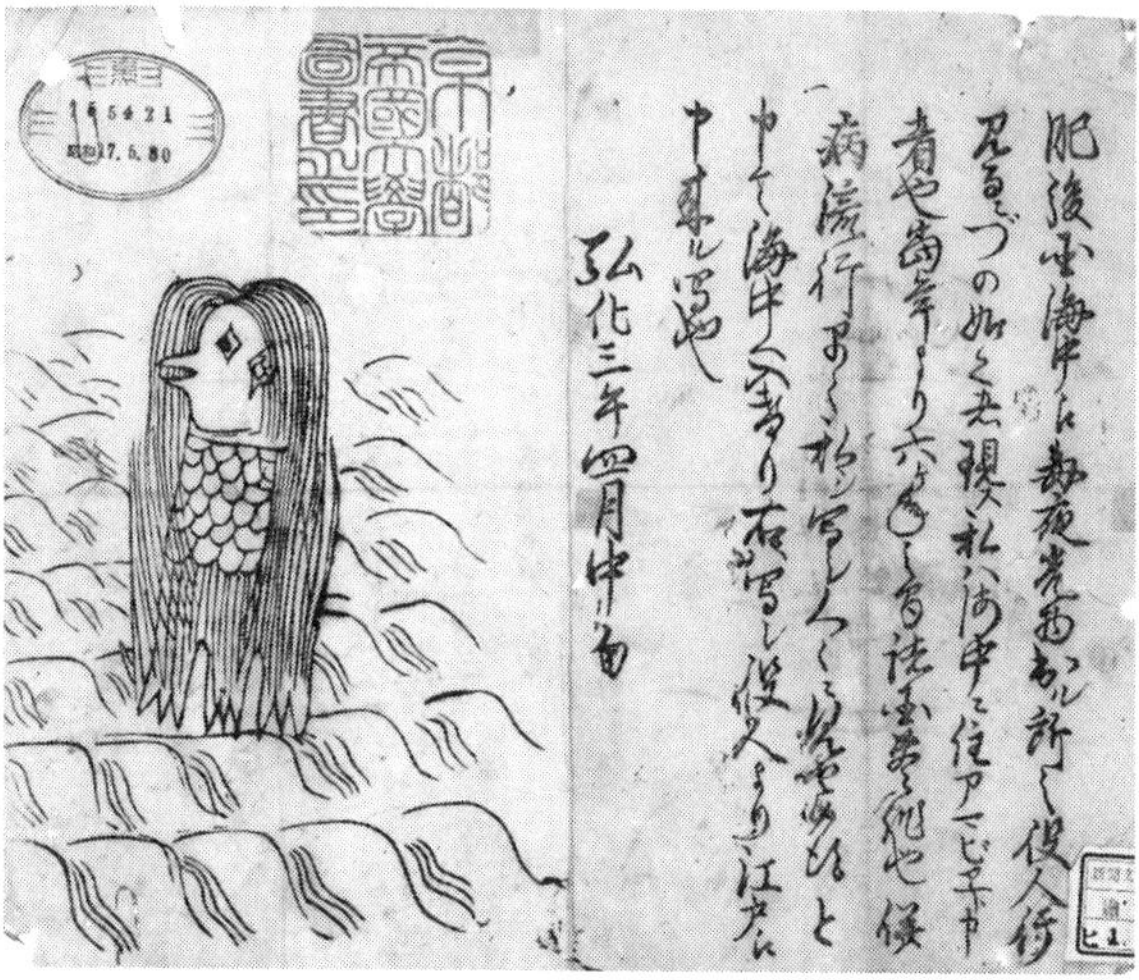

⬆妖怪アマビエ出現について書かれた瓦版。

うか。

記録によれば、アマビエが出現したのは江戸時代後期。弘化3年4月、すなわち1846年5月中旬ごろのこと。今でいう熊本県、肥後国の沖合に、夜な夜な怪しい光を放つ物体が現れ、騒ぎとなった。

噂を聞きつけた役人が船で近づくと、人魚のような妖怪が姿を現した。妖怪曰く、自分は海中に住むアマビエと申す者なり。今年から6年間は豊作となるが、やがて疫病が流行する。そうしたならば、私を写し描き、その絵を人々に見せよ。そう告げると、妖怪は海中へと戻っていった。

騒動は役人によって江戸にも伝えられたといい、当時の瓦版が残っている。書かれた原文は、こうだ。

肥後国海中え毎夜光物出ル所之役人行
見る二づの如く者現ス私ハ海中ニ住アマビヱト申
者也当年より六ヶ年之間諸国豊作也併
病流行早々私シ写シ人々二見せ候得と
申て海中へ入けり右ハ写シ役人より江戸え
中来ル写也

弘化三年四月中旬

コロナ騒動で、すっかり有名になったアマビエだが、意外なことに、出現報告は1回のみ。そもそも、よほどの妖怪好きでもないかぎり、おそらくアマビエの名前や素性を知る人はほとんどいなかったに違いない。

アマビエという言葉の響きも、どこか聞きなれない。なかには「アマエビ」のことと勘違いする人も、実際にいた。思うに「アマ」は出現した「海」を「アマ」とも読むことから、海棲であることを暗示しているのだろう。

このことに関して、民俗学者の湯本豪一氏は「アマビコ」の誤記ではないかと指摘する。筆がすべって、「ビコ」と書くところを「ビエ」になってしまったというわけだ。瓦版に書かれた「エ」は「ヱ」で、平仮名でいう「ゑ」だ。見ようによっては「ユ」でも通りそうで、お世辞にも達筆とはいえない字であることは確かだ。「ビエ」が「ビコ」ならば、漢字では「彦」であり、全体で「海彦」。人名、もしくは生物名としても意味が通り、しっくりくる。

しかも、アマビコなる妖怪が実際にいるのだ。江戸から明治にかけて、全国で妖怪が出現したと報じる瓦版や新聞が数多くあった。とくに疫病や天災、事故、そして戦争など、不吉なことを予言する妖怪が少なくない。妖怪マニアの間で有名になった人面牛「件（くだん）」もまた、飢饉が起こるとか、近く戦争が始まることを予言している。そうした予言妖怪ともいうべき存在がアマビコなのである。

⬆三本足で毛むくじゃらのアマビコ。三本足であることや、疫病の流行を予言し災厄から逃れるための方法を語るところなどはアマビエとそっくりだ。

漢字では、主に「海彦」や「雨彦」、さらには「尼彦」と表記される。字面から予想されるように、アマビコは海に現れる。夜中に怪しい光を伴って出現し、近づいてきた人間に託宣ともいうべき予言を語る。曰く、近いうちに恐ろしい疫病が流行し、多くの人が死ぬだろう。災厄から逃れるためには、このアマビコの姿を絵に描き、それをお守りとして掲げるべし、と。

ストーリー展開は、いずれもアマビエとそっくり。というか、まんまだ。出現する場所も、多くは架空の地名だが、なかには肥後国もある。話だけではない。瓦版の絵を見ると、アマビエは三本足である。アマビコも、しかり。外見は毛むくじゃらの猿のようだが、なぜか足は3本描かれている。

違うといえば、アマビエの体にはウロコがあり、どこか魚のイメージだ。これについて、湯本氏はもうひとつの妖怪「神社姫」との関係を指摘する。神社姫の姿をひと言でいうと、人魚である。2本の角を生やした女性の人魚だ。出現した場所も、ずばり肥後国。自らを龍宮からの使いであると称し、「これから7年間は豊作が続くが、その後、コレラが流行する。難を逃れて長寿を全うしたければ、この神社姫の姿を描いた絵を見るがいい」と、予言したという。おわかりのように、同じ型を踏襲しており、アマビコの類話といっていいだろう。

つまり、だ。アマビエの姿は主に神社姫の人魚のイメージを踏襲しつつ、アマビコの三本足を受け継いだというわけだ。いずれにせよ予言妖怪のひとつであり、分類的にはアマビコ系のキャラクターだといっていいだろう。コロナ禍にあって、ネットの世界でバズったのは、ひとえに、そのゆるキャラ的な絵柄にあったのではないだろうか。「ウルトラセブン」に出てくるガッツ星人に似ているという指摘が注目されるのも、まさにサブカルと親和性があったからではないだろうか。

ところで、神社姫には2本の角があったが、アマビエの頭部には、それらしきものはない。いや、見えないだけで、本当は長い髪の中に隠れているのかもしれない。実は、アマビエの特徴のひとつでもあるロンゲが、あたかも角隠しのような役割をしているのだといえば、少し考えすぎだろうか。ほとんど邪推に近いが、恐ろしいことに、これが本書のテーマの重要な鍵になってくるので、覚えておいてほしい。

⬆予言妖怪の神社姫。人魚の姿をしており、頭には2本の角が生えている。

アマビエは神様だった!!

予言妖怪アマビコ系の類話で、非常に興味深いのが「天日子尊」である。「アマビコノ

「天日子尊」

妖

●東京日日新聞　明治八年八月十四日

天日子尊

8-33

⬆明治８年８月14日の「東京日日新聞」に掲載された天日子尊（あまびこのみこと）の記事。「天日子尊」という名前から妖怪ではなく、神様と思われる。

ミコト」と読む。資料によると、報道されたのは「東京日日新聞」だ。「東京日日新聞」といえば、現在の「毎日新聞」の前身。事件が起こった明治8年ごろは、まだまだ妖怪変化の話も、ふつうに新聞に掲載されていた。記事によると、事件が起こったのは肥後国ではなく、越後国。米どころで知られる湯沢の田んぼに、なんと天日子尊は現れた。

曰く、これから7年の間、凶作になる。これによって人々が餓死すると、お約束通りの予言をしたとあるが、注目したいのは名前である。とくに充てられた漢字だ。アマビコは「海彦」だが、こちらは「天日子」なのだ。

日本神話において「日子」は「彦」であることを踏まえて「天彦」としよう。現れたのが海ではなく、田んぼだったからだろうか。かつて、神道の最高神である天照大神（あまてらすおおみかみ）は天孫ニニギ命に高天原（たかまがはら）の稲穂を授け、それが大和国の稲作のもとになったという神話がある。これを考慮して、海ではなく天、すなわち高天原を意識した命名と解釈できなくもない。

が、それにしても気になるのは、続く「尊」という文字だ。ミコトという字には、主に「尊」と「命」がある。厳格ではないものの、一般に「尊」のほうが「命」よりも格上だ。どう見ても「天日子尊」という字面は神様の名前である。けっして妖怪が名乗るものではない。きわめて異例だ。

しかし、見方を変えると、妖怪変化なるものは、もともと神様だった。かの有名な民俗学者、柳田國男翁はいった。妖怪とは零落した神様である、と。およそ古代においては神聖でおかすべからずの存在であった神様に対する態度が時代を下るごとに変化した。人々の知識が増え、さらには自然科学的な思考が広まるにつれ、霊的な存在に対する態度が様変わりし、畏敬の念は薄れ、ともすれば茶化されることもしばしば。気がつけば、恐ろしい神様も、愛嬌のある妖怪として受容されるに至った。現代における漫画のキャラクターやご当地のゆるキャラも、まさに、その一例といっていいだろう。

水木しげる翁の作品『ゲゲゲの鬼太郎』に登場する「目玉おやじ」も、江戸時代における「ひとつ目小僧」や「ひとつ目入道」、そして「唐傘お化け」が原型であり、さらに系譜をたどっていけば、金属精錬の神様である「天目一箇命（あめのまひとつのみこと）」に行きつく。いい換えれば、天目一箇命という神様が零落した結果、江戸時代にはひとつ目小僧となり、現代においては目玉おやじになったというわけだ。

アマビエも、しかり。かつては神様だった。アマビエ＝アマビコの異称［天日子尊］は、まさに神様であったことの名残なのだ。江戸時代の都市伝説のように語られる予言妖怪だが、その根底には神道の神様の存在がある。アマビエの素性を手がかりに、零落する以前の神様を訪ねていけば、驚くべき事実が浮かび上がってくる。

三本足の八咫烏

かつて、アマビエは神様だった。ならば、いかなる神だったのか。手がかりとなるのは、容姿である。人魚のような体に三本足。これだ。注目すべきは三本足だ。三本足の神様は、そう多くはない。『古事記』や『日本書紀』など日本神話に登場する神々の中で、三本足の神様といえば、まず思いつくのは「八咫烏（やたがらす）」である。

八咫烏は高天原に住む天津神（あまつかみ）である。初代・神武（じんむ）天皇が熊野にて遭難したとき、高御産巣日神（たかみむすびのかみ）によって地上に遣わされた神鳥である。八咫烏の導きによって、無事に大和入りできたことから、道案内の神様として崇敬される。熊野では、かの有名な3つの大社、すなわち熊野本宮大社、熊野速玉大社、熊野那智大社の神紋にも描かれている。最近では、日本サッカー協会JFAのエンブレムにも描かれ、サッカー選手の守護神といったイメージが強い。

正式名は「賀茂建角身命（かもたけつぬみのみこと）」。古代豪族「賀茂氏」の太祖である。賀茂氏の「賀茂」は「鴨」

とも記す。水鳥のカモである。賀茂氏は鳥をトーテムとする一族なのだ。神道において、鳥を一族のシンボルとして掲げる者は祭祀氏族である。賀茂氏は神道の儀礼において、重要な役割を担っている。ある意味、神道の元締めでもある天皇に一番近い存在で、国家の祭礼に、今も深くかかわっている。

彼らが掲げる八咫烏は、賀茂氏の祖先であり、古代の人間である。八咫烏とは、あくまでも象徴だといっていい。名にある「咫」とは「尺」と同様、長さの単位。「八咫」とは大きいという意味で、まさに八咫烏は大烏といった意味である。

⬆先導の神として記紀に登場する三本足の八咫烏（やたがらす）。

もっとも、ただ大きい烏ではない。不思議なことに、足が3本ある。具体的な描写は『古事記』や『日本書紀』には見えないのだが、古来、そう伝えられてきた。理由は、太陽の中に棲むとされた「金烏（きんう）」と同一視されたからである。

金烏は古代中国の「射日神話／十日神話」に登場する。『淮南子（えなんじ）』等によれば、東方に大きな桑の木、通称「扶桑」が生えていた。そこには10羽の金烏が宿っており、毎日交代で、一羽が太陽を背負って天空を一周する。あるとき、ひょんなことから10羽の金烏が10個の太陽を背負って空に舞い上がった。ために地上が灼熱地獄と化し、人類存亡の危機に陥った。時の堯帝(ぎょうてい)は弓矢の名人と謳われた羿(げい)に命じて９つの太陽を背負う金烏を射抜かせた。すると金烏らは地上に落ちてきたのだが、そこには足が３本あった。それゆえ金烏を「三足烏(さんそくう)」とも称すようになったという。

このように金烏は太陽神でもあり、ときに「日烏(にちう)」とも称す。もともと太陽の黒点を烏と見立てのが始まりだともいわれる。足が３本とされたのは、主に陰陽思想によるものだと説明される。陽の極致、文字通り「太陽」の烏の足は陰の数である２本ではまずい。陽である奇数でなくてはならないということで３本として描かれることになったのだとか。

日本の記紀神話では、八咫烏を派遣したのは高御産巣日神である。名前に「日」があるように太陽神としての神格がある。高御産巣日神と並んで高天原に君臨する神道の最高神「天照大神」もまた、太陽神であることはいうまでもない。『山城国風土記』には水度(みと)神社の祭神として「天照高弥牟須比命(あまてらすたかみむすびのみこと)」の名が記されている。神道の秘教では、天照大神と高御産巣日神は同一の太陽神だったともいえるのだ。

つまり、八咫烏とは天照大神の使いであり、化身だったのだ。これをひとつ、頭に留めおいていただきたい。

三本足の蛙

太陽に烏が棲んでいる一方で、月には兎が棲んでいる。月の海と呼ばれる部分が餅をつく兎に見えると古来、日本でも信じられてきた。正しくは餅ではなく、不老不死の仙薬を作っているのだという説もある。月の満ち欠けは死と再生のシンボルと見なされ、古くから不老長寿の秘教とともに語られてきた。飲めば、たちまち若返るとされる「変若水（おちみ）」が月にはあるという。

古代中国の壁画などには、きまって太陽の中には三足烏が描かれ、月の中には兎が描かれる。ただし、月の場合、兎のほかに、もう一匹描かれることもしばしばある。蛙である。これも月の海をガマガエル（ヒキガエル）に見立てたという。先の陰陽思想から、太陽には金烏が奇数の1羽おり、太陰である月には兎と蛙で偶数の2匹いるとされたわけだ。

月にいる蛙は、もと仙女だった。『淮南子』によれば、名を「嫦娥（じょうが）」といった。あるとき地上に降りて生活するうち、人間のように死すべき体になってしまった。なんとか不老不死の身に戻ろうとした嫦娥は、夫が西王母からもらい受けた霊薬を飲み、そのまま月へと逃亡。やがてヒキガエルの姿になって隠遁したという。

なぜヒキガエルになったのか。これについては、ヒキガエルを意味する中国語「蟾蜍」の発音が「仙女」と近いから、一種の語呂合わせの要素が強いという指摘もある。おそらくは、あくまでも月の海がヒキガエルに見えたことがベースにあったのだろう。

だが、このヒキガエルとなった嫦娥だが、いろいろ語られるうち、やがて「青蛙神（せいあじん）」と名を変える。青蛙神といっても、アマガエルではない。あくまでもヒキガエルである。青蛙神は、その名も「蝦蟇（がま）仙人」によって使役される妖怪として、世に知られるようになる。

人によっては忌み嫌われるヒキガエルだが、こと中国において青蛙神は財宝をもたらすご利

⬆縁起のよい神として人気のある青蛙神（せいあじん）。下は銭をくわえた青蛙神の置物。

益があるといって、非常に人気がある。縁起物として、銭をくわえた青蛙神の置物が店に飾られたり、土産物店で売られている光景を目にしたことがある人もいるのではないだろうか。

ただ、これまた不思議なことに、この青蛙神、なんと足が3本なのだ。前足が2本で、後足が1本。ちょうどオタマジャクシのような形状をしている。もともとはオコゼを象ったものが、いつの間にかカエルと誤解されたのではないかともいわれるが、蝦蟇仙人の伝説や置物では、あくまでも三本足の青蛙神なのだ。

さて、問題は日本だ。青蛙神伝説は、当然ながら日本にも伝来している。太陽の中の八咫烏と同様、月の中には「玉兎」と「嫦娥＝青蛙神」が描かれる。八咫烏が天照大神の化身ならば、玉兎や嫦娥＝青蛙神は月の神、すなわち「月読命（つくよみのみこと）」の化身だといっていいだろう。太陽神と太陰神の化身が、共に三本足なのは偶然だろうか。

アマビエはスサノオ命だった!!

古今東西、太陽と月は天空の神の両眼だと表現されることがある。古代エジプトでは天空神「ホルス」の右目が太陽で、左目が月だ。古代中国においては創造神「盤古（ばんこ）」の左目から太陽、右目から月、そして口から風雨が誕生したという。

中国神話の影響を色濃く受ける『古事記』や『日本書紀』では、黄泉（よみ）の国から帰ってきたイ

⬆天照大神と月読命とともに三貴神と称されるスサノオ命。

ザナギ命が日向の阿波岐原で海に入って禊をした際、その左目から天照大神、右目から月読命、そして鼻から「スサノオ命」が誕生したと語られる。

　日本神話において、天照大神と月読命とスサノオ命は、ほかの神々とは聖別され、特別に「三貴子／三貴神」と尊称される。天照大神が太陽で、月読命は月を司り、そしてスサノオ命は大海原を治めよと父であるイザナギ命から命じられる。

　さて、注目は、まさにスサノオ命である。ふつうなら、太陽と月ときて、次は星になりそうなものだが、なぜか海ときた。盤古神話の気象現象を象徴する神に対応するという意味で、スサノオ命は荒ぶる神、嵐を呼ぶ神である。台風や波浪の自然災害を思うとき、その姿はインドの破壊神シヴァをも想起させる。さらに、比較神話学からすれば、大海原を支配する神として、ギリシア神話のポセイドン、ローマ神話のネプチューンに相当するといってもいいだろう。

先に見たように、太陽神である天照大神には八咫烏、月神である月読命には青蛙神という三本足の化身が存在する。三貴神と称された末弟、スサノオ命にも、三本足の化身がいてもおかしくはない。化身は、どこから現れるのか。そう海だ。スサノオ命が支配する海から化身はやってくる。しかも、そいつは三本足という「しるし」をもっている。

もう、おわかりだろう。アマビエである!!

アマビエはアマビコ、すなわち海彦にして、天日子尊という名をもつ三本足の神様である。アマビエこそは、スサノオ命の化身なのだ。

アマビエは疫病の流行を予言したが、まさに、スサノオ命は古来、疫病神であり、かつ防疫神として信仰されてきた歴史がある。スサノオ命を拝めば、疫病から逃れられる。それだけではない。スサノオ命は予言、いや預言をする。日本及び日本民族の未来について、恐るべき預言を残しているのだ。

スサノオ命の化身であるアマビエが新型コロナウイルスが流行した今、日本人の遠い記憶の彼方から蘇ってきたということは、だ。ついに封印が解かれ、禁断のスサノオ大預言が成就する日が迫ってきたと考えていい。

いったい日本には、どんな未来が待ち構えているというのだろうか。アフター・コロナ禍の

●――34

日本の運命を左右する重大な預言。その謎を解く鍵となるのが、スサノオ命の秘義「蘇民将来伝承」である。

第1章

スサノオ命をめぐる「蘇民将来」と「巨旦将来」の秘教

茅の輪

2020年、コロナ禍が日本中を席捲する中、全国各地の神社では「茅の輪（ちわ）」が掲げられた。最近の若い方には茅の輪とは聞きなれないかもしれないが、かつては日本中、どこの神社でも、ふつうに行われてきた神道行事のひとつである。文字通り、茅をリング状にしたものを立てて、いわば丸い門のように見立てる。材料の茅はススキなどのイネ科の植物を使用し、これを束ねる。直径は2～3メートル。小ぶりの鳥居に設置して、人がくぐれるようにしつらえる。

本来、茅の輪が設置されるのは毎年6月末から。ちょうど、このころ「夏越（なごし）の祓い」が行われる。正月から数えて、ちょうど半年を過ぎたころで、たまった穢れを祓う意味がある。茅の輪をくぐれば、心身ともに浄化され、残る半年を無病息災で過ごせるというわけだ。もっとも、2020年に限っては、一刻も早い新型コロナの終息を願って、時期を前倒しし、かつ7月が過ぎても、そのまま常設している神社が少なくなかった。

具体的に、茅の輪の儀式は、どう行うのか。丁寧な神社は、茅の輪のくぐり方を立て看板やパンフレットなどで案内している。ただ単にくぐればいいというものではない。茅の輪の左右、鳥居に立てかけられている場合には、ふたつの柱をそれぞれ回転するかのように巡る。

まずは茅の輪の中央に立ち、そこから前に進み、一礼。そこで左足をもって、輪をまたぎつつ、くぐる。ここから向きを左手、ちょうど反時計回りに回転し、元の位置まで歩を進める。これが第1段階。

次に、これを鏡像反転して行う。茅の輪を前に一礼し、今度は右足をもって、輪をまたぎつつ、くぐる。ここから向きを右手、時計回りに回転し、再び元の位置まで歩く。上から見ると無限大の記号「∞」を描いたことになる。これが第2段階。

⬆コロナ禍において各地の神社で設置された茅(ち)の輪(わ)。本来は夏越(なごし)の祓いの儀式だ。

そして、ここでもう一度、最初の所作を行う。すなわち、茅の輪の中央に立って一礼し、左足から入って、反時計回りに回転して、元の位置に立つ。第3段階では、ここで4回目の一礼をし、そのまま参道を進む。拝殿では、二礼二拍手一礼の作法をもって参拝する。以上が、茅の輪くぐりの作法及び神社参拝の次第である。

ふつう神社におけるお祓いは神職の方が幣(ぬさ)を頭上にかざし、それを左右に振ることで穢れを浄化する。ある意味、受動的な儀

⬆神社の境内に作られた土俵。正方形の枠組みに固定された茅の輪はこの土俵に似ている。

式だが、茅の輪くぐりは、参拝者が能動的に穢れを祓う儀式にほかならない。

むしろ参詣者に対して、主体性が問われているといえば、どうだろう。穢れを祓う意思はあるのか。あるならば、積極的に儀式を執行しろ。そう試されているように思えなくもない。数ある神道祭礼の中で、一般の人間が参加する儀式としては異例である。

茅の輪と太陽

現実的な問題として、茅の輪を立てるには難儀する。茅の輪そのものを立てようとすれば、安定が悪い。材料が茅だけに軟弱であり、形が崩れてしまう。そこで、固い枠組みを作り、茅の輪を固定する。ちょうど木枠に嵌めるような要領である。鳥居を支柱にする場合でも、この正方形の枠組みをしつらえるケースも少なくない。

お気づきになった方もいるかもしれないが、見ようによっては、これは「土俵」である。相撲の土俵の形、そのものだ。正方形に盛られた土の上に勝負俵が円形に作られる。直径約4・55メートルの円形の俵は、まさに茅の輪に似ている。

⬆力士が締めるまわしは太い注連縄だ。

相撲は相撲節会（すまいのせちえ）といって、本来は神道儀礼のひとつである。今でこそ柱はなくなったが、かつては神社を模した奥屋内部に土俵が作られた。よく相撲はスポーツではないといわれるが、本来は神事であるがゆえのこと。関取のまわしは太い注連縄にほかならず、力士は神聖なる存在であり、まさに神でもあったのだ。

相撲界の言葉で土俵は「蛇の目」とも呼ばれる。和風の文様に、太い線で描かれた円のことを蛇の眼球に見立てて蛇の目と呼ぶが、土俵の場合、もうひとつ深い意味がある。蛇は蛇でも、聖なる蛇神の目だというのだ。

古来、蛇は神様として信仰されるが、神道の秘教では、最高神である天照大神（あまてらすおおみかみ）もまた、蛇神とされる。『通海参詣記』では伊勢神宮の巫女のところへやってくる天照大神は蛇であったとされ、寝室にはウロコがあったという記述もある。

したがって、多くの日本人は気づいていないが、相撲の土俵は蛇神＝「天照大神の目」なのである。茅の輪も、しかり。丸い形は蛇の目であると同時に、太陽の日輪を象徴しているのだ。

太陽を模した日輪は、いうまでもなく日本の国旗「日の丸」である。日本が太陽をシンボルとして掲げるのは、神道の最高神が天照大神であるからにほかならない。国旗に描かれる日の丸は今でこそ、横長の長方形であるが、かつては正方形に内接する形で大きく日輪が描かれた。

これは、まさに相撲の土俵であり、神社にしつらえた茅の輪そのものである。いい換えれば、茅の輪は日の丸を象徴しているといっても過言ではない。

茅の輪と偽物の太陽

茅の輪は太陽でもある。が、ただの太陽ではない。太陽には大きく2種類がある。本物の太陽と偽物の太陽である。本物の太陽は恵みをもたらすが、偽物の太陽は破滅をもたらす。思い出してほしい。そう中国の射日神話である。

偽物の太陽の象徴として茅の輪が登場するのが、伊勢の神島で行われる「ゲーター祭」であ

⬆三重県鳥羽市の沖合にある神島で大晦日から元日未明にかけて行われるゲーター祭。グミの木で作られた白い輪は茅の輪そのものだ。

る。毎年、年末に行われるゲーター祭では「アワ」と呼ばれる輪を氏子らが竹で突き上げる。アワはグミの木で作られる。直径は約2メートル。材料は異なれど、形状は茅の輪にほかならない。

実際、聖別された茅の輪は祭礼のあと、神島の八代(やつしろ)神社に奉納される。本殿の前に立てて掲げられる光景は、まさに夏越の祓いの際に設置される茅の輪そのものだ。

祭礼において、アワは太陽である。偽の太陽というか、あってはならない太陽を意味している。扶桑の金烏(きんう)伝説、世にいう射日神話で紹介した地上を焼きつくす9つの太陽なのだ。太陽はひとつあればいい。よって、ほかの太陽は射落とす必要がある。

ゲーター祭では、偽物とされた太陽をひとつの茅の輪で表現し、これを氏子たちがみな竹で突き刺し、最終的に地上へ叩き落とすのだ。

ゲーター祭では、茅の輪を多数の棒で突っつくのだが、文字通り射抜く神事もある。もっとも、この場合、茅の輪ではなく、太陽を模した蛇の目として作られることが多い。射日神話の英雄よろしく、弓道を修めた者たちが腕を競って、偽物の太陽である蛇の目を射抜くのである。

民俗学的に、偽の太陽を射落とす祭礼を「御日射祭（おびしゃ）」、もしくは「御日射神事」と呼ぶ。御日射祭は全国各地で行われ、その的も、いろいろなバリエーションがある。茅の輪のように円を描くものもあれば、日の丸のように中を塗りつぶすもの、蛇の目のように同心円模様、そして中心に鳥を描くバージョンもある。

もちろん、これは金烏である。必ずしも三本足にはなっていないケースもあるが、まさに太陽に棲む八咫烏を意識している。

表伊勢＝天照大神と裏伊勢＝スサノオ命

先述したように、八咫烏（やたがらす）は熊野大社では神の使いであり、神紋にも描かれる。八咫烏を使役するのは、ここでは天照大神ではなく、熊野大神となる。中でも熊野本宮大社の祭神である「家都美御子大神（けつみみこのおおかみ）」は、一説に出雲の熊野大社から勧請された「櫛御気野命（くしみけぬのみこと）」であり、世にいうスサノオ命にほかならない。

このように、茅の輪をめぐっては、太陽神である天照大神と弟神であるスサノオ命が表裏一体となって現れる。実際、天照大神を主祭神とする伊勢神宮に対して、スサノオ命を主祭神とする熊野大社は、中世において「裏伊勢神宮」とも呼ばれた。「表伊勢」が天照大神で、「裏伊勢」がスサノオ命であり、逆にいえば「表熊野」がスサノオ命で、「裏熊野」が天照大神というわけだ。

御日射祭のもとになった射日神話でいえば、10個あった太陽のうち、ひとつだけ残された太陽が天照大神であって、射落とされた9個の太陽がスサノオ命というわけだ。陰陽という意味では、本来、太陽と太陰＝月であるべきところだが、なぜか日本神話において月読命（つくよみのみこと）は、ほとんど登場しない。

神道の秘教的な解釈では、スサノオ命と月読命は同一神だともいう。大本教（おおもときょう）の聖師「出口王仁三郎（でぐちおにさぶろう）」が主張したことで知られるようになったが、確かに一理ある。というのも、神話の構造が同じなのだ。数少ない月読命の逸話として『日本書紀』には、こんな事件が記されている。

月読命が天照大神にいわれて地上の豊葦原中国（とよあしはらのなかつくに）に降りていったところ、食べ物の神である「保食神（うけもちのかみ）」に接待された。たくさんの料理を振る舞われたのだが、それらは保食神の口から吐き出されたものだった。不潔に思った月読命は激怒して、なんと保食神を斬り殺してしまう。事情を知った天照大神は憤慨し、お前の顔を見たくないと月読命と絶交してしまう。以来、太陽は昼、月は夜に姿を現し、互いの顔を合わすことはなくなった。ちなみに、死んだ保食神の体からは牛馬や稲、稗、粟、繭が生じたという。

一方、同じような話が『古事記』にもある。スサノオ命が根の国に行く途中、食べ物の神である「大気都比売神（おおげつひめのかみ）」のもとに立ち寄った。大気都比売神はスサノオ命を歓待し、たくさんの料理を振る舞った。が、それらの料理は大気都比売神の口や尻から吐き出されたものだと知ったスサノオ命は激怒して、大気都比売神を斬り殺してしまう。殺された大気都比売神の体からは、蚕や稲、麦、大豆、小豆が生じたという。

神様の体から家畜や蚕、それに穀類などの食物が生じるストーリーを比較神話学では「ハイヌウェレ型神話」と呼ぶ。月読命及びスサノオ命と食べ物の神様の説話は、まさに、その典型例だといっていい。

同じ神話を共有する月読命とスサノオ命は同一神である。そう考えれば、月読命の神話が、ほとんど皆無に近いこともうなずける。陰陽として、太陰の役割を月読命ではなく、スサノオ命が担っているのだ。ゆえに、太陽である天照大神と表裏一体の関係になっているのである。

もっとも、ここには日本神話特有の深い意味が込められている。謎といっていい。解き明かすには知恵が必要である。「茅の輪」ならぬ「知恵の輪」を解く鍵となるのが、プロローグでも述べた「蘇民将来伝承」なのである。

蘇民将来伝承

なぜ茅の輪をくぐると疫病除けになるのか。縁起は昔から語り継がれる「蘇民将来伝承」にある。古くは『釈日本紀』の中に引用された『備後国風土記』逸文に見え、少なくとも奈良時代初期には骨子ができていたと思われる。

広島県の疫隈(えのくま)神社の由来縁起として語られる内容は、こうだ。その昔、北海に住む「武塔(むとう)神」が南海に后を得ようと旅に出たが、途中で日が暮れた。近くの村には「蘇民将来」というふたりの兄弟が住んでいた。兄の「蘇民将来」は貧しく、弟の「将来」は裕福で、蔵が100棟もあった。

武塔神が宿を乞うたところ、弟は拒んだが、兄は快く迎えて、粟飯で歓待した。翌日、出立した武塔神は無事、南海に赴き、そこで后と8人の子供をもうけた。祖国へと戻る際、武塔神は再び蘇民将来兄弟が住む村にやってきた。

かつての所業を思い出した武塔神は弟の巨旦(こたん)将来に復讐することを誓った。ただし、兄の蘇民将来には報いてやろうと考え、そなたの子供らは巨旦将来の家にいるのかと問うた。蘇民将来は娘がひとり嫁いでおり、もうひとり女がいますと申し上げた。

すると武塔神は、これから災厄が襲うので、茅の輪を腰に巻いておくように娘に伝えよと命じた。いわれた通りにすると、その夜、恐ろしいことが起こった。蘇民将来の娘ひとりを除いて、巨旦将来の家の者はすべて死んだ。

武塔神は自らを「速須佐雄神（スサノオ命）」と名乗り、後世、疫病が流行ったら茅の輪を腰に巻いて、蘇民将来の子孫だと名乗れば、災厄から逃れられると約束して去っていったという。

以上が、現存する中でもっとも古い「蘇民将来伝承」である。本文では、弟の名前が「将来」とだけあるが、ほかの伝承では「巨旦将来」と呼ばれている。『備後国風土記』が成立する過程で「巨旦」という名称は欠落したのかもしれないが、ふたりが兄弟というからには、「将来」が姓であろう。

日本人名の一般的な表記からすれば、「蘇民将来」と「巨旦将来」ではなく、むしろ「将来蘇民」と「将来巨旦」だ。おそらく、これが本来の名称だったはずだ。なぜ姓と名が逆転しているのか。まるで欧米人の名前表記のようだが、ここにも何やら秘教的な仕掛けがありそうだ。

蘇民将来の茅の輪

蘇民将来伝承のテーマは疫病である。新型コロナを引き合いに出すまでもなく、人類史は病気との戦いの歴史である。現代医学の知識がなかった時代、流行り病は、みな目に見えない神や精霊、魔物が引き起こすものであった。まさに悪魔の所業であると同時に、悪事を犯した人間への神罰であると信じられてきた。疫病から逃れるためには、いい意味でも悪い意味でも、神頼みしかなかったのだ。

蘇民将来伝承では「茅の輪」である。武塔神による殺戮から逃れるため、蘇民将来の娘は茅の輪を腰に巻いた。少々滑稽ではあるが、これは「関取」の姿だ。茅の輪を腰に巻くとは、相撲取りがまわしをすることにほかならない。

横綱という言葉があるように、まわしは綱で作られる。先述したように、紙垂（しで）がしつらえられたまわしは、神社の注連縄である。まわしをすることで聖別される。蘇民将来の娘も、茅の輪を腰に巻くことによって聖別されたのである。

このことから、茅の輪は疫病除けのシンボルとなった。相撲取りのように腰に巻くことは難儀だが、逆に茅の輪をくぐることなら簡単だ。こうして考案されたのが夏越の祓いにおける「茅の輪くぐり」なのだ。

向かって左に2回転、右に1回転するのは、それぞれ偶数と奇数という陰陽思想によっている。合計3回転は茅の輪という太陽に棲む八咫烏の三本足を一本ずつめぐることを意味しているのである。

神社では茅の輪そのものを護符として配布しているところもある。ミニチュア版の茅の輪のお守りのほか、京都の八坂神社では「チ」の音が通じることから「粽（ちまき）」をもって護符にしているところもある。

また、相撲取りのまわしが注連縄であるように、そのまま茅の輪を正月飾りの注連縄とする地方もある。主に三重県の伊勢神宮周辺の地方では、戸口や家の門に蘇民将来の注連縄を飾っている。正月だけではない、一年中掲げられている。もちろん、年中、無病息災でいられますようにとの願いからだ。

蘇民将来の護符

蘇民将来の護符には、ひとつ共通点がある。お約束事といってもいいかもしれない。必ず「蘇民将来之子孫」と記す。戸口や玄関に飾るものには「蘇民将来子孫家」、もしくは「蘇民将来子孫家門」と書き込み、さらには「七難即滅」や「七福即生」といった文言を添えたりする。もちろん、これは蘇民将来伝承において、自らをスサノオ命と名乗った武塔神の蘇民将来に対する祝福がもとになっている。このあたり、新型コロナで有名となったアマビエでいえば、自らの絵を描いて飾っておけば、疫病から逃れられるというまじないに通じるものがある。その意味でも、アマビエはスサノオ命の化身なのである。

文字を書き込むので、蘇民将来の護符は紙製もしくは木製の神札が多い。版木による刷り物のほか、絵馬などがあるが、なんといっても木柱護符が有名だ。大きさは数センチから50セン

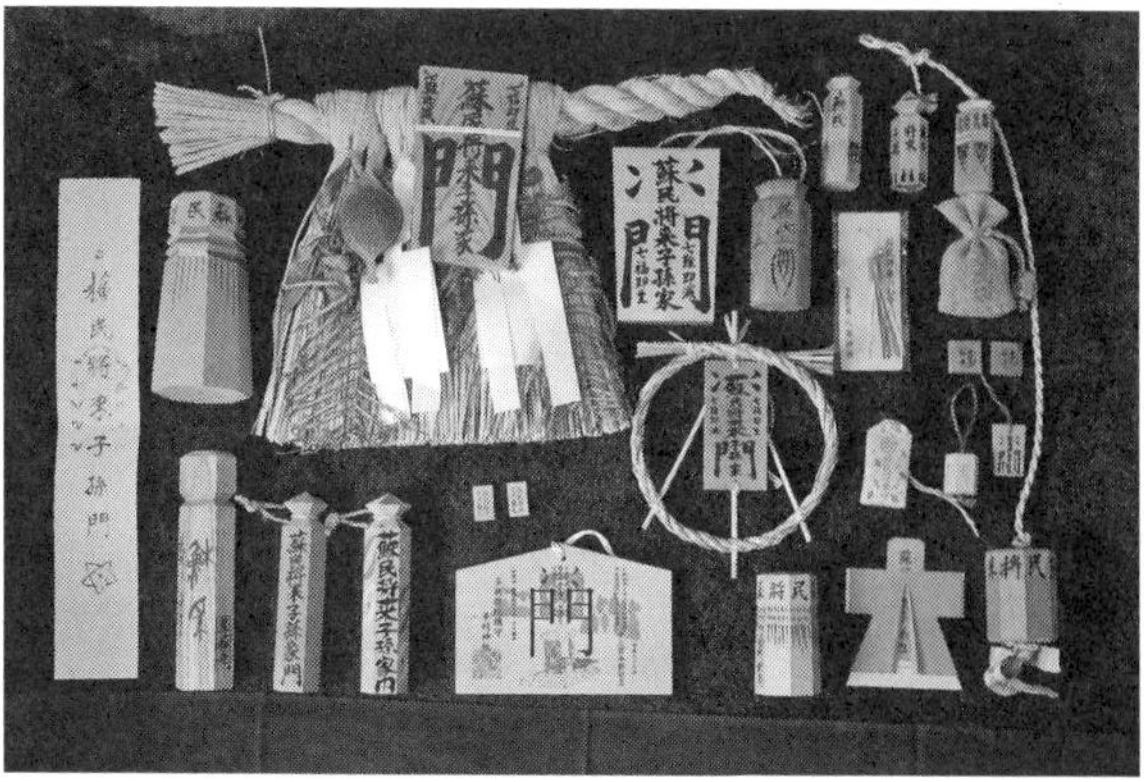

⬆さまざまな蘇民将来の護符。

チほどまでさまざまだが、四角柱や六角柱、もしくは八角柱をしており、頂部に独特の切れ込みを入れたり、先を尖らせたりする。

側面には、お決まりの「蘇民将来子孫家門」や「七難即滅」「七福即生」のほか、護符としては一般的な「家内安全」「家運隆盛」といった祈願文も見られる。とくに伊勢地方では、陰陽道の魔除紋として五芒星の「セーマン」と九字格子の「ドーマン」が描かれ、そこに「急々如律令」という道教由来の呪文が記される。ちなみに、このドーマン、伊勢志摩地方へ行くと、なぜか縦と横が逆転して描かれることもある。

長野県上田市の国分寺で配布される蘇民将来の護符には賑々しい七福神の絵が描かれたりするが、木柱護符の場合、側面に斜めの線で構成される網目模様が記されたりする。これは蓑を表現している。昔の人が外套として使用した蓑が描き込まれているのだ。

なぜか。理由は、ほかでもない。木柱護符が武塔神＝スサノオ命に見立てられているからだ。スサノオ命は旅の途中だった。蓑を背負った旅姿を蘇民将来の木柱護符は表現しているのだ。そのため、頂部の切り込みは笠を象り、そこに網目模様を描いているのだ。

こうした網目模様は、見ようによってはアマビエのウロコのようでもある。笠をかぶり、蓑をまとった北海のスサノオ命は江戸時代、ウロコという網目をまとって、南海の肥後国にアマビエなる化身となって疫病の流行を警告し、茅の輪の代わりに姿絵を描くように命じたというわけだ。

まさに時代を超えて人々から愛される蘇民将来の護符だが、中にはスサノオ命の荒ぶる神格のように、激しい祭で文字通り奪い合いが行われる。世にいう「裸祭」だ。西日本では岡山県にある西大寺の「はだか祭」、東日本では岩手県にある黒石寺の「蘇民祭」が有名である。いずれも、氏子の男たちが裸になって、蘇民将来の護符を奪い合う。実にエキサイティングな祭礼である。裸の男たちが神事として戦う姿は、十俵という茅の輪で、まわしという茅の輪を腰に巻いて取り組みを行う大相撲に通じるものがあるといっていいだろう。

記紀の中の蘇民将来伝承

蘇民将来の護符の歴史は古く、古代の木簡にも描かれている。中でも最古とされるのが京都は長岡京跡から発見された「蘇民将来呪符木簡」である。表には「蘇民将来之子孫者」と記されている。

長岡京とは有名な平安京のひとつ前の都で、奈良にあった平城京から７８４年に遷都して建設された。が、天災や不吉な事件が続いたため、わずか10年で棄てられた。

よって、発掘された蘇民将来呪符木簡は７８４年から７９４年の間に作られたものと考えられる。いっしょに出土した木簡には７９１年を示す延暦11年の文字があったことから、平安京への遷都計画が本格化していたころのものだろう。蘇民将来の護符が作られたということは、それだけ疫病が蔓延していたのだろう。

当時、すでに蘇民将来という名称が一般に知られていたことを考えると、少なくとも８世紀には伝承が成立していたと思われる。『古事記』の成立が７１２年で、『日本書紀』の成立が７２０年。文字として日本神話は確立されていた。当時、人々が語っていた蘇民将来伝承で、武塔神の正体としてスサノオ命の名前が出てきても不思議ではない。

ということは、だ。蘇民将来伝承の原型もまた、記紀神話に求めることはできないだろうか。

先述したように、スサノオ命はイザナギ命が黄泉（よみ）の国から戻り、海で禊（みそぎ）をした際に鼻から生まれた。高貴な神として聖別され、天照大神と月読命とともに三貴神のひとりに数えられた。

生まれながらに、スサノオ命は荒ぶる神であった。亡くなった母神イザナミ命に会いたいと

⬆京都府長岡京市の長岡京跡から出土した蘇民将来呪符木簡。長さ2.7センチ、幅1.3センチの小さなもので、表と裏に「蘇民将来之子孫者」と書かれている。お守りとして身につけられるように上部には穴があいている（写真＝長岡京市教育委員会）。

泣き叫び、それが嵐を呼ぶ。ついには国土が荒れ果ててしまい、困り果てた父神イザナギ命は、やむなく母の住む根の国へ行くことを許す。事実上の勘当であろう。ここからスサノオ命の長い旅が始まる。蘇民将来における流浪の神としてのキャラクター設定は、記紀神話に由来すると見て間違いないだろう。

旅に出たスサノオ命であったが、気が変わったらしく、根の国へ行く前に、姉である天照大神に挨拶することにした。天照大神は太陽神ゆえ、天上の高天原（たかまがはら）に住んでいる。スサノオ命は地下ではなく、空高く上昇し、高天原にやってくる。

わがままで粗暴、しかも強力な力をもって災いをもたらすスサノオ命の噂については、すでに天照大神の耳にも入っていた。スサノオ命がやってきたと聞いて、天照大神はとっさに高天原を奪いにやってきたのではないかと疑い、戦いをする前提で完全武装する。

一方のスサノオ命は邪心はないと弁明。身の潔白を証明するために、誓約をしようではないかともちかける。天照大神は承諾し、両者は高天原にある天の安河（あめのやすかわ）を挟んで対峙。互いの所持品をもって誓約を始める。

最初、天照大神がスサノオ命がもっていた十拳剣（とつかのつるぎ）を口でかみ砕き、天（あめ）の真名井（まない）の水を含んで吐きだすと、その吐息から3人の女神が現れた。それぞれ「田心姫（たごりひめ）」と「湍津姫（たぎつひめ）」と「市杵島姫（いちきしまひめ）」、世にいう「宗像三女神」である。

次に、スサノオ命が天照大神の八尺瓊勾玉（やさかにのまがたま）を口に含み、同じく天の真名井の水を含んで吐きだした。すると、その吐息から5人の男神が誕生した。それぞれ「天忍穂耳命（あめのおしほみみのみこと）」と「天穂日命（あめのほひのみこと）」「天津彦根命（あまつひこねのみこと）」「活津彦根命（いくつひこねのみこと）」「熊野橡樟日命（くまのくすひのみこと）」の「五柱男神」である。

身の潔白を証明するために誓約という法廷闘争のような戦いをしているため、両者は敵対しているように思ってしまうが、ここでひとつ見方を変えてみよう。誓約によって子供が生まれている。子供たちにとって、天照大神とスサノオ命は両親である。体外に相手の持ち物から神々を生んでいるので、男女が契りを結んだとも解釈できる。

⬆桃の節句に飾られる雛飾りは天照大神とスサノオ命の誓約を表している。女雛は天照大神、内裏はスサノオ命、三人官女は宗像三女神、五人囃子は五柱男神だ。

誓約の結果、女神を生んだスサノオ命が勝ち、二心がないことが証明される。話し合いによって、誕生した宗像三女神はスサノオ命の娘、五柱男神は天照大神の息子と認定される。なんだか離婚調停で、子供たちの親権を争っている夫婦にも見えるが、改めて天照大神とスサノオ命は結婚したと見なせば、すっきりする。

思い出してほしい。蘇民将来伝承において、スサノオ命が旅に出たのは后を求めることが目的だった。后は天照大神だったのだ。無事に后を得たスサノオ命は8人の子供をもうけたとあるが、誓約の結果、天照大神との間に生まれた神は宗像三女神と五柱男神、合計8人である。状況はぴったり重なる。これは偶然ではない。

天照大神とスサノオ命は、ここでも表裏一体なのだ。表伊勢＝天照大神と裏伊勢＝スサノオ命という構図は蘇民将来伝承を貫くテーゼといっても過言ではない。ちなみに、スサノオ命の娘と認定された宗像三女神を祀る福岡の宗像大社もまた「裏伊勢」と呼ばれることがある。

高天原を追放されたスサノオ命

誓約によって身の潔白が証明され、高天原に入ることを許可されたスサノオ命であったが、言葉とは裏腹に、その行動は目に余るものがあった。田畑を荒らし、馬を奥屋にぶち込み、ついには機織りの女神が死ぬという事態に及ぶと、さすがに堪忍袋の緒が切れた。誓約の結果を信じ、弟を擁護してきた天照大神であったが、まさにキレた。

激怒した天照大神は天岩屋（あめのいわや）に閉じこもってしまったのである。太陽神が籠ったがために、地上は暗闇に閉ざされ、魔物である魑魅魍魎（ちみもうりょう）がはいでてきた。神々はもとより、地上の人々も絶望の淵へと追いやられた。

困った神々は、なんとかして天照大神を天岩屋から出すべく、さまざまな策を講じる。天岩屋の前で、どんちゃん騒ぎをして、天照大神の気を引き、ひるんだ一瞬の隙をついて、強引に外へ出す。計画は順調に進み、はたして無事に、天照大神は天岩屋から姿を現し、地上は再び光に満ちあふれた。ご存じ「天岩戸開き神話」である。

さて、問題は、このあとだ。かくも重大な事態を引き起こした責任は、いったいだれにあるのか。もちろん、スサノオ命である。誓約の言葉を翻し、好き勝手な行動に出たスサノオ命の責任は重い。神々はスサノオ命をひっ捕らえ、重罪に科した。手足の爪をはがし、重税を課したうえで、高天原を追放したのである。

天界を追われたスサノオ命は再び流浪の旅に出る。途中、長雨が降ってきたので、青草で蓑笠を作り、地上の神々に宿を乞うた。が、神々は罪を犯した者を泊めることはできないと冷たく断る。犯罪者に対する世間の目は厳しいというべきか。やむなく、スサノオ命は激しい嵐の中を休むこともできずに旅を続けたという。

思うに、このあたりが蘇民将来伝承の原型なのだろう。宿を貸すことを拒んだ神々のイメージは、そのまま巨旦将来に仮託されたに違いない。后を得るために旅に出たとはいうものの、どこか暗い。蘇民将来の護符として再現されるのは、長旅を続け、雨に濡れて難儀する蓑笠姿のスサノオ命なのだ。

大気都比売神と蘇民将来の女

蘇民将来伝承では、ここからが本番である。長旅の末、日が暮れたので、地元の人間に宿を乞う。『古事記』では、高天原を追放されたスサノオ命が向かった先が、そう、大気都比売神である。多少、唐突ではあるが、とにかく大気都比売神はスサノオ命を歓待し、たくさんの料理でもてなした。
ところが、厨房を覗いたスサノオ命は、料理が大気都比売神の口から吐きだされ、尻から出たものだと知って激怒。世話になったはずの大気都比売神を斬り殺してしまったことは、ご存じの通りである。

⬆食物を司る大気都比売神(おおげつひめのかみ)。もてなされた料理が口から吐きだされ、尻から出たものだと知ったスサノオ命に斬り殺される。

蘇民将来伝承でいえば、困ったスサノオ命を助けたのは蘇民将来である。粗末ながらも、粟飯など精一杯のおもてなしをした。これに報いて、スサノオ命は蘇民将来を祝福し、その子孫が疫病にあわないよう、茅の輪の呪術を伝授する。いわばハッピーエンドの主人公であるはずが、なぜか蘇民将来の立ち位置である大気都比売神は殺されてしまう。理不尽といえば確かに理不尽である。

殺されたという意味では、むしろ巨旦将来のモデルともいえよう。構造主義的な神話分析からすれば、大気都比売神という神格をふたつに分け、宿を提供してもてなしたのが蘇民将来で、スサノオ命の怒りをかって殺されたのが巨旦将来だというい方もできなくもない。

だが、ちょっとしっくりこないのも事実。大気都比売神は女神である。蘇民将来伝承の登場人物であるふたりの兄弟は男だ。あくまでもモデルは女性だという視点から分析すると、『備後国風土記』の蘇民将来伝承には、女性がふたり登場することに気づく。ひとりは蘇民将来の娘、もうひとりは「別の女」だ。

この女、文脈から蘇民将来の子供ではないようで、巨旦将来の家に出入りしているところから考えるに、両家に関係する親類なのだろうか。いまひとつ素性がはっきりしないのだが、最終的に彼女は助からなかった。巨旦将来の家にいた者は蘇民将来の娘ひとりを除いて、すべて殺されたからだ。

彼女こそ、ひょっとしたら大気都比売神なのかもしれない。スサノオ命を歓待してもてなしたにもかかわらず、殺されてしまった悲劇の大気都比売神は、同じく武塔神を歓待してもてなした蘇民将来の家の関係者であるにもかかわらず、巨旦将来の家にいたがゆえに、彼らとともに殺されてしまった名もなき女なのだ。想像をたくましくすれば、彼女はスサノオ命に命じられた通り、茅の輪を腰に巻かなかったのかもしれない。

行間を読むのは難しいが、蘇民将来伝承の元ネタが記紀神話にあることは、構造的な分析から間違いないだろう。おそらく『古事記』や『日本書紀』を読み、スサノオ命に関する物語を熟知したうえで、蘇民将来伝承の原ストーリーを構築した人物がいたはずである。彼は理不尽に殺された大気都比売神を蘇民将来伝承では、わずかに素性があいまいな女、原文では「婦」という普通名詞で登場させたのではないだろうか。

出雲大社とスサノオ命

大気都比売神の説話のあと、スサノオ命は最終的に出雲の鳥髪山に降臨する。高天原を追放されてから、豊葦原中国に至るまで、どこにいたのか気になるが、とにかく、最終的にスサノオ命は出雲に腰を落ち着ける。

といっても、神話中でスサノオ命は、まだ独身である。流浪の末に地上へと降臨したスサノオ命だが、蘇民将来伝承にあるように后をめぐる話が、このあとに続く。有名な「八岐大蛇伝説」である。

曰く、出雲に足名椎命と手名椎命という夫婦が住んでいた。彼らには8人の娘がいたが、毎年、八岐大蛇の生贄になっていた。残されたのは、最後のひとり、奇稲田姫のみ。泣きくれる家族のもとにスサノオ命が現れ、ひと肌脱いで助けてやろうと語る。任侠よろしく、スサノオ命は八岐大蛇を退治して、ついには奇稲田姫と夫婦になる。

蘇民将来伝承からすれば、スサノオ命にとって旅の目的は后を求めることにある。記紀神話では、まさに奇稲田姫が、スサノオ命が捜し求めた后にほかならない。蘇民将来伝承の作者は当然ながら、武塔神の妻として、奇稲田姫を意識したはずだ。

スサノオ命と奇稲田姫の間に生まれた子供は『古事記』によれば「八島士奴美神（やしまじぬみのかみ）」、『日本書紀』では「大国主命（おおくにぬしのみこと）」とされる。もっとも『古事記』において大国主命はスサノオ命の6世孫とされるのだが、あくまでも神話世界の話だ。歴史ではない。それより注目は大国主命の別名「八千矛神（やちほこのかみ）」だ。ここには共通する「八」という数字が見える。

スサノオ命が降臨した出雲地方の神話はもとより、各地の神社で語られる説話には、ことごとく「八」の字が登場する。出雲の枕詞が「八雲立つ」であり、スサノオ命が詠んだ最古の和歌「八雲立つ 出雲八重垣 妻ごみに 八重垣作る その八重垣を」には「八重垣」が繰り返される。京都でスサノオ命を祀る神社の名も「八坂神社」で、退治したのは八岐大蛇だ。

このほか、挙げれば切りがないほど、出雲は「八」にこだわる。蘇民将来伝承において、武塔神＝スサノオ命の子供が8人とされるのも、こうした背景があるからだ。「八」が意味する秘教については、のちほど述べるが、重要な暗号であるということに留意しておいてほしい。

ところで、出雲といえば、何をおいても「出雲大社」が有名だ。祭神は、いうまでもなく「大国主命」であるが、異伝では、もともとの主祭神はスサノオ命であったともいう。その証拠に、出雲大社の銅鳥居には「素戔嗚尊は雲陽の大社の神なり」という一文が刻まれており、だれでも確かめることができる。

実際、出雲大社の拝殿で礼拝しても、本殿は向かって左を向いている。なぜか、そっぽを向いているのだ。代わりに、参拝者の視線の先にあるのが、出雲大社の本殿の後ろに鎮座する「素鵞社(そがのやしろ)」である。主祭神はスサノオ命である。出雲大社の拝殿で礼拝したとき、知ってか知らずか、人々はみなスサノオ命を拝んでいることになるのである。

そして、もうひとつ。出雲大社に参詣すれば、圧倒されるのが注連縄だ。拝殿には巨大な注連縄が飾られている。うねる姿は大蛇を模しているともいうが、蘇民将来伝承という視点からすれば、これもまた茅の輪にほかならない。輪っかにこそなってはいないが、関取のまわしよろしく、注連縄も腰に巻けば、立派な茅の輪だ。巨大な蛇体を象徴しつつ、注連縄として茅の輪を暗示し、それが蛇の目＝日の丸まで表現しているのである。

しかして、スサノオ命が退治した八岐大蛇も、構造的には巨旦将来のモデルといえよう。蘇民将来の娘と名もなき女が奉仕した巨旦将来は、奇稲田姫を食おうとした八岐大蛇だ。八岐大蛇を退治するにあたって、スサノオ命は奇稲田姫を櫛にし、その後、八重垣をもって守った。

⬅八岐大蛇を退治して夫婦になったスサノオ命と奇稲田姫。

➡出雲大社の銅鳥居。「素戔嗚尊は雲陽の大社の神なり」と書かれており、もともとの主祭神はスサノオ命だった。

この八重垣こそ、茅の輪だ。彼女はスサノオ命が手がけた八重垣という茅の輪によって助かったのである。

筑波山と富士山

本来は天津神であるスサノオ命は出雲では国津神として祀られる。出雲だけではない。不思議なことに、出雲から遠く離れた関東でも、スサノオ命を主祭神とする神社は少なくない。氷川神社がいい例だ。出雲族の人間が国造として派遣されてきたからだとされるが、実は、関東には独自の蘇民将来伝承がある。

関東の蘇民将来伝承は『常陸国風土記』に記されている。もっとも、登場人物は蘇民将来と巨旦将来ではなく、それぞれ「筑波山」と「富士山」の神様という設定だ。武塔神＝スサノオ命に相当するのは、彼らの親「神祖尊」である。

曰く、その昔、神祖尊が諸国巡行に出たが、あいにく駿河国で日が暮れた。やむなく神祖尊は息子である富士山の神のところに赴き、泊めてくれるよう頼んだ。

が、富士山の神は今、新嘗祭で忙しいので、勘弁してほしいと断った。親に向かって、なんという態度だと、神祖尊は怒り、そして呪った。今後、富士山は常に雪が積もり、人々が近づけず、食料も取れないようになれ、と。

↑『常陸国風土記』に蘇民将来伝承として登場する筑波山（上）と富士山（下）。

次いで、神祖尊は常陸国に赴き、もうひとりの息子である筑波山の神に宿を乞うた。筑波山の神は新嘗祭で忙しいが、申し出を快諾し、篤くもてなした。喜んだ神祖尊は祝福していった。筑波山は未来永劫、人々が集まり、歌い踊って繁栄するだろうと。

おわかりのように話の骨子は蘇民将来と同じである。ここでは蘇民将来が筑波山の神、巨旦将来が富士山になっている。筑波山と富士山、ふたりの兄弟の親は神祖尊とある。普通名詞であって、本来の名前ではない。子供がふたりとも山神であることを思えば、その祖神もまた、山神であろうことは察しがつく。

記紀神話で有名な山神といえば「大山祇神（おおやまつみのかみ）／大山津見神」だ。大山祇神には、象徴的なふたりの子供がいる。男神ではなく女神、すなわち「木花開耶姫（このはなさくやひめ）」と「石長比売（いわながひめ）」である。このうち木花開耶姫は富士山の女神として知られる。ジェンダーを別にして、この説話における富士山の神を木花開耶姫とすれば、自ずと筑波山の神は石長比売になろう。

確かに富士山は秀麗であり、木花開耶姫のように美しいが、それははかない。対する筑波山は人々が集う山であり、歌垣ができた。歌垣では男女が求め合い、子孫が繁栄した。石長比売が象徴する長寿という生命が象徴されているといえよう。

興味深いことに、神社伝承学において、全国各地の神社で祀られる大山祇神の実体はスサノオ命だという説がある。作家の小椋一葉氏は著書『消された覇王』の中で、愛媛の大山祇神神社が「日本総鎮守」であると同時に愛知の津島神社が「日本総社」と称されてきた謎を探究する過程で「スサノオ＝オオヤマツミ」という答えを導きだした。

これを援用すれば、『常陸国風土記』に記された神祖尊とは大山祇神であると同時に、スサノオ命であったことになる。筑波山と富士山の逸話を蘇民将来のひとつの原型とするならば、きれいに一本の糸でつながるのだ。

「武塔神＝スサノオ命＝大山祇神＝神祖尊」

蘇民将来伝承において大事なのは生命の継承だ。蘇民将来の子孫は繁栄するよう、スサノオ

↑国家に対して反乱を起こし、自ら「新皇」と称した平将門。

命は祝福している。同様に、スサノオ命＝神祖尊に祝福された筑波山に集った人々は、『万葉集』に歌われた「歌垣」を作った。彼らにとって、この歌垣こそ、スサノオ命が奇稲田姫を囲った八重垣であり、茅の輪だったのだ。

平将門と蘇民将来

10世紀、平安時代の筑波山一帯を支配していたのは、かの「平将門」であった。桓武天皇の5世孫であり、坂東の武士たちを束ねていた。信頼も篤く、身内の争いから生じた混乱を収めると、東国の人々の京都に対する不満を背景に、独立を宣言。自ら「新皇」と称した。世にいう「承平天慶の乱」である。

京都にいる朱雀天皇に対して反旗を翻した東国の平将門は、記紀神話における高天原の天照大神

⬆「笑門」と書かれた木札のついた正月飾り。「笑門」とは「将門」のことだ。

と対峙した豊葦原中国にいたスサノオ命にほかならない。出雲系の神社が多い関東を治めた平将門は、もちろん蘇民将来と密接な関係にある。

蘇民将来の護符には「蘇民将来子孫家門」と書かれる。伊勢神宮のある三重地方では、玄関に正月飾りとして掲げられることが多いが、中には「笑門」と記した木札であることも少なくない。「笑門」とは、もちろん「笑う門には福来る」の意味だが、これには裏がある。

本来は「将門」なのだ。「蘇民将来子孫家門」を省略して、「将」と「門」を抜き取り、これをつなげて「将門」とした。が、これは、だれが見ても「平将門」のことだと思ってしまう。朝廷に刃向かって討ち死にした平将門の名前を掲げるのは不吉だ。ということで、読みはそのままに、充てる字を変えて「笑門」としたのである。

だが、言霊からすれば、まさに音が大事である。「ショウモン」と読む限り、裏の意味は平将門である。平将門が蘇民将来におけるスサノオ命であるならば、その名は天照大神を主祭神とする伊勢神宮の周辺地域に正月飾りの護符として広まっていることになる。まさに裏伊勢＝スサノオ命＝平将門だ。

さらに、平将門と蘇民将来をつなぐ決定的な要素がある。息子である。平将門には多くの子供がいた。坂東武士の相馬氏は息子である「平将国」、千葉氏は娘の「如春尼」の子孫であると称しているが、これ以外にも史料では確認できない子供がいた。『扶桑略記』には、そのひとりが京都へやってきて、検非違使たちが必死になって捜索したという記録がある。

⬆稀代の陰陽師として活躍した安倍晴明。平将門の隠し子であり、蘇民将来伝承を完成させた。

実は、この息子とは、ほかでもない。稀代の陰陽師「安倍晴明」なのだ。安倍晴明は平将門の隠し子であり、父の無念を晴らすべく、京都へと向かい、天皇の中枢でさまざまな呪術を仕掛けたのである。しかも、この安倍晴明こそ、蘇民将来伝承を完成させた人物だといって過言ではない。

平将門と安倍晴明

平将門が独立を夢見た関東平野にそびえる双峰、筑波山。『常陸国風土記』版の蘇民将来として語られた山の麓には、今も「猫島」という集落がある。古代において、ここまで海だったのだろう。今も、田園風景の中に猫島はある。

平安時代、ここで誕生したのが安倍晴明である。「浄瑠璃」の『蘆屋道満大内鑑』などで語られる安倍晴明の母は狐だ。「葛葉」や「信田妻」とも呼ばれ、いわゆる稲荷大明神の使い、もしくは化身とされる。人間以外の動物や神様を祖先にもつ神話は各地にあり、安倍晴明の出生伝説も典型的な「異類婚姻譚」である。

母親が狐であるということは、素性が明らかではない、本当の父親がだれなのか不明だとほのめかしているのだ。歴史的に、父親は大膳大夫の安倍益材、もしくは淡路守の安倍春材とされるが、確かなことはわからない。

出生地にしても、大阪の阿倍野や奈良の桜井が伝えられ、ご当地には安倍晴明神社や阿部王

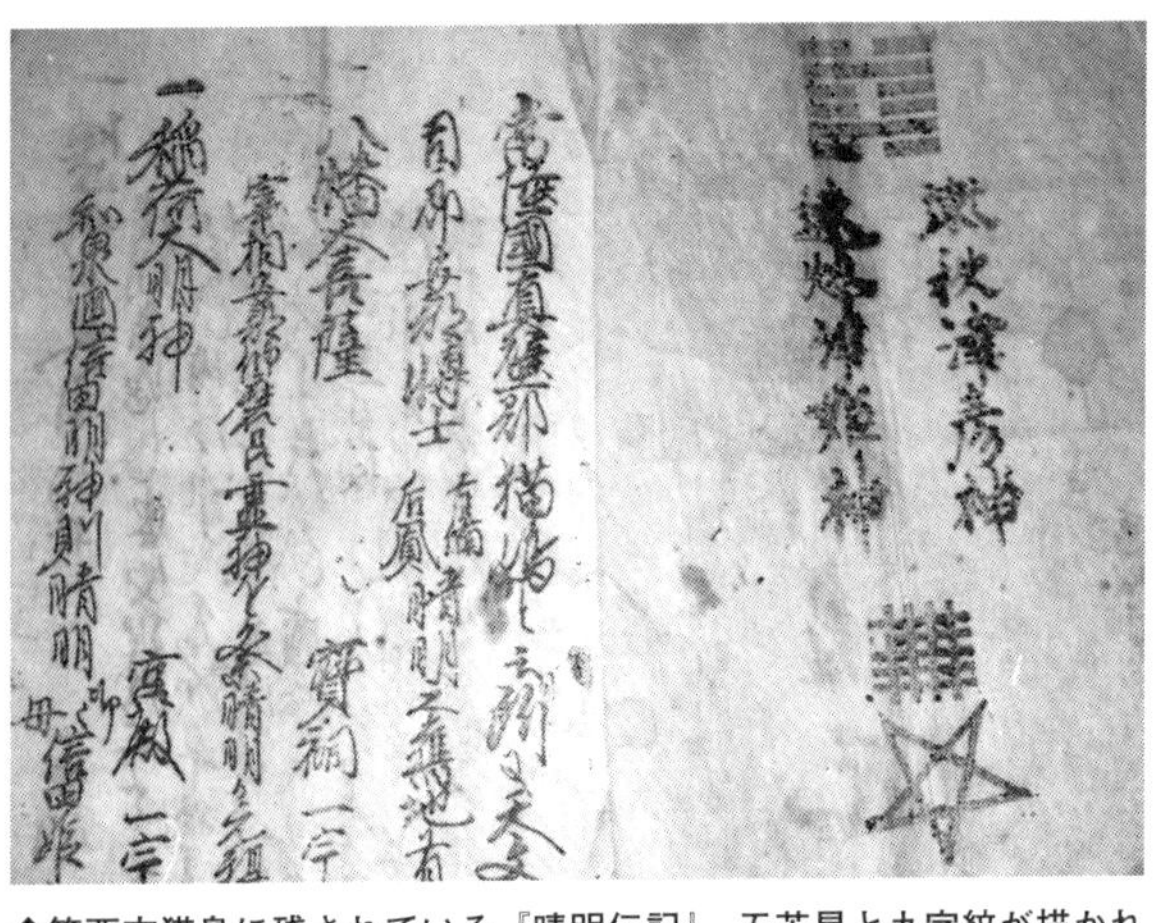

⬆筑西市猫島に残されている『晴明伝記』。五芒星と九字紋が描かれており、「猫島」の文字も見える。

子神社、安倍文珠院が建つ。父親の名や出生地が複数、候補として挙げられていること自体、実は得体の知れない人物であることを示している。

そうした異説のひとつとして、茨城の猫島がある。もちろん、ここでも父親は不明だが、時代と場所は、ずばり平将門と重なるのだ。猫島の「猫」とは動物のネコではなく、天皇を意味する「倭根子（やまとねこ）」の「根子」だとすれば、新たな天皇、つまりは「新皇」を名乗った平将門に由来するとも考えられなくもない。

いずれ機会を改めて、この問題については未公開情報も含めて詳述したいと思うが、結論からいえば、安倍晴明は平将門の子供である。母である葛葉は平将門の側室のひとりである。生まれた子供は大阪の安倍保名（あべのやすな）の養子となり、平将門の実子であることは世間から隠された。信頼筋からの情報によれば、『今昔物語』に登場する素性不明の「壬生良門」の正体は、何を隠そう、安倍晴明であるという。

牛頭天王縁起

幼いころから才能を発揮し、師匠である「賀茂忠行」から陰陽道を学んだ安倍晴明は、恩師の息子である賀茂保憲とともに、それぞれ暦道と天文道を伝授された。安倍晴明の子孫は代々、陰陽師として活躍し、日本に呪術的な仕掛けを施していく。その活躍は目覚ましく、のちのち、さまざまな文学や芸能の題材として語り継がれ、今日に至っている。

陰陽道には秘術を記した書物が数多く存在するのだが、中でも奥義書とされるのが安倍晴明が記したとされる『三国相伝陰陽輨轄簠簋内伝金烏玉兎集』である。実際には、安倍晴明に仮託して書かれたものだとされるが、実際の著者は不明だ。

表題にある「簠簋」とは中国の青銅器で、それぞれ方形と円形をしている。道教の「天円地方」の思想を表したもので、さらに内部は逆に円形と方形になっている。続く「金烏」と「玉兎」は太陽と月を示し、いずれも陰陽道を象徴している。

内容は主に陰陽道の占術に関する解説だが、その中に「牛頭天王縁起」がある。これこそ、蘇民将来伝承の最終形態である。登場する神々や場所、スケールが大きく、ストーリーも完成

⬆蘇民将来伝承の最終形態である「牛頭天王（ごずてんのう）縁起」の牛頭天王。

されているといっていいだろう。全国各地にある寺社の蘇民将来伝承も、およそ『三国相伝陰陽輨轄簠簋内伝金烏玉兎集』の「牛頭天王縁起」によっている。

概略は、こうだ。

昔々、インドの王舎城には「牛頭天王」なる王様が住んでいた。善王であり、優れた為政者であったが、容貌が恐ろしかった。頭には牛のような角が2本生えており、夜叉のような面相をしていたため、女性に恐れられ、なかなか后が見つからなかった。

あるとき、案じた瑠璃鳥が牛頭天王のもとにやってきて、南海にある龍宮には美しい「頗梨采女（はりさいじょ）」がいるので、彼女を娶るべしと進言する。これを聞いた牛頭天王は喜び、さっそく眷属とともに旅に出る。

ところが、龍宮は思ったより遠い。あいにく、途中で日が暮れてしまう。やむなく、その日は、近くの夜叉国で夜を明かすこととし、地元の有力者である「巨旦大王」に宿を乞うたのだが、これがまずかった。なんと、けんもほろろに断られ、激しく罵倒された挙句、城門を固く閉ざされてしまったのだ。

これには温厚な牛頭天王も激怒した。すぐさま巨旦将来を打ちのめそうと考えたが、物忌み中だったがゆえ、その場を去った。

↑牛頭天王の妻となる頗梨采女（はりさいじょ）。

再び一行が旅を続けていると、松林でひとりの女と出会う。彼女は巨旦大王の奴隷だった。事情を聞いた女は、この先に貧しいが慈悲にあふれた「蘇民将来」の家があると告げる。

助言通りに訪ねたところ、蘇民将来は牛頭天王を歓待し、粗末な家と食事しかないとしながらも、篤く丁重にもてなした。これには牛頭天王もいたく感動し、蘇民将来の慈悲に深く感謝した。

翌日、蘇民将来に船を用意してもらった牛頭天王は無事、龍宮に至り、託宣通り、頗梨采女を后に迎え、やがて８人の子供「八王子」をもうけた。ちなみに八王子の名は「総光天王」「魔王天王」「倶摩羅天王」「得達神天王」「良持天王」「侍神相天王」「宅神天王」「蛇毒気神」といった。

21年もの歳月が過ぎたころ、牛頭天王はいつぞやの一件を思い出した。憤慨が込みあげてきた牛頭天王は巨旦将来に復讐することを宣言。八王子たちはもとより、龍神たちをはじめ数百数千の眷属たちを引き連れて、再び夜叉国へとやってきた。

戦いの予兆は巨旦将来の顔に出た。鬼の相が現れたのだ。配下の博士に占わせたところ、牛頭天王が攻めてくることがわかった。事態を悟った巨旦将来は僧侶たち１０００人に「泰山府君（たいざんふくん）の法」を行じさせ、城の警備を堅固なものとした。

決戦当日、巨旦将来の城にやってきた牛頭天王の軍勢は、しばし作戦を練ることにした。物理的にも、呪術的にも、このままでは城内に入り込むことができない。そこで、ふたりの鬼神「阿你羅」と「摩你羅」をスパイとして潜入させ、状況を報告させた。鬼神ら曰く、居眠りをして呪文に力が入らない僧侶がおり、そのおかげで窓に大きな穴がある。そこを攻めるべし、と。

万端整ったところで、牛頭天王は、ふと松林で会った女を思い出した。巨旦将来の城で奴隷として働く女だ。彼女には恩義がある。助けてやろう。そう考えた牛頭天王は桃木で札を作り、そこに「急急如律令」と記し、指ではじいた。すると、護符は女のもとに飛んでいった。

いざ、出陣の雄たけびを上げた牛頭天王の軍勢は巨旦将来の城へ攻め上り、呪術的なバリアの穴である窓を蹴破って内部に侵入し、そこにいた人間をすべて殺した。護符を手にしていた女奴隷だけは助かったものの、夜叉国は滅亡した。

牛頭天王は憎き御敵である巨旦将来の体を5つに分断し、五節句に配当。巨旦将来の魂を調伏する儀式を執行した。

すべてを終えて、北の王舎城へと帰ろうとした際、牛頭天王らは、かつての一宿一飯の恩義に応えるべく、蘇民将来のもとを訪れた。貧しかった蘇民将来は裕福になっており、牛頭天王らを宮殿でもてなした。大いに満足した牛頭天王は蘇民将来を祝福し、こう予言する。

やがて、この世が乱れたとき、再び牛頭天王はやってくる。恐るべき疫病神となり、八王子と眷属たちを引き連れて、人々を粛清するために乱入するだろう。世の末には、煩悩がゆえに、人々は寒冷の病と懊熱の病に冒されるが、すべては牛頭天王とその配下の者たちの所業である。

しかし、義人である蘇民将来の子孫たちだけは助ける。疫病が流行したとき、自分たちが「蘇民将来の子孫である」と述べれば、災厄から逃れることができるだろう。それゆえ、毎年、

牛頭天王ト申ス素盞烏尊ナリ
城州八坂ノ里ニ在ス
一社ハ牛頭天王
一社ハ稲田姫ト申ス
一社ハ八王子

↑祇園社で祀られていた祇園大明神。

五節句の祭礼を正しく行い、心の中で26の秘密の呪文を唱え、信仰心を篤くもつように、と。

こうして牛頭天王らは北インドにある居城へと帰っていったという。

牛頭天王の五節句

まさに長編スペクタクル映画のようであるが、最後に牛頭天王は五節句に関する祭礼の意味について述べている。五節句とは、①1月1日、②3月3日、③5月5日、④7月7日、⑤9月9日に行われる祭礼だ。ちなみに、現代では1月1日を正月として別格扱いとし、人日である1月7日をあてる。

五節句では決まったお供え物をするのだが、それらは、みな八つ裂きにされた巨旦将来の体だと牛頭天王は説く。すなわち、①正月元旦：紅白の鏡餅は巨旦将来の骨肉、②上巳の節句：小蓬の草餅は巨旦将来の皮膚、③端午の節句：菖蒲の粽は巨旦将来の髪と髭、④七夕の節句：小麦の素麺は巨旦将来の筋、⑤重陽の節句：黄菊の酒は巨旦将来の血液である。このほかにも、祭礼で用いられる蹴鞠の鞠は巨旦将来の頭、弓矢の的は巨旦将来の目、門松は巨旦将来の墓標、修正の導師や葬礼の威儀は、みな巨旦将来を調伏する儀式だというのだ。

実際、999年6月1日に安倍晴明が祇園社、つまり京都の八坂神社において巨旦将来調伏の儀式を行って以来、現在に至るも続けられている。ゆえに、巨旦将来の体をかみ砕くことを意味する「歯固めの儀式」は非常に大事である。

とにもかくにも、憎むべきは巨旦将来の邪気であり、その配下の魑魅魍魎だ。反対に篤く信仰するべきは、牛頭天王と「太歳」「大将軍」「太陰」「歳刑」「歳破」「歳殺」「黄幡」「豹尾」の八王子だと強調する。

なかなか強烈な縁起であるが、節句のお供え物を死んだ巨旦将来の体に見立てるあたりは、死んだ神の体から家畜や穀物などが生じるハイヌウェレ型神話のひとつと見ていいだろう。蘇民将来伝承のルーツが記紀神話にあることを考えると、さしずめ大気都比売神と保食神の逸話が反映されていると見ていい。

牛頭天王＝スサノオ命

安倍晴明の名において記された『三国相伝陰陽輨轄簠簋内伝金烏玉兎集』の「牛頭天王縁起」は、まぎれもなく蘇民将来伝承だが、ひとつだけ大きく異なるのが主人公である神様の名前で

⬆中国で農業と薬の神様として崇拝されている神農。頭に2本の角がある。

ある。武塔神でもなければ、スサノオ命でもなく、ましてや神祖尊でもない。いったい牛頭天王とは何者なのだろうか。

一般に牛頭天王は祇園精舎の守護神とされるが、その正体は不明。インドには、これに対応する神はいない。牛の神という意味では、聖牛ナンディンに乗るシヴァ、とくに牛の面相をした化身ヴァジュラバイラヴァ、仏教でいう大威徳明王に相当するとも解釈できなくもないが、蘇民将来伝承につながる要素は少ない。仏教経典には地獄にいる閻魔大王の配下として「牛頭」と「馬頭」という獄卒が登場するが、直接的な関係はない。

中国において牛の頭をもつ神といえば「神農」だ。「炎帝」ともいい、伝説の「三皇五帝」のひとり。農業と薬の神様として崇拝されている。伝説によると、頭に2本の角を生やしていたといい、各地に立てられた神農像は、文字通り牛頭天王を彷彿とさせる。同様に『西遊記』

に登場する「牛魔王」もまた、その姿は神農＝牛頭天王である。

いうまでもなく、陰陽道には仏教や道教の思想が入っている。シヴァや神農のイメージが牛頭天王に反映されていたとしても、不思議ではない。それが最終的に蘇民将来伝承によって、スサノオ命に収斂していく。整理すれば、こうだ。

「神祖尊＝武塔神＝スサノオ命＝牛頭天王」

牛頭天王がスサノオ命となれば、后である頗梨采女は奇稲田姫である。ふたりの間にできた8人の子供、八王子もまた、『備後国風土記』で語られる8人の子供となり、ついには奇稲田姫が産んだことになる。

記紀には牛頭天王という名前はひとつも出てこないのだが、こうしてスサノオ命と同一神であることが既成事実化されていく。さらに、絵画では頭に牛の角がある姿で描かれたり、牛に乗った姿の神像が作られたことで、スサノオ命は、すっかり牛神として認識されるに至る。歴史的には、あくまでもスサノオ命は牛頭天王と習合したことにより、牛神の神格が形成されたと説明される。

ところが、だ。不可解なことに、よくよく調べていくと、このスサノオ命、実はもともと牛と深い関係にあったらしい。牛頭天王と同一神とされたのには、もうひとつ深い理由があるようなのだ。次章では、牛頭天王＝スサノオ命信仰に関する歴史的背景に迫っていこう。

第2章

疫病をもたらす「牛頭天王」と 新羅系渡来人「天之日矛」

祇園祭と神仏分離令

2020年4月、世界的な新型コロナの流行を危惧した日本政府は、全国に緊急事態宣言を発出。人が集まる飲食店には営業の自粛を要請し、各地の行事やイベントも差し控えるよう、全国に通達した。

これを受け、かの有名な青森のねぶた祭を筆頭に、全国の祭礼やイベントは軒並み中止に追い込まれた。とりわけ注目されたのが京都の「祇園祭」である。というのも、本来、祇園祭の趣旨は疫病鎮めにあったのだから、皮肉としかいいようがない。

祇園祭の起源は御霊会（ごりょうえ）にある。863年、疫病が大流行したため、時の朝廷は京都の神泉苑で御霊会を開いた。災厄を鎮めるために祈禱が行われたが、事態は改善しない。富士山噴火や大地震が重なったことで、869年、規模を拡大し、かつ疫病神として牛頭天王（ごずてんのう）を祭礼として盛大に祀ることにした。

これが祇園祭の始まりである。以後、祇園祭は京都の「八坂神社」の祭礼として、毎年、盛大に行われるようになったのだ。本来の趣旨からすれば、新型コロナという疫病が流行した今こそ、それを鎮めるために祇園祭が執り行われるべきなのだが、こと医療技術が進んだ今日にあってはそうもいっていられない状況にあるのも事実。神社関係者もまた不本意ながらも、要

⬆祇園祭につながる御霊会(ごりょうえ)が初めて行われた神泉苑。

請を受け入れて自粛するしか道はなかったのだ。

京都在住の方であれば、当たり前の話であるが、祇園祭の主催者は「八坂神社」である。山鉾巡業はもとより、神輿渡御は、すべて八坂神社の管轄である。もっとも、八坂神社なる名称は古くはない。もとは「祇園感神院(ぎおんかんしんいん)」と称した。掲げられた主祭神も、今でこそスサノオ命であるが、本来は牛頭天王であった。

というのも、江戸時代、神仏習合が進み、八坂神社の教義もまた仏教の影響を大きく受ける。主祭神である牛頭天王もまた「本地垂迹説(ほんじすいじゃくせつ)」によって、本地は「薬師如来」とされた。神々には自我があり、まったくもって悟っていないように見えるが、それも仮の姿。いわゆるアヴァターラ＝権現という方便をもって、牛頭天王を薬師如来の本地として位置づけたのだ。もともと疫病をもたらす神ゆえに、病を癒やす力もあると解釈されたのだろう。

しかし、明治時代に入ると、状況が一変する。国家神道の確立のため、神仏分離令が発布されたのだ。当時、神仏習合が進み、寺と神社は一体であった。神社の神職を寺の僧侶が担うケースも少なくはなかった。それを突然、分離せよと通達したのだ。

発令の文書もまた、すごい。神社の祭神を「某権現」と称すべからずという文言はいざしらず、ずばり「牛頭天王の類い」は、けしからんときたのである。文字通り、狙い撃ちである。有無をいわせぬ命令に、全国の祇園社は混乱、妥協案として、牛頭天王という名前をスサノオ命にすり替えて、神社の名前も八坂神社に急遽すげ替えたのだ。

とくに問題視されたのは音韻である。牛頭天王の「天王」は「テンオウ」ではなく「テンノウ」と発音し、これが「天皇」の読みと同じであることから、不敬と見なされたのだ。実際、牛頭天王の表記も、ときには「牛頭天皇」とされ、神社名も「天皇神社」や「天皇社」「天皇山」と称した。ゆえに、これらはすべて別の名前にすげ替えられた。もっとも、お達しが行き届かなかった地域も少なからずあるのも事実だが。

尊王攘夷による国家神道を推し進める明治政府は神仏分離令をもとに、全国の祇園社を八坂神社に改めさせ、牛頭天王の名を消し去った。今日、全国各地にある八坂神社のほとんどは、すべて祇園社だった。京都の八坂神社もまた祇園社だったがゆえに、その祭礼も祇園祭と呼ば

⬅八坂神社の祭礼として行われている祇園祭。本来は疫病を祓うための祭礼だ。
⬇祇園祭が行われる八坂神社の摂社の疫(えき)神社。７月の夏越祭(なごしまつり)では茅の輪が設置される。

れたのだ。幸いにして、祭礼の名前だけは今日まで生きつづけている。

八坂神社の縁起と新羅

かつて牛頭天王を主祭神とした京都の八坂神社、すなわち祇園感神院の由来は、伝わる縁起によれば、６５６年、斉明天皇の御代、朝鮮半島から渡来してきた「伊利之使主」なる人物によって山城国八坂郷に神祠が作られたことに始まるという。伊利之使主は高句麗からやってきた渡来人であった。

当時、朝鮮半島には大きく4つの国があった。北に高句麗、南に伽耶、東に新羅、そして東に百済があり、互いに勢力をしのぎあっていた。このうち、もっとも巨大な力を誇っていた高句麗からやってきた調進副使、伊利之使主が新羅にある「牛頭山」で祀られていたスサノオ命の御魂を日本に勧請したのだという。

これが日本において、スサノオ命を祀った最初の神社であった。この功績によって、伊利之使主は八坂造の姓を賜り、６６７年には社号を感神院として宮殿が建造された。牛頭山に座していたがゆえ、スサノオ命を牛頭天王と称したと主張する。

事実上の創建者である伊利之使主については『日本書紀』に、その名がある。当時、高麗＝高句麗から81人で来朝したとあり、『新撰姓氏録』の八坂造の項目には、狛国人から出ずとして「留川麻乃意利佐」という名でも記載があることから少なくとも実在した人物であることは間違いないとされる。

ただ、気になるのは新羅である。高句麗の人間が、なぜわざわざ新羅で祀られていた神を日本に勧請するのか。しかも、その神はスサノオ命ときた。日本の神が新羅で祀られていた理由も釈然としない。構図的には、神様の帰還、逆輸入みたいなものだ。

しかも、新羅において祀られていた場所が牛頭山だ。牛頭山の祭神であるがゆえ、スサノオ命は牛頭天王と呼ばれたというのだ。予定調和といえば言葉は悪いが、最初から「スサノオ命＝牛頭天王」を前提とした由緒に見えなくもない。

ところが、この疑惑に対して、もっともらしい裏づけが『日本書紀』にはある。『日本書紀』によれば、高天原（たかまがはら）から追放されたスサノオ命は最初、日本列島ではなく、新羅に天下った。降臨した場所は「曽戸茂梨：ソシモリ」といったが、どうも気になじめなかったのだろう。新羅の地にはいたくないといって、スサノオ命は息子の「五十猛命（いそたけるのみこと）」とともに赤土で作った船に乗って海を渡り、日本の出雲の鳥上の峰にやってきた。

続いて、スサノオ命は韓郷、すなわち朝鮮には金銀があると語ると、船がなかったら子供たちが困るだろうから、その材料となる杉や檜、槙、そして楠などの樹を自らの体毛によって生じさせ、有用な樹木の種を全国に蒔くよう息子の五十猛命と娘である大屋津姫命（おおやつひめのみこと）と枛津姫命（つまつひめのみこと）らに命じたという。

おわかりように、スサノオ命は高天原から新羅に降臨し、そこから船に乗って朝鮮海峡を渡り、出雲へとやってきた。朝鮮半島情勢に詳しいことから、一定期間、新羅に住んでいたのだろう。状況が状況なら、そのまま定住していたかもしれない。旅人というよりは、もはや地元の住人、あえていうなら「新羅神」、あるいは「新羅人」になっていたのかもしれない。

しかも、注目は、ここ。降臨した山の名前が「ソシモリ」だとある。朝鮮語で「ソ」は牛、「モリ」は頭の意味で、「ソシモリ」は「牛頭」であると解釈できる。『日本書紀』の記述を信じるならば、スサノオ命は新羅の牛頭山に降臨したことになる。

実は、現場も特定されている。現在の韓国の江原道(カンウォンド)春川に牛が寝そべったような形をした山があり、その頭に当たる峰を「牛頭山」と呼んでいる。韓国の牛頭山は、かつて新羅があった領域にあり、八坂神社の縁起にも出てくる牛頭山と同一だった可能性が高い。

となると、八坂神社が伝える縁起にも一定の信憑性が出てくるのだが、それでもなお解せないのは伊利之使主である。彼は高句麗の調進副使だった。高句麗の人間が、なぜわざわざ隣国の牛頭山に詣でたうえに、そこで祀られていたスサノオ命を日本に勧請するのか。まったくもって理由がわからない。

ひとつ可能性として考えられるのは、これ。伊利之使主自身、もともとは新羅人だったのではないか。彼は高句麗の領域内に住んでおり、それなりに出世はしたものの、本来は新羅出身の人間だった。

伊利之使主は牛頭山信仰をもっていた。配下の者もしかり。彼らは牛頭山を御神体として崇拜。牛頭山に宿る神のことを「牛頭神」と呼んでいた。日本に渡来してくると、ソシモリに降臨した伝説をもつスサノオ命の存在を知る。ソシモリは牛頭山のことにほかならないと考えた伊利之使主は、主祭神はスサノオ命であるという名目で牛頭山神を祀り、これがいつしか牛頭天王と呼ばれるようになったのではないだろうか。

新羅に限らず、渡来人は、とかく出生をごまかす傾向がある。百済人だといいながら、寺の瓦を見ると新羅系だったり、民族のルーツを中国に求めることもしばしば。歴史学者の武光誠氏は高句麗系渡来人の中には、新羅系渡来人が含まれていた可能性を指摘している。伊利之使主も、そうした新羅系渡来人だった。そう筆者は睨んでいる。

朝鮮の蘇民将来

蘇民将来伝承の主人公であるスサノオ命、さらには牛頭天王が朝鮮半島との関係が濃密であったとくれば、期待されるのは、ひとつ。朝鮮にも蘇民将来伝承があったのかどうかだ。民族学者の調査によれば、これまで明確な蘇民将来伝承はないというのが定説だ。文字に残ってい

ないだけで、かつてはあった可能性は残しつつも、あくまで蘇民将来伝承は日本で生まれ、そして発展したものだという。

しかし、蘇民将来の護符に関しては、必ずしも、そうではないらしい。日本が朝鮮半島を支配していた時代、民俗学者の村山智順が現地調査をしてまとめた『朝鮮の鬼神』の「呪符法」という章には、平安南道（ピョンアンナムド）に伝わる「蘇民将来之子孫海州后入」なる呪符が紹介されており、この文言を書いた紙を門戸に貼ったり、直接、書き込んだりするという。ほかにも、眼病の呪符として、朝早く門戸に人の顔を描き、その両眼を針で刺してまじないの文字を描き、最後に「蘇」と記すのだとか。

民俗学者の今村鞆が著書『歴史民俗朝鮮漫談』、その名も「朝鮮の蘇民将来」という論文で、平安南道で調査を行った際、安州（アンジュ）郡で「蘇民将来之子孫海州后入」と書かれた赤紙を戸口に貼っている光景を発見したと記しているという。

これらの事実を踏まえ、文芸評論家の川村湊氏や古代史研究家の鹿島曻氏は、いずれも蘇民将来伝承のルーツは朝鮮半島に求められると述べている。確かに、もっと埋もれた伝承や記録を調査すれば、その痕跡が発掘される可能性は大いにあるだろう。こと「蘇」という音韻が朝鮮語の響きだという研究家も少なくない。

考えてみると蘇民将来伝承の原典ともいえる『備後国風土記』に登場する神の名前は「武塔

神」である。記紀には、武塔神なる神様は登場しない。地方で祀られているマイナーの神か、もしくは異国の神ではないかという指摘は、かねてからある。

「武塔」を「ムトウ」や「ムドウ」とし、これを朝鮮の「ムーダン」に充てる説も、よく知られる。漢字では「巫堂」と書くように、ムーダンは巫覡（ふげき）や巫女といったシャーマンであり、今日でいう霊能者だ。武塔神という名前にはムーダンが関係しているのではないか。

とくに、シャーマンが身に降ろした神と一体化したことで、本人自身が神と呼ばれることもある。日本でいえば、太陽神の託宣を行う巫女が天照大神（あまてらすおおみかみ）という女神として振る舞うように。武塔神には、そうした朝鮮シャーマニズムが投影されているのではないか。武塔神＝スサノオ命が新羅から船で渡来してきたとあらば、可能性は大いにある。

新羅の延烏郎・細烏女伝説

神々が住まう高天原から追放されたスサノオ命は最初、朝鮮半島の新羅に降臨し、その後、船で海を渡って日本の出雲へとやってきた。新羅の滞在からして、スサノオ命は渡来神である。『日本書紀』に記されている以上、それは否定できない。

では、同様の伝説が朝鮮にもあるのだろうか。あいにく、朝鮮の歴史書には古いものがない。中国歴代王朝が編纂した史書もなく、日本の記紀より古い書物は、まったく残っていない。時

代が下って、12～13世紀。百済や新羅、そして伽耶の始源について書かれた『三国史記』と『三国遺事』は仏教説話の影響が強く、そこから史実を読み解くことは難しいと評価されるが、興味深い伝説がひとつある。「延烏郎（ヨノラン）伝説」だ。

西暦157年、阿達羅王（あだつらおう）の時代のこと。新羅の東方、海辺に延烏郎と細烏女（セオニョ）の夫婦が住んでいた。延烏郎が海で海藻をとっていると、突然、足元の岩が動き、彼を沖へと流し、ついには日本にまで運んでしまった。異国の地へやってきた延烏郎は地元の人々に祭り上げられ、ついには王となった。

一方、いつまでたっても帰ってこないことを不審に思った妻の細烏女が海岸に行ってみると、そこに夫の履物があった。姿が見えない夫を捜していると、またしても岩が動き、今度は彼女を日本へと連れ去ってしまう。

幸い、夫婦は再会することができたのだが、そのころ新羅では大変な事態になっていた。太陽と月の光が失われ、地上が闇に包まれてしまったのである。というのも、延烏郎と細烏女は、それぞれ太陽と月の精だったからである。呪術師から理由を聞いた阿達羅王は、使者を日本へと派遣し、夫婦に帰国するよう伝えた。

だが、延烏郎は、すでに日本の王として即位している以上、新羅に帰ることはできないと固辞。代わりに、妻の細烏女が織った絹織物を差しだした。使者は、これを携えて帰国。延烏郎にいわれた通りに、天を祀る儀式を行ったところ、再び太陽と月が光を取り戻した。以後、絹織物は神宝として大切に倉に納められたという。

お気づきのように、延烏郎と細烏女という名前には「烏」という文字が入っている。太陽と月の精とあるので、これは明らかに金烏を意識している。日本でいう八咫烏（やたがらす）である。太陽と月の神という意味では天照大神と月読命（つくよみのみこと）だ。月読命を同一神であるスサノオ命と読み替えると、これは表伊勢と裏伊勢の関係である。

伊勢神宮で祀られる天照大神の象徴、太陽に棲む八咫烏がスサノオ命を祀る裏伊勢の熊野大社では神使となっている構図が見てとれる。仮に延烏郎をスサノオ命に見立てると、実に興味深い。

高天原を追放されたとき、スサノオ命は独身である。まだ后を得ていない。が、新羅に降臨するときは、息子の五十猛命（いそたけるのみこと）を伴っている。この時点で后がいるはずだ。父と子のふたりだけで降臨したとは考えにくい。后もいっしょにいたに違いない。どれだけの期間、スサノオ命一家が新羅に滞在したかは不明だが、やがて彼らは日本へ船でやってくる。もちろん、そこには后もいたことだろう。

だとすれば、奇しくも日本と新羅の伝説が一致することになる。かつて新羅で延烏郎と呼ばれた男が日本に渡来してスサノオ命となり、人々から大王として祭り上げられ、ついには神となったというわけだ。

しかし、ここまでの推論は、あくまでも神話の世界の話である。史実ではない。実際の人間世界の話として、新羅系渡来人が日本で大王となり、神として祀られたという記録はあるのだろうか。

天之日矛

記紀に記された新羅系渡来人として注目すべきは「天之日矛（あめのひぼこ）」である。『古事記』では第15代・応神（おうじん）天皇の章に、昔話として逸話を紹介している。それによると、天之日矛は新羅の王子であった。

あるとき、新羅に住む女が昼寝をしていると、日光が陰部に射し込んだ。すると、ほどなく女は懐妊し、赤い玉を産み落とした。これを見ていた男が女に頼み込んで赤玉をもらい受けると、それをお守りとして腰につけて歩くようになった。

いつものように、赤玉を携え、食料を牛の背中に乗せて歩いていると、偶然、新羅の王子、天之日矛と出会った。男を見るなり、天之日矛は難癖をつける。牛を殺して食うつもりだろうというのだ。王子にいわれては、不条理ないいがかりでも、無視するわけにもいかない。ともすれば、ひっ捕らえられる可能性もある。男は疑惑を否定したものの、天之日矛は納得しない。

やむなく、男は腰に下げていた赤玉を差しだす。これを受け取った天之日矛は男を放免し、帰宅すると、赤玉を床の間に置いた。すると、赤玉が化生し、ひとりの若く美しい女となった。喜んだ天之日矛は女を娶り、妻とした。名を「阿加流比売（あかるひめ）」という。

阿加流比売は妻としてかいがいしく天之日矛につくした。が、やがて天之日矛は傲慢になり、阿加流比売につらく当たるようになった。耐えかねた阿加流比売は、あるとき実家のある祖国へ帰るといい放つと、そのまま船に乗って日本へと行ってしまった。彼女は難波にやってきて、そこで神として祀られた。

妻の家出を知った天之日矛はあわてふためき、彼女のあとを追って日本へとやってくるも、途中、邪魔が入り、難波に行くことができなかった。やむなく新羅へ帰国しようとしたが、立ち寄った但馬で地元の多遅摩之俣尾（たじまのまたお）の娘、前津見（まえつみ）と出会い、契りを結ぶ。かくして日本に骨をうずめる決心をした天之日矛は出石（いずし）神社の祭神として祀られることとなったという。

一方、『日本書紀』では第11代・垂仁（すいにん）天皇の章において「天日槍」という表記で天之日矛を紹介している。それによると、天之日矛は最初、播磨へやってきた。何者かと問われると、彼は自らを新羅の王子であると名乗り、日本には聖王がいると聞き、王位を弟の知古（ちこ）に譲ってやってきたと語ると、携えてきた神宝を献上した。

垂仁天皇は天之日矛の滞在を認め、播磨と淡路島に住むことを許した。これに対して、天之

⬆天之日矛が住んだ出石にある出石神社。天之日矛が祀られている。

日矛はできることなら諸国を巡って、住む場所を決めさせてはいただけないかと申しでて認められた。こうして、天之日矛は近江から若狭、そして但馬へと至り、地元の太耳の娘の麻多烏を娶り、子供をもうけたという。

このほか天之日矛については『播磨国風土記』や『筑前国風土記』『摂津国風土記』『豊前国風土記』にも記されている。どうも天之日矛はひとりでやってきたのではなく、かなりの軍勢を引き連れて渡来してきたようで、その数、なんと8000人とも。播磨では地元の葦原志挙乎命、すなわち大国主命と激しく戦ったといい、各地に天之日矛由来の地名が残っている。

『筑前国風土記』によると、興味深いことに、現在の福岡県糸島にあたる地域を治めた怡土県主の祖「五十迹手」は、自らを天之日矛の末裔と称している。五十迹手がいうには、天之日矛は高麗の意呂山に降臨したという。

天之日矛とスサノオ命

追ってくる相手は夫婦が逆になっているものの、渡来してきた理由は延烏郎・細烏女伝説と同じである。延烏郎は日本で大王となったが、天之日矛は新羅で王子であった。

神として祀られたという意味では、まさに新羅から日本へと渡ってきたスサノオ命にも通じる。スサノオ命は新羅の牛頭山＝ソシモリに降臨したが、天之日矛は高麗の意呂山に降臨したという。高麗＝高句麗とはなっているが、おそらく実際は新羅のことだろう。スサノオ命を日本に勧請して、八坂神社を創建した伊利之使主が高句麗系渡来人だったことと関係があるのかもしれない。

何より、説話の中に牛が登場するあたり、牛頭天王との関係を匂わせる。蘇民将来伝承において、北海に住むスサノオ命＝牛頭天王は后を娶るために南海に赴いた。新羅は但馬から見れば、北西の方角である。天之日矛は妻を追って日本にやってきたが、目的を達せずに再婚し、子供をもうけた。

これに関して、記紀によると天之日矛は「八種神宝：玉津宝」を携えていた。『古事記』によれば、珠二貫と浪振る比礼、浪切る比礼、風振る比礼、風切る比礼、奥津鏡、辺津鏡。『日

本書紀』では、羽太の玉、足高の玉、鵜鹿鹿の赤石の玉、出石の小刀、出石の桙、日鏡、熊の神籬の7種類。一説には、葉細の珠、足高の珠、鵜鹿鹿の赤石の珠、出石の刀子、出石の槍、日鏡、熊の神籬、胆狭浅の大刀の8種だともいう。

献上された八種神宝は出石神社のご神宝として奉納され、その名も「伊豆志之八前大神」という名前で祀られている。8つの神宝が8人の神様として祀られているのだが、これらを天之日矛の分身、もしくは子供だと神話的に解釈すれば、スサノオ命が后との間にもうけた子供の数と一致する。

ツヌガアラシト

天之日矛に関して避けて通れないのが「ツヌガアラシト」である。『日本書紀』に「都怒我阿羅斯等」という名前で登場する渡来人で、その伝承が天之日矛とそっくりなのである。しかも、書かれている場所が天之日矛の記事の直前なのだ。

逸話はふたつある。ひとつは先代の崇神天皇の御代の話として、こう記されている。あるとき、額に角の生えた男が一艘の船に乗って越の笥飯浦にやってきた。角が生えていたので、その地を角鹿と呼ぶことにした。

何者かという問いに対して、ツヌガアラシトは自分を「大加羅国」の王子であり、名を「都怒我阿羅斯等」、またの名を「于斯岐阿利叱智干岐（うしきありしちかんき）」と称した。日本に聖王がいると聞き、海を越えて穴門（あなと）へ上陸。そこから出雲を経て、ここにやってきたという。

だが、あいにく、ちょうどそのころ崇神天皇が崩御された。やむなく、ツヌガアラシトは垂仁天皇に仕えた。3年後、垂仁天皇はツヌガアラシトに帰国することを許し、祖国の名を崇神天皇の御名「御間城（みまき）天皇」にちなんで「任那（みまな）」と呼ぶようにいった。

⬆朝鮮半島から渡来したツヌガアラシト。天之日矛と同一人物だ。

帰国の際、ツヌガアラシトは赤い絹織物を賜り、これを大切に倉庫へ納めた。が、そこへ新羅人がやってきて、強引に赤い絹織物を奪っていった。このことが原因で、任那と新羅の関係がこじれ、人々は互いに争うようになったのだという。

もうひとつは、こうだ。故国にいたとき、ツヌガアラシトは農具を背負わせた黄牛を引いて地方の村へ行った。

すると、急に黄牛がいなくなった。足跡をたどって村の奥へと捜しに行くと、そこにひとりの老人がいた。

老人曰く、ツヌガアラシトが捜している黄牛は、この村の役人がつかまえて食べてしまった。どうせ食べるための黄牛に違いない。飼い主がやってきたら、物を与えて代償とすればいいと村役人は考えている。だから、もし彼に会って、黄牛の代償として何を望むかと聞かれたならば、下手に財物を望んではいかん。むしろ村に祀ってある神様がほしいというがいい、と。

そこでツヌガアラシトは出会った村役人に対して、いわれた通りの返事をした。すると村役人は了承し、村で祀っていた御神体の白い石を差しだした。これを受け取ったツヌガアラシトは帰宅して納屋にしまっておいた。すると、白石は美しい女になった。ツヌガアラシトは大いに喜び、一夜を共に過ごそうとしたが、それも束の間。ちょっとした隙に女は姿を消してしまう。

妻に聞くと、彼女は東方へ旅立ったという。あきらめきれないツヌガアラシトは女を追って海を渡り、日本へとやってきた。女は豊国(とよのくに)から難波に至って、日本の神様となっていた。彼女は今も「比売語曽社(ひめこそしゃ)」に祀られているという。

天之日矛とツヌガアラシトの類似性は、だれの目にも明らかだ。まず、両者は、共に朝鮮半島からの渡来人である。新羅と大加羅＝任那との違いはあれど、共に王子という身分だ。渡来してきた理由のひとつは、日本に聖王がいるから謁見したい。もうひとつは逃げた女を追ってきた。どちらも説話に牛が登場し、色の違いはあれど、玉が女に化生して、さらに男の元を去って海を渡り、日本の難波で神として祀られる。天之日矛とツヌガアラシトは同一人物だと見て間違いないだろう。

さらに『日本書紀』で、ツヌガアラシトを紹介した段には、もうひとり「蘇那曷叱智（そなかしち）」なる人物が登場する。彼も任那の人間で、崇神天皇の時代に渡来し、垂仁天皇の時代に帰国している。その際、彼は赤い絹織物を賜ったが、これを新羅人が略奪したことで、任那と新羅の関係がこじれて争うようになったという。状況から考えて、蘇那曷叱智も同一人物だと考えていい。

つまり、こうだ。

「天之日矛＝都怒我阿羅斯等＝于斯岐阿利叱智干岐＝蘇那曷叱智」

ツヌガアラシトで興味深いのは、その額に生えた角だ。おそらく鬼のように、2本の角が生えていたのだろう。鬼門の方角は「艮（うしとら）」、つまり「丑寅」であり、鬼のイメージは牛の角に虎の腰巻だ。ツヌガアラシトは「牛人間」として描かれている。

事実、朝鮮半島の官職名だとされる「于斯岐阿利叱智干岐」の「于斯岐」は「ウシキ」である。「キ」は助詞であると説明されるが、これを日本語読みすれば「牛鬼」とも解釈できる。合わせて「都怒我阿羅斯等＝于斯岐阿利叱智干岐」とは、牛鬼のような角が生えた人という意味だ。

そう、これは、まさしく牛頭天王である。牛頭天王は新羅の牛頭山で祀られていた。牛頭山＝ソシモリに降臨したスサノオ命は新羅から日本へと渡ってきた。ある意味、天之日矛は牛頭天王にして、スサノオ命であったのかもしれない。

もっとも、頭に牛の角があったというのは、おそらく象徴だろう。石川県七尾市にある「久麻加夫都阿良加志比古(くまかぶとあらかしひこ)神社」では配神としてツヌガアラシトを「都努加阿羅斯止神」という表記で祀っている。実際は、主祭神である「阿良加志比古神」と同一神だと思われる。神社名にある「久麻加夫都」は「熊甲」であり、勇壮な武者甲を意味している。戦国武将の甲には、しばしば角がしつらえられる。ツヌガアラシトもまた、牛のような角をつけた甲をかぶっていたのではないだろうか。

さらにいえば、天之日矛は牛頭天王を祀っていたのではないか。彼は牛をトーテムとする一族で、牛頭天王を信仰していた。新羅にいたころ、牛頭山に牛頭天王を祀り、日本に渡来して、スサノオ命として神社の祭神としたのは、天之日矛及び、その配下でいっしょにやってきた新羅系渡来人だった可能性は高い。

イザサワケ命

天之日矛という名前は非常に日本的である。あくまでも記紀においてではあるが、実在する人間に対して「天」と冠する例は、ほかにはない。研究家によっては、そもそも天之日矛は倭国の人間だったとする人もいる。

確かに、天之日矛と同一人物と目されるツヌガアラシトは大加羅の王子だった。大加羅とは伽耶諸国のひとつで、日本は任那と呼んでいた。任那は朝鮮半島における大和朝廷の直轄地とされ、そこにいた優秀な人物に対して「天」という名を贈ったとしても不思議ではない。

問題は天皇だ。古代天皇と天之日矛の関係だ。ただ単に新羅や伽耶からの渡来人であるならまだしも、天皇と深い関係にあるとすれば、話は違う。記紀神話において、きわめて微妙な説話がひとつある。「イザサワケ命」だ。

イザサワケ命は『古事記』で「伊奢沙和気大神之命」と記される。時代としては、応神天皇のころだ。まだ「応神天皇＝誉田別命（ほむたわけのみこと）」が幼かったころ、彼は豪族の有力者であった武内宿祢（たけうちのすくね）に連れられて諸国を行脚した際、越の敦賀へとやってくる。敦賀には父である第14代・仲哀（ちゅうあい）天皇が立てた行宮（あんぐう）「笥飯宮」があり、禊（みそぎ）をするため仮宮を建てた。

すると、その夜、武内宿祢の夢に神が現れた。敦賀に坐すイザサワケ命である。イザサワケ

⬆応神天皇（おうじん）が禊（みそぎ）に訪れた笥飯宮（けひのみや）跡として伝えられている気比（けひ）神宮。

命は太子である応神天皇と名前を交換したいと語る。武内宿祢は、実に畏れ多いことであるとして、その申し出を謹んでお受けした。イザサワケ命は喜んで、明日、名前の交換のしるしを海辺の浜で見せると述べた。

翌朝、海に行くと、鼻に傷があるイルカが浜いっぱいに打ちあがっていた。これを見た応神天皇はイザサワケ命を食料の神「御食津大神（みけつのおおかみ）」として称えた。これが今にいう「気比大神（けひのおおかみ）」であるという。

なんとも奇妙な話である。天皇と神様が名前を交換するとは、どういうことか。成人儀式のひとつとして、新しい名前をつけることがある。神様から名前をいただいたという意味であるにしても、交換したという話は、ほかに例がない。神様の側からすると、太子の「名」をもらったので、その代わりにイルカという「魚」を与えた（もっともイルカは分類学的に魚ではないが)。つまり「ナ」の交換だという説もあるが、なんとも釈然としない。

事実、『日本書紀』の本文では疑義を述べている。これが事実であれば、幼いころの応神天皇の名前は本来「伊奢沙和気大神之命」であり、イザサワケ命の元名が「誉田別命」だったことになる。が、そうした記録はないのでよくわからないというのだ。

では、いったいイザサワケ命とは、いかなる神様なのか。一説に琵琶湖に棲む魚「イサザ」のことではないかともいう。イルカという魚を与えた神という意味では、確かに一理あるだろう。が、もっとも有力視されているのが天之日矛なのである。天之日矛が持参した八種神宝の中に「胆狭浅の大刀」がある。「胆狭浅」は「イザサ」と読む。天之日矛という名前が「矛」を神格化したものであるように、この大刀を神格化したのが「胆狭浅別命」、すなわちイザサワケ命ではないかというのだ。

伝説通りならば、応神天皇は幼いころ、天之日矛と名乗っていたことになる。天皇が渡来人の名前を称していたとなると、これは一大事である。どんな理由が、ここには隠されているのだろうか。実は、なんとも驚くべきことに、応神天皇は天之日矛の末裔だったのである。

神功皇后と天之日矛

応神天皇と天之日矛を結ぶのが母親である神功皇后なのだ。古代日本における女傑とされる神功皇后は夫である仲哀天皇が亡くなると、自ら先陣をきって朝鮮半島に渡り、新羅を討った。世にいう「三韓出兵」である。彼女は新羅とは因縁が少なからずあるのだが、母方の系図をたどっていくと、天之日矛がいるのだ。

『古事記』によると、天之日矛は但馬で多遅摩之俣尾の娘である前津見を娶り、子供の多遅摩（たじまの）母呂須玖（もろすく）をもうけた。多遅摩母呂須玖から多遅摩斐泥（ひね）、多遅摩比那良岐（ひならき）、多遅摩比多訶（ひたか）、葛城（かずらき）之高額比売命（のたかぬかひめのみこと）と続き、そして息長帯比売命（おきながたらしひめのみこと）＝神功皇后に至る。つまり、神功皇后は天之日矛の6世孫であり、その子供である応神天皇は7世孫に当たる。

実際、神功皇后にまつわる伝説は西日本を中心に各地にある。とくに三韓出兵にちなんだ地名が多い。興味深いことに、これらの地域と天之日矛が活躍した地域が見事なまでに重なる。まるで天之日矛のあとを追って、神功皇后や応神天皇が巡幸しているようにも見えるのだ。

そうした伝承地のひとつ、岡山県の牛窓では、神功皇后が三韓出兵に赴いた際、突如「塵輪（じんりん）鬼（き）」という妖怪が現れた。塵輪鬼は大きな牛の姿をした怪物で、神功皇后に襲いかかった。これを神功皇后は迎え撃ち、弓矢で退治した。切り刻まれた体から、牛窓の沖に浮かぶ島々ができたという。

瀬戸内海から近畿にかけて、似たような妖怪伝説が数多くある。一般に「牛鬼」と呼ばれ、伝承にちなんだ祭礼も少なくない。牛鬼を「ウシキ」と読めば、先述したようにツヌガアラシ

↑ツヌガアラシトが熊甲として祀られていた久麻加夫都阿良加志比古神社（石川県七尾市）。

トの別名「于斯岐阿利叱智干岐」の「于斯岐」である。柳田國男がいう妖怪は零落した神であるというテーゼからすれば、牛鬼は牛頭天王であり、そのイメージはツヌガアラシトにあったとは考えられないだろうか。

中世になると、人面牛の妖怪「件」も現れる。件はアマビエのように予言する妖怪だが、時には頭と体の要素が入れ替わった「牛面人」の出現も報告されている。これなどは、まさに牛頭天王の姿、そのものだ。

牛面人が現れた現場のひとつに兵庫県西宮の甲山がある。中腹に鎮座する神呪寺の伝説によれば、かつて神功皇后が三韓出兵した折、武具などを納めたので、甲山と呼ばれるようになったのだとか。先述した久麻加夫都阿良加志比古神社では、ツヌガアラシトが熊甲の神として祀

↑兵主神が祀られている射楯兵主神社。

られていた。神功皇后の甲にも、ツヌガアラシト＝天之日矛の甲と同様、牛のような角があったのかもしれない。

兵主神と牛頭天王

兵庫県姫路にある射楯兵主神社の創建もまた、神功皇后伝説に由来する。『播磨国風土記』によれば、三韓出兵に赴いた際、神功皇后は船先に「伊太代神」を祀った。伊太代神が先導したことで、無事に戦いに勝つことができたという。伊太代神は「射楯神」とも表記される。由来ではスサノオ命の息子「五十猛命」のことだと伝えられ、射楯兵主神社の主祭神として祀られるようになった。

もっとも、本来は名前にあるように「兵主大神」を祀っていた。兵主神は戦いの神であり、地元では『播磨国風土記』に登場する「伊和大神」のことだとされる。記紀神話でいうところの「大国主命」である。

興味深いのは、ここからだ。『播磨国風土記』によれば、伊和大神は突如、新羅からやってきた天之日矛と激しく戦った。合戦の地も、兵庫県の各地にある。両者は敵同士であり、まったく別の存在だ。ところが、だ。兵主大神の素性を追っていくと、どうも、これがあやしい。「兵主神」とは、もともと中国の道教に由来する神である。『史記』の「封禅書」には「八神」のひとりとして登場する。ちなみに、八神とは「天主神」「地主神」「兵主神」「陰主神」「陽主神」「月主神」「日主神」「四時主神」である。

兵主という名前からわかるように、本来は弓矢などの武器を象徴する軍神である。古代中国においては伝説の武神「蚩尤」の名でもある。蚩尤の姓は「姜」といい、遊牧民の「羌族」

⬆中国の神話に登場する蚩尤。牛のような頭は牛頭天王を彷彿とさせる。

が祖神として祀っていた。羌族とは敵対する漢民族の祖である「黄帝」と激しく戦ったことで知られる。

敵であったからか、漢民族の記録によると、蚩尤は化け物である。獰猛かつ凶暴で、貪欲さは梟にたとえられた。外見も怪獣といっていい。四目六臂で、顔は牛のようで、頭に角があり、足には鳥の鉤爪があったという。

お気づきのように、蚩尤の頭は牛なのだ。牛面人、そう牛頭天王を彷彿とさせる姿をしているのだ。しかも、蚩尤は「神農」の末裔である。神農もまた、頭に牛の角が生えていた。偶然だろうか。いや、そうではない。鍵は天之日矛である。

天之日矛は日本にやってくる際、八種神宝を携えてきた。これらは当初、出石神社に奉納されて、天之日矛の子孫が祀っていた。あるとき、垂仁天皇が実物をご覧になりたいといいだした。これに応えて、天之日矛の曾孫である但馬清彦（たじまのきよひこ）が謹んで八種神宝を献上したところ、垂仁天皇は喜ばれ、これらを神府に納めた。

当時、垂仁天皇は三輪山の麓に玉垣宮（たまがきのみや）を構えていた。現在、ここに「穴師坐兵主神社（あなしにいますひょうずじんじゃ）」がある。八種神宝を納めた神府とは、この神社だとされる。主祭神である「大兵主神」は、当然ながら八種神宝の神格化だ。先述したように、神話学的に八種神宝は天之日矛の分身である。つまり、大兵主神とは天之日矛のことなのだ。

⬆八種神宝を納めた穴師坐兵主神社。主祭神の大兵主神は天之日矛のことだ。

全国には兵主神社が数多くあり、祭神の兵主神は大国主命やスサノオ命のことだと説明しているが、なんてことはない。正体は天之日矛なのだ。射楯兵主神社の兵主大神もまた、天之日矛だった。しかも、射楯神もまた武器の神であることやスサノオ命といっしょに新羅から渡ってきた五十猛命と同一神とされるところを見ると、おそらく正体は天之日矛と見て間違いないと思われる。

天之日矛と秦氏

牛頭天王と同一視されたスサノオ命の伝承、とくに新羅に降臨して、そこから倭国に船で渡ってきたという『日本書紀』の記述をもとに論を進めてきた。スサノオ命は神話の中の存在であり、伝承は史実ではない。あくまでも、そこに歴史が反映されていると解釈したうえで、モデルとなる人物を考証してきた。

古代において日本にやってきた神々の伝承を朝鮮の史書『三国遺事』に求め、それに対応する記録を記紀に捜した結果、天之日矛の名前が浮かび上がった。国学において、天之日矛という存在の扱いは極めてデリケートであった。渡来人であることは確かなのに、日本の神である「天」の称号を冠する。

神様として扱うならば、神話の中の登場人物として分析できる。事実、幾多の別名や各地の神社に祀られる神名からすれば、およそ実在の人間ではない。天之日矛にまつわるエピソードも、フィクションだと割り切ることも可能だろう。

しかし『古事記』や『日本書紀』はもちろん、各国の『風土記』に登場した背景には、当時の人間にとって、共通の認識があったはずだ。天之日矛は新羅の王子であり、海を渡って日本に来た渡来人にして、その子孫も少なからずいた。このことは、史実であったかどうかは別にして、古代の日本人にとって常識だったのである。

はたして、天之日矛は実在したのか。神話に語られた通りの人物がいたとは、さすがに考えられない。歴史的に「天之日矛」という名の人間は存在しなかった。そう断言していいだろう。だが、神様としての天之日矛、もっといえば象徴的な存在としての天之日矛は存在した。記紀や風土記が語る天之日矛はリアルな存在だったに違いない。この問題について、学問的にひとつの結論を導きだしたのが歴史学者の平野邦雄氏である。平野氏は著書『帰化人と古代国家』において、衝撃的な論説を発表する。

日本全国、天之日矛の伝承地を分析すると、そこには必ず新羅系渡来人「秦氏(はたし)」の痕跡が見受けられる。天之日矛が新羅系渡来人であることを考えると、伝承の担い手は秦氏だったに違いない。そもそも天之日矛なる人物は実在した一個人ではなく、秦氏集団の象徴だった。朝鮮半島から渡来してきた新羅系渡来人、中でも秦氏一族を神格化したのが天之日矛だったというのだ。

平野氏の説が正しければ、蘇民将来伝承には秦氏が関わっていることになる。スサノオ命はもちろん、牛頭天王についても、すべて仕掛けたのは秦氏だった。新羅系渡来人の象徴である天之日矛を生みだし、倭国という国家の形成に深く影響を与えた。スサノオ命のみならず、表裏一体である天照大神の神道教義にまで関わっていたとすれば、これは一大事である。

なぜ、アマビエをはじめとする妖怪が予言をするのか。その理由は、単なる「未来予言」ではなく、実は「預言」だったのだ。絶対神からの預言である。謎の渡来人「秦氏」の秘教を次章から「牛頭天王」という視点で分析していくことにしよう。

第3章

謎の渡来人「秦氏」と古代ローマの太陽神「ミトラス」

渡来人「秦氏」

日本列島には大陸から多くの渡来人がやってきた。中でも最大規模を誇ったのが「秦氏」である。記紀によれば、第15代・応神天皇の時代。もともと朝鮮半島の「百済」に住んでいたが、あるとき「弓月君」に率いられて集団で移動。その数、120県、もしくは127県にも上ったというから、少なくとも数千人規模はあった。実際は1万人を超える秦氏が百済を出国し、朝鮮半島を南下した。

ところが、途中「新羅」に行く手を妨害されて「伽耶」に留まることを余儀なくされた。そこで弓月君ら一部の者のみが倭国へと渡り、窮状を訴えた。これを聞いた応神天皇は「葛城襲津彦」を召して、秦氏らを援護するよう命じた。

勇んで朝鮮半島へと赴いた葛城襲津彦だったが、3年たっても帰ってこない。新羅の強い抵抗にあっているに違いないと判断した応神天皇は、平群木菟宿禰と的戸田宿禰らを派遣。大軍をもって新羅の国境まで攻め上った。さすがに新羅の王は恐れをなして全面降伏する。かくして、捕らわれていた秦氏の人々は解放され、無事に倭国へと渡来してくることができたという。

秦氏は大陸の進んだ文化や技術をもっていた。秦氏が渡来してきた4世紀ごろを境に突如、古墳が巨大化するのは、このためだ。湿地帯であった河内平野や大阪平野を干拓し、堤防を造

⬆石廊権現で祀られている秦氏の子孫である秦宿祢夫妻。

るなどして川の流れを変えたことが記紀に記されている。大規模な土木工事はもちろん、都市設計や建築に関する秦氏の高度な技術は、のちに平安京を建設するにあたって、いかんなく発揮されることになる。いうなれば、古代日本におけるテクノクラートであったといっていいだろう。

中でも秦氏を象徴するのが養蚕である。織機による絹織物は、とくに有名である。極上の絹を天皇に献上したところ、肌のような感触であるからという理由で、秦氏の読みを「ハダ氏」、うずたかく大量に積んだので「ウズマサ」という称号を賜ったという逸話が伝えられる。秦氏の支族には、「服部氏」がおり、秦氏のハタも、本来は機織りに由来するのではないかともいわれる。

秦氏が渡来してきたことで、古代日本には一種の産業革命が起こった。文化水準も、一気に引き上げられ、中国にひけをとらないレベルになる。事実、『隋書倭国伝』には日本に「秦王国」があるとし、そこの文化が非常に高く、まるで中国にいるかのようだと記されている。

秦氏と秦始皇帝

秦氏には謎が多い。朝鮮半島からやってきた渡来人であることは間違いないのだが、その素性を調べると、とたんに数多くのミステリーに包まれる。秦氏とは、いったい何者なのか。まるで雲をつかむような話が次々と出てくる。

氏族のルーツを記した『新撰姓氏録』には秦氏の族長ともいうべき「太秦公宿祢」について、こうある。弓月君、すなわち「弓月王」は「融通王」である。彼は「秦始皇帝」の3世孫「孝武王」の末裔である。孝武王の子である「功満王」が第14代・仲哀天皇の時代に渡来し、その子供が融通王である。ほかに秦氏の支族「巨智氏」は、秦始皇帝の子供で2代目皇帝についた「胡亥」の末裔である、と。

素直に読む限り、弓月君は中国人である。秦始皇帝の子孫で、漢民族だ。弓月君の配下である秦氏もまた、同様だ。秦氏がみな秦始皇帝の子孫かどうかは別にして、秦帝国の住民であったことは間違いないだろう。

ところが、不可解なことに秦始皇帝の子孫に孝武王の名前が確認できない。秦始皇帝の死後、王位を継いだのは子供の「胡亥」である。胡亥が暗殺されると、秦始皇帝の弟、もしくは胡亥の兄の子供ともいわれる「子嬰」が即位するも、彼は秦帝国ではなく、もとの秦国と称した。秦始皇帝の長男であった「扶蘇」は自害に追い込まれ、皇帝に即位していない。末裔の子嬰も、劉邦の前に降伏し、のちに項羽によって一族まるごと殺されており、子孫は絶えている。

⬆秦始皇帝の末裔で、秦氏を率いて日本に渡来した弓月君（中央）。日本では物忌奈命とも称した。

もちろん、記録に残らなかった秦始皇帝の末裔やご落胤が存在する可能性は否定できない。裏の歴史とは、日本の戦国時代を見るまでもなく、そういうものである。

だが、弓月君は秦氏という実に多くの民を率いている。ちょっとした国の王である。秦始皇帝の末裔を自称するくらいであれば、中国の歴史書に出てきていてもおかしくないのだが、それがまったくない。

現在の歴史学者は、これを詐称と見ている。自らの出自を歴史的な人物に求めることで、格上に見せようとした。高貴な出自であることを自慢し、相手が少しでも重きをおいて接するように偽証したというわけだ。

同じようなケースは、同時期に渡来してきた「漢氏（あやし）」にもいえる。彼らの首長「阿知使主（あちのおみ）」は後漢の「霊帝」の末裔であると称した。むしろ、漢氏が語った出自を模倣して、秦氏のほうが、それよりも古い秦始皇帝をもちだしたのではないかという指摘もある。

いずれにせよ、どうも釈然としない。秦氏とは、いったい何者なのか。あえて、彼らは本当の出自を隠しているようにも思えるのだ。

秦氏と古代朝鮮

秦氏が秦始皇帝の末裔だと記された『新撰姓氏録』は815年の成立である。『古事記』や『日本書紀』よりも100年ほどあとのことだ。記紀には秦始皇帝の名前は出てこない。あくまでも秦氏は朝鮮半島からやってきた。よって、古代朝鮮の住民であったことは間違いない。とくに『日本書紀』に書かれているように、彼らは、もともと百済に住んでいた。ゆえに、彼らは「百済系渡来人」だと考える歴史学者も少なくない。

⬆秦氏が創建したと思われる白木神社（福岡市西区）。

　ところが、だ。これまた、どうも微妙なのだ。古代日本における渡来文化を研究する際、瓦紋がひとつの指標になることがある。高句麗や百済、新羅、そして伽耶の瓦紋は、それぞれ異なる特徴があることが知られている。渡来人は、日本においても、故国と同じ瓦紋を使用していた。

　秦氏の居住していた場所から出土する瓦紋はどうかといえば、これが百済ではなく、新羅のものなのだ。これにはほとんど例外はない。考古学的物証から判断するに、秦氏は百済系渡来人ではなく、「新羅系渡来人」なのだ。

　また、秦氏が創建した神社には白山神社や白髭神社、白木神社など、神社名に「白」の文字がつくケースが、ままある。この「白」とは新羅を意味する「シルラ」に由来するのではないかといわれている。白木などは、そのまま「シラギ」とも読める。こうした状況から考えて、秦氏は新羅系渡来人だというのが、ほぼ定説となっている。

秦氏が渡来してきた当時、倭国は新羅と険悪な関係だった。神功皇后は三韓出兵で新羅と戦争をしている。663年に起こった白村江の戦いでは、唐と新羅の連合軍とも戦い、これに敗れている。倭国において、新羅はにっくき敵国であったのである。

一方、百済との関係は良好だった。百済の王子を倭国に亡命させ、天皇が直々、厚遇した。白村江の戦いでは、同盟を組んだほどである。記紀に記された扱いも、新羅が悪玉で、百済が善玉として描かれている。

こうした状況にあって新羅系渡来人と公言することは、けっして得策ではない。どうせ渡来人と称すのであれば、日本において印象のいい百済系渡来人と公言したほうが得策であると考えたのかもしれない。

天之日矛と弓月君

天之日矛の伝承を思い出してほしい。天之日矛は新羅の王子であったが、同一人物であるツヌガアラシトは大加羅の王子だった。大加羅とは伽耶のことで、日本でいう任那である。『日本書紀』の記述では、新羅と任那とは仲が悪く、その原因は日本がツヌガアラシトに贈った赤い絹織物を新羅が奪ったからだと記している。同様の話は、蘇那曷叱智の説話にもある。

天之日矛を秦氏集団の象徴だと見なせば、新羅のみならず、伽耶との関係も深いことになる。新羅との関係が悪かった倭国は、新羅系渡来人である天之日矛を別名であるツヌガアラシトに仮託して、伽耶系渡来人に位置づけた。さらに、直轄領地である任那の住人とすることで、新羅という敵国の人間であり、スパイではないかという批判をかわそうとしたのではないか。

あくまでも秦氏は新羅系渡来人である。新羅は敵国であるが、そこに住む人々は必ずしも敵ではない。支配者に弾圧されていれば、なおのこと。圧政を逃れて亡命してきた秦氏は、もとから倭国に親近感を抱いていた。

そこで考えた。悪いのは新羅の王である。新羅の民は善良である。両者を分けるために考えだされたのが、新羅の王子と百済の民という設定だ。新羅を嫌って、王子である天之日矛が渡来してきた。

さらには、新羅によって苦しめられている百済の民が日本に安住の地を求めた。途中、悪者の新羅に妨害されて、やむなく伽耶に留まったが、最終的に望みが叶って日本にやってくることができたというストーリーである。

天之日矛のモデルは弓月君である。天之日矛が秦氏集団の象徴ならば、その正体は歴史的に実在した弓月君の可能性が高い。名前にも相関関係がある。天之日矛の「日矛」に対して、弓月君の「弓月」である。太陽と月、陰陽に対応しているのみならず、矛と弓は、共に武器である。

天之日矛が渡来してきた新羅の王子であるのに対して、弓月君は新羅系渡来人の首長である。両者の類似性は明らかだ。天之日矛が実在しない神話上の人物であり、秦氏集団の象徴ならば、実在する人物である弓月君こそ、そのモデルだと断定していいだろう。

伽耶には任那日本府があった。倭国が支配する地域があったとされる。おそらく、ある一定の期間、秦氏は伽耶にいた。新羅から伽耶に至るルートも確保され、秦氏は大規模な集落を構えていた可能性もある。

場合によっては、秦氏を伽耶系渡来人と見なす学者もいる。記紀では新羅と任那が険悪な仲だったと記すが、もともと両国の文化は非常に近い。新羅と伽耶の神話は、ほぼ同じ構造をもち、民族的に同族ではないかとも目されている。というのも、これらの国々を建国したのは、共に「秦人」と呼ばれているからだ。

秦韓と秦人

秦始皇帝が死んで、秦帝国は3代で滅亡する。わずか14年だった。再び中原は戦国時代となり、項羽と劉邦が覇権を争い、最終的に前漢帝国が築かれる。このとき、混乱に乗じて燕(えん)の

「衛満（えいまん）」が朝鮮半島に進出。すでにあった「箕子（きし）朝鮮」の「準王」に取り入り、中国からの亡命者たちの庇護を理由に朝鮮北西部の支配権を手に入れた。勢いに乗った衛満は亡命者たちの協力のもと、箕子朝鮮を乗っ取り、一気に新たな国家を樹立する。世にいう「衛氏朝鮮」である。

　当時、朝鮮半島には多くの部族が流入していた。漢民族のみならず、北方の遊牧民もまた亡命してきた。とくに非漢民族は柵外の人という意味で「秦人」と呼ばれた。ここでいう秦人の「秦」とは、もちろん秦帝国及び秦国を意識している。秦始皇帝も含めて、秦国の人々は漢民族ではなかった。もとは西方の遊牧民であり、春秋戦国時代を通じて、秦王は漢民族たち諸侯の集まりにも呼ばれなかった。

　朝鮮半島の秦人について「魏志韓伝」はいう。秦人は「秦の役」を逃れてやってきた。彼らは言葉や風俗、風習がまったく異なっていた。先住民たちは秦人を忌み嫌ったが、そのうち人数が増えてきたので、朝鮮半島の東側を与えた、と。

　秦の役が秦帝国末期の戦争を指すのか、それとも秦始皇帝が命じた万里の長城の建設に関わる使役のことなのか、議論は分かれるところだが、もともと住んでいた人間からすれば、明らかに異民族だった。秦人たちが領土を得て建国したのが「秦韓」と「弁韓」である。秦韓は「辰韓」や「真韓」、弁韓は「弁辰」や「狗邪韓国（くやかんこく）」と呼ばれた。辰韓と弁辰の「辰」とは「秦」のことである。

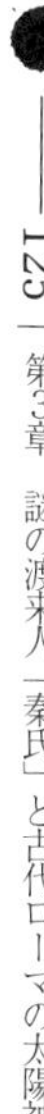

これら秦人の韓とは別に、もともと朝鮮半島には「馬韓」があった。馬韓は「莫韓」とも表記した。時代が下り、北方の遊牧民である「夫余族」が「高句麗」を建国すると、勢力を徐々に南下させ、ついには馬韓を征服。夫余族が王となって「百済」を称す。

一方、このころ秦韓から「新羅」、弁韓から「伽耶」が生まれる。伽耶はゆるやかな同盟国のような国々から成り、そのひとつが任那日本府である。伽耶諸国は倭国と密接なつながりがあり、九州北部と同じ文化圏を築いていた。

こうした状況の中、東アジア情勢が動乱期に入り、新羅と倭国の関係がこじれて戦争が始まる。さらには北方の騎馬民族が朝鮮半島に侵入しはじめると、住民たちは次々と国外へと亡命しはじめる。新羅と伽耶にいた秦人たちが向かったのは倭国であった。

日本に渡来してきた秦人こそ、まさにのちの秦氏である。秦氏は朝鮮半島の先住民でもなければ、中国の漢民族でもなかった。彼らの先祖は、主に北アジアや西域を起源にもつ遊牧民だった。遊牧民という性格が比較的自由に移住してきた理由のひとつなのかもしれない。秦人は日本列島に渡来し、ついには安住の地を見つけたというわけだ。

秦氏と八幡神

朝鮮半島から秦氏を迎え入れたのは応神天皇であった。応神天皇の母、神功皇后の母方の祖先には天之日矛がいた。言葉を換えれば、応神天皇は天之日矛の末裔だった。天之日矛が実在したかどうかは別にして、少なくとも秦氏の血を引いていた。極端ないい方をすれば、応神天皇は秦氏だったのだ。

応神天皇は死後、神様として祀られた。かの有名な「八幡神」である。全国の「八幡神社」の主祭神は応神天皇なのだ。総本山は大分県にある「宇佐八幡宮」だ。もともと八幡信仰は九州北東部の「豊国（とよのくに）」で始まった。

宇佐八幡宮の社家には「宇佐氏」と「大神氏（おおがし）」と「辛島氏」がいた。このうち、もっとも古い家が巫女を輩出した辛島氏である。元宇佐のひとつ、福岡県筑上の「金富神社（きんとみ）」は辛島氏による原始八幡信仰の発祥地とされる。

その辛島氏は、もと「辛島勝氏」といい、古代の「勝部」のひとつであった。姓に「勝」の字を含む勝部を束ねたのが秦氏である。勝部は「秦部」であった。いうならば、辛島氏は秦氏だったのである。

つまり、八幡神を祀っていたのは秦氏なのだ。八幡は「ハチマン」と読まれるが、本来は「ヤハタ」である。八坂神社の八坂が「弥栄」という文字を充てるように、八幡も「弥秦」だったのである。弥秦が「八秦」と書かれることで、多くの秦氏、あるいは秦氏の氏神を意味するようになった。さらに八幡と表記を変えることで、秦氏のみならず、ほかの氏族も祀るよう

⬅八幡神の総本山である宇佐八幡宮。

⬅元宇佐のひとつで辛島氏が八幡神を祀った金富（きんとみ）神社（福岡県築上町）。

➡辛国息長大姫大目命（からくにおきながおおひめおおめのみこと）として神功皇后（じんぐうこうごう）が祀られている香春（かわら）神社。

⬅ツヌガアラシトが主祭神の現人（あらひと）神社（福岡県那珂川町）。

になり、やがて宇佐八幡宮が総本山として位置づけられたのだ。

母である神功皇后は福岡県香春の「香春神社」の主祭神「辛国息長大姫大目命」として祀られている。香春神社の社家である「赤染氏」や「鶴賀氏」は、共に秦氏である。とくに鶴賀氏はツヌガアラシトの名前に由来する。近くには「現人神社」があり、こちらの主祭神は文字通り、ツヌガアラシトである。このほか原始八幡信仰をもつ神社には、秦氏集団の象徴である天之日矛が深く関係している。

当初、秦氏が崇拝する神であった八幡神は、やがて応神天皇と習合する。これは応神天皇が秦氏であり、記紀においては秦氏を日本に招き入れた恩人だったからにほかならない。秦氏にとって応神天皇は文字通り「秦氏の大王」だったのである。

秦氏と賀茂神社

八幡神社は統計上、日本でもっとも数が多い神社である。祠のようなものを含めると、それを上回るのが稲荷神社である。八幡神社を秦氏が創建したように、稲荷神社の創始にも、秦氏が関わっている。全国の稲荷神社の総本山は京都の「伏見稲荷大社」である。

社伝によると、創建したのは「秦伊侶具」。正しくは「秦伊侶巨」といい、魚のウロコを意味する名前である。秦氏が殖産豪族であったように、秦伊侶具は裕福な長者で、あまりにも金

↑秦氏を祀る伏見稲荷大社の長者社（ちょうじゃしゃ）。伏見稲荷大社を創建したのは秦伊侶具（はたのいろぐ）だ。

持ちだったので、あるとき餅を的にして弓矢を放った。すると餅は白鳥となって飛び去り、止まった山の頂に稲が生えたので、ここに「稲荷大神」を祀ったのが始まり。稲荷大神は食物の神「宇迦之御魂神（うかのみたまのかみ）」のことであるという。

一説に、秦伊侶具には兄がおり、名を「秦都理（はたのとり）」といった。彼は京都の「松尾（まつのお）大社」を創建している。こちらも全国にある松尾神社の総本山である。主祭神は「火雷神（ほのいかずちのかみ）」であるといい、別名を「大山咋神（おおやまくいのかみ）」と称す。『古事記』によれば、大山咋神は比叡山の「日吉大社」の主祭神でもある。日吉大社は日吉神社、あるいは日枝神社の総本山である。由緒によれば、御神体山である「牛尾山」、通称「八王子山」の磐座（いわくら）「金大巌（こがねのおおいわ）」に大山咋神が降臨したことに始まるという。現在、そこには「牛尾神社」がある。

注目したいのは「牛尾」である。牛の尻尾を意味するならば、その反対は牛の頭、そう「牛頭（ごず）」である。もともと、ここには牛頭天王（ごずてんのう）が祀られていたのではないか。別名にある「八王子」

とは、牛頭天王の８人の子供のことだと見て間違いないだろう。新羅系渡来人である秦氏が早い段階で牛頭天王を祀っていたのではないか。

結論を急ぐ前に、もうふたつ注目したい神社がある。「下鴨神社」と「上賀茂神社」である。京都では、あわせて「下上賀茂神社」と呼ぶ。

上賀茂神社の主祭神「別雷命」は火雷神、すなわち大山咋神の子供とされる。火雷神が秦

⬆（上）秦都理が創建した松尾大社。松尾神社の総本山である。（下）大山咋神が主祭神の日吉大社。

氏の神だとすれば、その息子である別雷命は賀茂氏の神である。事実、神社では「賀茂別雷命」と称している。

代わって、別雷命の母親は「玉依姫（たまよりびめ）」といい、賀茂氏の娘である。さらに、玉依姫の父親は「賀茂建角身命（かもたけつぬみのみこと）」、かの八咫烏（やたがらす）である。父と娘は、共に下鴨神社に主祭神として祀られている。おわかりのように、下上賀茂神社と松尾大社、日吉大社は、共に祭神が姻戚関係にあるのだ。氏神様の婚姻関係は、そのまま氏子の婚姻関係である。すなわち、京都における秦氏と賀茂氏は同族の契りを結んでいるのだ。

これを裏づけるのが「丹塗り矢（にぬりや）伝承」である。『秦氏本系帳』によると、秦氏の女が川で洗濯をしていると、赤い丹塗り矢が流れてきた。これを拾って家に持ち帰り、戸の上に置いたところ、女は懐妊して子供を産んだ。不審に思った家族は酒宴を開き、生まれた子供にだれが父親なのか聞いた。子供が天を指さしたところ、丹塗り矢は雷神となって天井を突き抜けて空高く昇っていった。

この一件により、父親が火雷神であることが判明。別雷命は上賀茂神社にて祀られるようになった。別雷命にとって母方の祖父である秦氏は、これを縁に賀茂氏を娘婿とし、それまで担ってきた「葵祭」の祭礼を賀茂神社に譲った。しかして、火雷神を祀る松尾大社と下上賀茂神社を合わせて「秦氏三所明神」と称するようになったという。

この文脈からすると、火雷神は賀茂氏の氏神となるのだが、気になるのは、お相手の下上賀茂神社の伝承だ。こちらは『山城国風土記』に記されている。ほぼ同じストーリーなのだが、なぜか主人公が違う。秦氏の女ではなく、賀茂氏の女、玉依姫となっている。秦氏の名前は出てこないが、火雷神が秦氏の氏神だとすれば、辻褄は合う。微妙に食い違いはあるものの、同

⬆下鴨神社（上）と上賀茂神社（下）。松尾神社と合わせて「秦氏三所明神」といわれる。

⬆「元糺の森」及び「元糺の池」とされる木嶋坐天照御魂神社。

じ伝説を共有することで、秦氏と賀茂氏は同族の証としたと考えていいだろう。

現在、下鴨神社の社叢は「糺の森」と呼ばれ、みたらし祭が行われる水場を「糺の池」と称している。これに対して「元糺の森」及び「元糺の池」とされる場所がある。太秦にある「木嶋坐天照御魂神社」、通称「蚕の社」である。太秦は京都における秦氏の本拠地であり、蚕の社は機織りや絹織物に由来する神社である。

「元糺」と称しているあたり、本家は秦氏だぞと強調しているようだが、神社の神紋は双葉葵である。いうまでもなく双葉葵は下上賀茂神社の神紋であり、松尾大社と日吉大社も同様である。いずれの神社も、みな毎年「葵祭」を行う。平安絵巻を思わせる行列は、もとは天皇家の皇女が「斎王」として下上賀茂神社へ赴く儀礼を再現したもの。ひと言でいえば天皇家の祭なのである。これらを一切取り仕切っているのが、いうまでもなく賀茂氏であり、その裏に秦氏がいるのだ。

秦氏と牛頭天王

京都の賀茂氏は数多くの陰陽師を輩出した。かつて陰陽道は朝廷の管轄であり、民間の一般人が呪術を行うことは禁止されていた。陰陽道の呪術は個人的なものではなく、あくまでも国家のために行われるものであり、専門に「陰陽寮」が置かれ、陰陽師のトップである「陰陽頭」が一切の権限を握っていた。

歴史に残る陰陽師の達人として「賀茂忠行」が知られる。彼の息子が「賀茂保憲」であり、孫が「賀茂光栄（みつよし）」だ。賀茂保憲が才能を見出し、弟子としたのが、かの有名な安倍晴明（あべのせいめい）である。安倍晴明は安倍氏だが、その母親は狐。名を「葛葉（くずのは）」といった。稲荷大神の化身ともされるところを見ると、秦氏であった可能性がある。本当の父親は、第1章で述べたように平将門だ。

賀茂氏と並んで秦氏にも多くの陰陽師がいた。惟宗文元（これむねふみひと）をはじめ、秦氏の支族である「惟宗氏」の名が記録に残っている。ちなみに、惟宗氏からは薩摩の「島津氏」や対馬の「宗氏」、越中の「神保氏」が出ている。

秦氏の陰陽師として忘れてならないのが「蘆屋道満（あしやどうまん）」である。蘆屋道満の本名は「秦道満」

といい、若狭出身の秦氏である。伝説では、彼の娘が「八百比丘尼（やおびくに）」である。人魚の肉を食べて不老不死の体になった八百比丘尼も秦氏なのである。さすがに不老不死というのは史実ではないとされるが、そのモデルになったリアル八百比丘尼が今も、京都の某所にお住まいになっているという都市伝説のような噂がある。

安倍晴明が宮廷の陰陽師であるのに対して、蘆屋道満は民間陰陽師である。おまじないや祈禱を行う修験者に近い存在だ。修験道も陰陽道と同様、神道のみならず仏教の影響を受けている。僧侶でありながら、かつ陰陽師でもある人間も多数いた。

こうした陰陽師たちの拠点となったのが全国の「祇園社」である。神仏習合の教義に基づき、祭神として掲げられたのが、牛頭天王である。疫病神であるがゆえ、感染症が流行するたびに担ぎ上げられ、怨霊を鎮めるための御霊会（ごりょうえ）が行われてきた。京都の祇園祭だけではない。疫病の流行とともに、牛頭天王信仰は全国に広まっていく。縁起として語られたのが、まさに「蘇民将来伝承」である。

蘇民将来伝承で語られるスサノオ命＝牛頭天王は、共に新羅にゆかりがある。新羅から渡ってきた神であり、その実体は新羅系渡来人である。記紀には新羅系渡来人として天之日矛の名があるが、彼は秦氏集団の象徴である。したがって、蘇民将来伝承を広めた張本人は新羅系渡来人の秦氏だ。

⬅安倍晴明(あべのせいめい)と蘆屋道満(あしやどうまん)。蘆屋道満も秦氏の陰陽師だ。

⬅蘆屋道満の娘である八尾比丘尼(やおびくに)。人魚の肉を食べて800歳まで生きたという伝説がある。

祇園感神院、すなわち京都の八坂神社を創建したとも伝えられる高句麗系渡来人だと称す伊利之使主は、牛頭山に対する信仰をもっていることから、実際は新羅系渡来人だと述べたが、彼も秦人だったのだ。秦氏とは称していないものの、朝鮮半島に流入してきた秦人の流れを汲む者だった。だからこそ、高句麗に住んではいても、同族の秦人が信仰していた新羅の牛頭山に詣でたに違いない。

秦人系渡来人

逆説的ではあるが、秦氏という名前だけにこだわると、秦人が見えなくなる。朝鮮半島からやってきた渡来人には秦氏以外の氏族も多くある。秦氏と名乗らなかった秦人もいる。新羅系渡来人はもちろん、伽耶系渡来人も、その多くは朝鮮半島に流入してきた秦人の末裔である。あえていうなら「秦人系渡来人」とでもいおうか。状況からして、百済領内にも秦人がいた可能性は十分ある。

たとえば秦氏の「ハタ」という音韻にしても、そうだ。記紀はもちろん、『新撰姓氏録』を見ると、秦氏ではないものの、漢字表記で波多や羽田など、ハタ氏を名乗る渡来人がいる。所属する国や部族が異なるだけで、彼らもまた秦人だったのではないか。具体的に、漢氏や西文氏、八坂氏など、これまで考えられてきた以上に秦人系渡来人は多いのではないだろうか。

異国にあって、自らのアイデンティティを主張するには難儀するものである。確固たる信条があれば別だが、前近代的な社会においては、時に生命をおびやかすことにもなりかねない。出自はもちろん、民族的なルーツをあえて表明しなかった渡来人もいたはずだ。表明するにしても、かなり慎重にしたことは想像できる。

長らく居住した国々で多様な文化を身につけ、瓦紋に代表されるように、ご当地の伝統芸能や職能技術を習得した者もいるはずだ。朝鮮半島からの渡来文化にも多様性があるのは、そのためだ。秦氏にしても、考古学的に新羅系渡来人とされるものの、あくまでも主体は人間である。人間の趣向性は四角四面に割り切れるものではない。

⬆秦始皇帝（しんのしこうてい）の父を王位につけることに尽力した呂不韋（りょふい）。始皇帝の実父といわれている。

蘇民将来伝承も、しかり。新羅系渡来人が主体となったのは間違いないが、すべてが秦氏とは限らない。同じく新羅系渡来人、もしくは同族である伽耶系渡来人が関与した可能性はある。ともすれば、百済系渡来人や高句麗系渡来人も、同じ思想や宗教観を共有していたのかもしれない。

だが、それを承知のうえで、本書では「牛」にこだわる。牛頭天王という表記は陰陽道によるものであり、歴史的に8世紀以降だ。蘇民将来伝承も、遡っても7世紀。秦氏が渡来してきた時代からすれば、300年ほどの差がある。

むしろ、なぜ牛頭天王なのか。なぜ同一神とされるスサノオ命をもって、蘇民将来伝承の主人公とされるのか。朝鮮半島における秦人が非漢民族の遊牧民だとすれば、当然ながら牧畜が想定される。秦氏が天之日矛として祀った兵主神も、中国においては蚩尤だった。蚩尤の姓は姜氏であり、その祖先は同じく牛頭の神農だ。共に遊牧民の羌族の神であった。朝鮮半島に流入してきた秦人の中に羌族がいた可能性は十分ある。

秦氏が自らの祖先として掲げた秦始皇帝も、その本当の父親は「呂不韋」だと、ほぼ断定的に司馬遷が『史記』で書いている。呂不韋は漢民族ではない。彼は羌族であった。司馬遷の推測が正しければ、秦始皇帝は羌族の血を引く。

字面から羊はもちろんだが、家畜という意味で牛のトーテムを羌族がもつならば、これがのちのち牛頭天王という神を生みだした可能性はゼロではない。蘇民将来伝承は古代日本の国内だけの問題ではないのだ。

とかく蘇民将来伝承は、その起源を朝鮮半島のシャーマニズムに求めて終始する傾向が強いが、道は続いている。シルクロードは朝鮮半島から中国を経て西域からインド、中東、そしてヨーロッパにまで続いているのだ。ユーラシア大陸を股にかけて洋の東西を往来した秦人を甘く見てはいけない。

⬆牛にまたがる牛頭天王（ごずてんのう）。牛が登場する祭礼は牛頭天王との関わりが深い。

殺牛儀礼と牛頭天王

古代日本、こと邪馬台国のことを記した「魏志倭人伝」によれば、古代の倭国には牛や馬がいなかったとされている。中国からやってきた調査団が政治的な意図なしに、あくまでも博物取材した記録であるから正確だという評価が高いが、実際のところ日本列島に牛馬はいた。考古学的に骨が出ているから間違いない。

　邪馬台国の時代、倭人の風習は海洋民族であったとされるが、基本的には農耕民族であったと思われる。牛馬は農作業のために使われ、牧畜の目的で飼育していたわけではない。存在自体が貴重であったことは、その後の歴史を通じて明らかだ。

　しかし、古墳時代を経て大和朝廷が成立すると、少し様子が異なる。どうも牛を生贄にして祭を行うことが流行したようなのだ。近畿地方を中心に殺牛儀式が盛んとなり、これを危惧した朝廷が禁止令を発布したことが『続日本紀』に出てくる。何度も禁止されていることから、一種の新興宗教のような状況だったようだ。

　弾圧されれば、地下に潜る。表向き、殺牛儀式はせずとも、祭礼の一環として密かに行うとか、あくまでも牛は神様として祀るために駆りだされるのだといった名目で、いつしか形骸化していく。諏訪大社の御頭祭（おんとうさい）は、鹿の生首を捧げる儀礼であったが、今では鹿の剥製を神殿に供えることで往時の面影を保っている。

　牛頭天王の祭礼にも、そうした名残が窺える。秋田県の東湖八坂神社の祭礼は一年を通じて行われるが、クライマックスはスサノオ命に扮した男性が酩酊状態で牛に乗り、町内を練り歩く。その名も「牛乗り」。スサノオ命とはいうが、もちろん牛頭天王である。

　陰陽道の祭礼であることは、祭の最中に川に浮かべる双胴船でもわかる。双胴船には祭壇がもうけられ、そこで全身、赤い衣装に包まれた男が鉄棒演技をし、これを地元の人たちは蜘蛛舞と称している。

聞けば、ヤマタノオロチを再現しているというが、まったくもって意味不明である。これはもと陰陽道の護摩焚を再現したもので、双胴船を含め儀式一切が古画に残っている。長い年月のうちに、本来の意味が失われているのだ。

おそらく祭の主人公は牛だったはずだ。現在はスサノオ命と称する牛頭天王の御魂を宿した男が牛に乗ることで、あたかも一般大衆が参加する祭礼になっている。が、もとは牛そのものに神を降ろしたに違いない。神として聖別された牛を屠ることがもっとも重要な儀式であった。

東アジアにおいて殺牛儀式は珍しくない。中国の道教では生贄を捧げる儀式が数多くある。朝鮮でも、シャーマニズムと結びついた殺牛儀式が行われてきた。場所によっては、今も行われている。殺された牛の頭蓋骨は水源に祀られたり、廟などに奉納される。

似たような祭礼は日本の九州にもあり、猪の生首を祭壇に捧げたり、その頭蓋骨を神社の祭壇の下に安置したりする。祭を行うのは太夫と呼ばれ、民俗学的には陰陽道の儀式だと考えられている。

陰陽道というからには、牛頭天王である。当然ながら、そこには秦人系渡来人が関係している。秦氏も、しかり。彼らは陰陽道の秘教ともいうべき祭礼を今に残している。

⬆秦氏の氏寺である広隆寺で行われている牛祭の様子。

太秦の牛祭

古代における殺牛儀式は「漢神信仰」によるものだと説明される。「漢神」は「からかみ」と訓じられるが、正しくは「あやがみ」と称した。「漢＝アヤ」とは伽耶諸国のひとつ「安耶：安羅」のこと。伽耶系渡来人がもち込んだ風習だと推測されるが、おそらく秦人系渡来人、まさに秦氏が担い手であったことは想像に難くない。

倭国を統治した天皇は8世紀末、都を京都に遷す。奈良の平城京から長岡京を経て、平安京への詔を出したのは第50代・桓武(かんむ)天皇だが、現場を仕切ったのは秦氏である。企画から誘致、実作業はもちろん、資材から人員、さらには人夫の面倒まで、すべて取り仕切ったのは秦氏だった。平安京を作り上げたのは秦氏なのだ。

平安京にある主な神社を創建したのは秦氏である。秦氏が賀茂氏と婚姻関係を結ぶことにより、天皇家の祭礼を独占。陰陽道の呪術をもって護持した。天皇の祭礼においては、賀茂氏が取り仕切り、秦氏は裏に回った。

元糺の森という名が示すように、もとは秦氏である。京都における秦氏の拠点は太秦である。ここに秦氏の氏寺「広隆寺」がある。「広隆」とは秦氏の族長にして、聖徳太子のブレーンでもあった「秦河勝(はたのかわかつ)」の本名に由来するともいわれる。今でこそ行われなくなったが、かつては毎年、広隆寺では「牛祭」が行われた。あまりの奇妙さから、京都三大奇祭に数えられる祭礼だ。

夜中、一頭の牛が氏子に牽かれてやってくる。牛の背中には、鼻の高い貴人の面をつけた「摩多羅神(またらじん)」が乗り、その周囲を三叉の槍を手にし、鬼の面を被った4人の「四天王」が付き従う。摩多羅神と四天王は境内を練り歩いたあと、中央に設置された祭壇に上る。ここで摩多羅神は経典を読み上げるのだが、この間、周囲の人々は口ぎたなくののしり、罵声を浴びせかける。喧騒をものともせず経典を読み上げると、摩多羅神と四天王は突如、目の前にある堂内に駆け込むと、その扉が閉められ、祭はお開きとなる。

けっして荘厳でもなければ、厳粛でもない。野次が飛び交う中、ただ黙々と経典を読むだけで、まったくもって盛り上がらない。いったい牛祭に、どんな意味があるのか、見ている者には理解しがたい。まさに奇祭といわれるゆえんである。

おそらく時代とともに形骸化し、本来の姿が失われたに違いない。祭の名前にあるように、主役は牛だ。今でこそ、摩多羅神を乗せて練り歩くだけだが、かつては屠られたに違いない。殺牛儀式である。古代の京都においても、漢神信仰があった。いうまでもなく秦氏が漢神信仰をもっていたのである。

摩多羅神の謎

秋田で行われる陰陽道の祭礼、牛乗りで登場するのはスサノオ命だが、京都の牛祭では摩多羅神である。牛に乗るスサノオ命が牛頭天王なら、同様に摩多羅神も本来、牛頭天王なのではないだろうか。

摩多羅神は奇妙な神である。日本の神でもなければ、朝鮮や中国の神でもない。伝説によれば、天台宗の僧侶、慈覚大師「円仁」が唐から帰国する際、船上で不思議な声を聞いた。声の主は摩多羅神と名乗り、自らは障りをなす祟り神で、丁重に祀らないと人間は往生できないぞと語った。声に従い、無事に日本へ戻った円仁は摩多羅神を常行堂に祀った。以来、天台宗では玄旨帰命壇における本尊とし、念仏の守護神として位置づけられるようになったという。

摩多羅神は仏教と関係が深いことから、もとはインドの神ではないかと一般には考えられている。音韻からの「摩訶迦羅天（まかからてん）」、意訳して「大黒天」、つまりは「シヴァ」のことであるとか、夜叉という性格からして「荼枳尼天（だきにてん）：ダーキニー」だとか考えられているが、実体は不明である。

秦氏とゆかりが深いことから、歴史的な人物にあてられることもある。京都の秦氏を束ねた秦河勝が摩多羅神だという説もある。牛祭が、秦河勝が創建した広隆寺で行われることから、そうした信仰が秦氏にあったことは間違いないだろう。偉大なる先祖や王を神として崇めることは古今東西、よくある。

⬆大河内神社で祀られる新羅大明神。円珍（えんちん）が帰国する船に現れたという。

では、いったい摩多羅神の正体は何なのか。謎を解く手がかりとなるのが、慈覚大師円仁に関する、もうひとつの逸話だ。円仁が唐の登州（とうしゅう）にある赤山法華院を訪れた際、道教の神「泰山府君（たいざんふくん）」に深く帰依した。帰国後、泰山府君を祀る禅院を建てようとしたが、思いを果たせずに死去。遺志を受け継いで、天台座主安恵（あんえ）が「赤山禅院」を建立し、祭神は「赤山明神」と呼ばれるようになった。

円仁が唐から勧請したという意味で、どうも、この泰山府君＝赤山明神こそ、摩多羅神の正体ではないか。状況からいって、その可能性が高い。

唐からやってきた謎の神という意味では、忘れてはならない渡来神がいる。同じく天台宗の僧侶、智証（ちしょう）大師「円珍（えんちん）」が唐から帰国する際、乗っていた船にひとりの神が現れた。神は自らを「新羅明神」と名乗った。帰国した智証大師円珍は三井寺、すなわち園城寺にて新羅明神を守護神として祀った。現在でも、園城寺の新羅神社の主祭神となっている。

円仁と円珍の違いはあれど、まったく同じエピソードである。新羅明神の神像と赤山明神の神像もまた、そっくり。唐の赤山法華院を建立したのは朝鮮の新羅人だった。新羅人が祀っていたので新羅明神、赤山という地で祀られていたので赤山明神と呼ばれただけで、共に実体は泰山府君だったのだ。

泰山府君は道教の神であるが、同時に陰陽道の神でもある。安倍晴明は泰山府君を祀って呪術を行っていたことで知られる。道教や陰陽道では、共に生贄を捧げる儀式がある。かつては殺牛儀式も行っていた。泰山府君と牛頭天王は同一神ではないか。全国各地にある新羅神社がスサノオ命を新羅明神として祀っていることを考えると、すべては一本の糸で結ばれる。こうだ。

「摩多羅神＝赤山明神＝泰山府君＝新羅明神＝スサノオ命＝牛頭天王」

やはり、摩多羅神は牛頭天王だった。牛頭天王を祀る殺牛儀式が本来の牛祭だったに違いない。記紀や風土記に名前がない神々は、一般に中世の渡来神だとされるが、秦氏が関わると、一気に時空を超えるのだ。

⬆韓国の弥勒菩薩像。東アジアでは日本の飛鳥時代、弥勒菩薩信仰が広がっていた。

摩多羅神と弥勒菩薩

広隆寺には国宝第一号として知られる「弥勒菩薩半跏思惟像」がある。由緒では百済から聖徳太子に贈られた仏像である。それを聖徳太子は側近である秦河勝に与えて、広隆寺で祀られるようになったという。珍しい赤松で作られている。

日本が飛鳥時代のころ、東アジアでは弥勒菩薩信仰が高まっていた。釈迦が入滅し

⬆牛祭で赤の鬼面と青の鬼面の四天王を付き従えた摩多羅神。

たあと、56億7000万年後、この地上に下生する弥勒菩薩は仏教におけるメシアのような存在だった。世の人々は弥勒菩薩に救いを求めていたのである。おそらく新羅で作られたと推測される弥勒菩薩半跏思惟像は百済人の手によって日本にもたらされ、最終的に渡来人である秦氏のもとで祀られるようになったのである。

実は、摩多羅神は弥勒菩薩とも深い関係にある。というのも、牛祭のとき、摩多羅神は四天王を付き従えている。赤の鬼面がふたりと青の鬼面がふたり。いわば赤鬼と青鬼である。一見すると悪魔のような鬼であるが、そこは摩多羅神の眷属である。摩多羅神の分身といってもいいかもしれない。

一般に四天王といえば、仏教の仏様である。須弥山（しゅみせん）頂上の忉利天（とうりてん）に座す帝釈天のもと、仏法を守護するため、東西南北の四方に建っている。すなわち、北に「多聞天」、西に「広目天」、東に「持国天」、そして南に「増長天」が配置される。このうち多聞天は別名「毘沙門天」とも呼ばれ、単独で崇拝の対象にもなる。

毘沙門天はサンスクリット語で「ヴァイシュラヴァナ」、インドでは財宝の神「クベーラ」とも呼ばれる。仏教の神仏は、みなヒンドゥー教やバラモン教にルーツを求めることができる。バラモン教は古代アーリア人の宗教で、お隣のイラン、つまりはペルシアのゾロアスター教と神々が同じである。もっとも、インドの悪魔アスラがペルシアでは光の善神アフラ・マズダーになるなど、性格が逆転してはいるが。

毘沙門天はペルシアにおける太陽神「ミスラ」である。ヴァイシュラヴァナは神の息子という意味であるが、これは父親のいうことをよく聞く存在だと解釈され、これが仏教でいう多聞天と呼ばれるようになる。

ゾロアスター教の経典『アヴェスタ』によると、ミスラは千の耳と万の目をもち、国家を護持し、さらに生命力を司る神であると記されている。これら4つの性格が独立して四天王となった。具体的に千の耳が多聞天、万の目が広目天、国家護持が持国天、そして生命力が増長天である。

⬅ゾロアスター教のミスラ。
仏教の弥勒菩薩だ。
⬇牛の喉元に短剣を突き刺すミトラスの像。

一方、バラモン教でミスラは「ミトラ」と呼ばれる。ミトラはヒンドゥー教では「マイトレーヤ」となる。これが仏教でいう弥勒菩薩である。

日本の大阪にある四天王寺では弥勒菩薩を本尊として、その周りに四天王を配置している。広隆寺の牛祭は、これを踏襲しているのではないだろうか。四天王を従えている摩多羅神は、まさに弥勒菩薩だ。摩多羅神の分身である四天王もまた、弥勒菩薩のルーツであるミトラなのだ。

摩多羅神の「マタラ」とは「ミトラ」の転訛にほかならない。ミトラがマイトラとなり、マタラとなったのだ。

ミトラス教

摩多羅神がミトラであることは牛祭でも明らかだ。先述したように、牛祭は漢神信仰がもとにある。かつては殺牛儀式を行っていたに違いない。ミトラもまた、実は牛と深い関係にある。ミトラの密儀では、何より牛を屠る儀式があったのである。

ミトラは東へと伝来し、日本では弥勒菩薩や摩多羅神となったが、西へと伝来すると、古代ローマ帝国では「ミトラス」となった。ペルシアに起源をもつミトラス教は信者による秘密儀式が行われた。参入者は洞窟へ集まり、そこで牡牛を屠る。祭壇には、牡牛にまたがり、喉元

に短剣を突き刺すミトラスの像が安置されていた。

牛を屠るミトラスこそ、牛祭の摩多羅神である。天台宗の摩多羅神の図像には、必ず脇に笹を手にした「丁禮多（ていれいた）」と「爾子多（にした）」という名の童子が描かれる。密儀の場に置かれるミトラスも、その両脇に松明を掲げる「カウテース」と「カウトパテース」という名の神々が控える。

また、摩多羅神の頭上には北斗七星が描かれる。同じ図像は泰山府君にも見られる。北斗は人間の生死を司るともいわれ、夜叉としての摩多羅神を象徴しているともいう。これらの星々には、それぞれ「貪狼星（どんろうせい）」「巨門星（きょもんせい）」「禄存星（ろくぞんせい）」「文曲星（ぶんきょくせい）」「簾貞星（れんていせい）」「武曲星（ぶきょくせい）」「破軍星（はぐんせい）」という名前がつけられている。

これに対して、ミトラス教では、太陽と月、そして五惑星をもって七星とする。七星はミトラス教の密儀における位階のシンボルと見なされていた。具体的に位階は、それぞれ「御父：土星」「太陽の使者：太陽」「ペルシア人：水星」「獅子：木星」「兵士：火星」「花嫁：金星」「大烏：月」である。

興味深いことに、歴史学者の小川英雄氏によれば、伎楽の面はミトラス教の密儀における位階を表している。「呉公面（ごこうめん）・太狐父面（たいこふめん）・波羅門面（ばらもんめん）」「治道面（ちどうめん）」「酔胡王面（すいこおうめん）」「獅子面（ししめん）」「金剛面（こんごうめん）」「呉女面（ごじょめん）」「迦楼羅面（かるらめん）」に相当するというのだ。

伎楽は百済系渡来人「味摩之（みまし）」によって、推古（すいこ）天皇の時代に伝えられた。当時の伎楽を担っており、当然ながら秦氏も関わっていた。日本における伎楽の祖は秦河勝だともいわれるほどだ。ちなみに伎楽で演奏される雅楽も秦氏のお家芸だ。雅楽奏者として知られる東儀秀樹氏もまた、秦河勝の子孫なのである。

古代ローマ帝国の宗教であったミトラス教は日本にも伝来していた。担い手は渡来人の秦氏である。したがって、秦氏が行う牛祭はミトラス教の密儀であった可能性がある。摩多羅神はミトラであると同時に、ミトラスでもあったわけである。牡牛を屠る儀式からすれば、まさに牛頭天王である。整理すれば、こうだ。

「牛頭天王＝スサノオ命＝新羅明神＝泰山府君＝赤山明神＝摩多羅神＝ミトラス」

陰陽道の牛頭天王のルーツは、はるかシルクロードの彼方、古代ローマ帝国のミトラスにあった。現代人が想像する以上に、古代の人々の交流はダイナミックだった。宗教や思想だけではない。古代ローマ帝国からはガラスももたらされた。美術史研究家の由水常雄氏によると、古代朝鮮の新羅からはローマングラスが出土する。紀元1～2世紀、ローマで作られたガラスがシルクロードを通り、新羅にもたらされていた。ある意味、当時の新羅はローマ文化王国であったというのだ。新羅とは「新しい羅馬」、つまりは「新ローマ」を意味するのではないか

⬆宗像五社のひとつである織幡神社（福岡県宗像市）。主祭神は武内宿祢で、神功皇后が三韓出兵した際、勝利に導いたとされる。

とする説もある。

興味深いことに、ローマングラスは日本の古墳からも出土する。京都府長岡京市の5世紀の宇津久志1号墳から出たガラスは分析の結果、1〜4世紀ごろ、古代ローマ帝国で製造されたものであることが判明した。成分が黒海周辺で製造された重曹ガラスの成分と一致したのだ。

同じものは福岡県宗像市にある6世紀中ごろの田久瓜ヶ坂遺跡の円墳からも出土している。直径5ミリほどのガラス玉を蛍光エックス線分析したところ、特殊なナトロンという成分を含んでいることが判明した。これは透明度を高めるために添加されるもので、ローマングラスの特徴である。およそ紀元前後から4世紀ごろまでに製造されたガラスであるという。

長岡京市や宗像市は、いずれも古代において秦氏が住んでいた場所である。長岡京の建設に携わっていたほか、宗像大社ゆかりの織幡神社にも深く関わっている。ローマングラスをもってきたのは秦氏である。新羅系渡来人である秦氏が古代ローマ帝国からガラスを日本へともってきたのだ!!

ミトラスとイエス・キリスト

現代の日本人にとってミトラス教といってもなじみがないかもしれないが、知ってか知らずのうちに、その祭礼を毎年行っている。クリスマスである。クリスマスはキリスト教の行事。いうまでもなく、イエス・キリストの誕生を祝福する儀式である。

だが、イエス・キリストが12月という冬の季節に生まれた証拠はない。『新約聖書』によれば、イエスが生まれたとき、羊飼いたちが野宿をしていた。中東といえども、冬は寒い。パレスチナ地方で野宿は無理だ。実際にイエス・キリストが誕生したのは、状況から考えて春である。もっといえば4月6日である。これについては、いずれ詳述したいと思うが、少なくとも12月25日ではない。

なぜ、クリスマスが12月25日とされたのか。その理由がミトラス教にある。ミトラスはペルシアの太陽神ミスラだった。太陽ゆえに、その力がもっとも弱くなるのは冬至だ。冬至はミスラの死であり、翌日からは甦りの時期に当たる。

ここにイエス・キリストの復活が重ねられた。十字架に架けられて死んだイエスは3日目に復活した。12月23日の冬至から数えて3日目は12月25日だ。この日がイエス・キリストの誕生日にあてられたのである。

とくに中東の風習では、日没をもって次の日と考える。12月24日の日没をもって12月25日となる。そのため、この日の夜に行われるミサをもって、イエスの誕生を祝福する儀式と見なされた。今日の国際的な取り決めでは、日付が変わるのは午前0時なので、12月24日の夜に行われるミサを特別にクリスマス・イヴと称するようになったのだ。

したがって、本来の意味で12月25日は太陽神の復活儀礼の祭日であった。2000年前の古代ローマ帝国において、太陽神はソルでありヘリオスであったが、密儀を伴うという意味では、圧倒的にミトラスだった。

当時、原始キリスト教徒は弾圧されていた。彼らは政府の監視を逃れるために、地下のカタコンベといわれる墓所で集会してミサを行った。同じく地下で密儀を行っていたのがミトラス教である。両者が接近するのは、必然であったといえよう。カトリックをはじめとするのちのキリスト教会はミトラス教を指弾し、悪魔がキリスト教を模倣して作り上げた宗教だと主張した。

確かに、当時の資料を見るとミトラス教と原始キリスト教は非常に似ている。図像的に、ミトラス教は中心にミトラスを描き、その周囲を十二星座のシンボルで囲む。このミトラスをそ

⬅ミトラスの周囲に十二星座が刻まれたミトラス教のレリーフ。

⬅ミトラスをイエス・キリストに置き換えた絵。十二星座がイエスの12使徒に置き換えられている。

つくりそのままイエス・キリストに置き換えた絵がある。十二星座は、イエスの12使徒に置き換えられ、外見上はキリスト教の聖画である。

古代日本にミトラス教を伝来させた秦氏も、当然というべきか、原始キリスト教を知っていた。イエス・キリストの存在はもちろん熟知していた。それどころか、イエス・キリストの直系の弟子を祖先にもつ人々であった。秦氏はキリスト教はもちろん、その母体となったユダヤ教の奥義を手にした人間であり、あらゆる神秘主義や呪術を知りつくした指導者、いうなれば「預言者」をいただいていたのだ。

第4章

原始キリスト教「秦神道」と天照大神＝イエス・キリスト

秦氏の首長にして、弓月君直系の子孫である秦河勝は聖徳太子の勅願を受けて京都の太秦に広隆寺を建立した。今は右京区蜂岡にあるが、かつては北区北野にあった。そこには今でも「川勝寺」という地名が残っている。

寺の遺跡もあり、地名から「北野廃寺」とも呼ばれる。出土した土器には「鵤室」や「秦立」の文字が墨書されており、ここが奈良の「斑鳩寺」にいた聖徳太子ゆかりの地であるとともに、秦氏の氏寺「元広隆寺」があった場所であることは間違いないとされている。

秦河勝を首長とする秦氏たちは京都へ来る前は、大阪にいたらしい。寝屋川に、今も太秦という地名が残っている。おそらく、かなりの規模で秦氏がいたようで、今は消滅したが、かつては牛祭も行われていた。

今は住宅街になっているが、中心部には秦河勝の墓だと伝えられる五輪塔がある。一般に秦河勝の墓は京都の太秦にある蛇塚古墳とされるが、ゆかりの地にも分骨されたのか。晩年、秦河勝は京都から兵庫の播磨へ移住したという伝承もあり、赤穂の生島にも秦河勝の墓がある。

秦河勝は『日本書紀』の中で太秦と呼ばれている。太秦は地名であると同時に、秦氏の首長の称号でもあった。秦河勝の祖先である秦酒公が雄略天皇に絹織物を大量に献上したところ、うずたかく積まれたので、そこから「禹豆麻佐（うずまさ）」という姓を賜った。秦氏の元締めであるがゆえ、太秦という字をもって、ウズマサと読ませたのだという。

もっとも、これは名称由来をドラマ仕立てに創作したもので、本来は古代朝鮮語で、そこに無理やり漢字をあてたとするのが定説である。秦氏の故郷、新羅（しらぎ）があった朝鮮半島東部には、現在「蔚珍」という地名がある。かつて蔚珍は「于柚村」と表記し、朝鮮語で「ウツマウル」と呼んだ。これがウズマサの語源であるという。

⬆秦河勝（はたのかわかつ）が建立した広隆寺がもともとあった京都市北区北野には川勝寺という地名が残っている。

しかし、太秦という名称が雄略天皇の御代以前から存在するならば、何も朝鮮半島だけに語源を求める必要はない。前章で述べたように、秦氏はミトラス教を知っていた。牛祭はミトラス教の密儀である。そのミトラス教は古代ローマ帝国の宗教である。事実、秦氏がいた新羅からはローマングラスが出土している。

古代中国において古代ローマ帝国のことを「大秦」と称した。西暦１６６年、後漢の桓（かん）

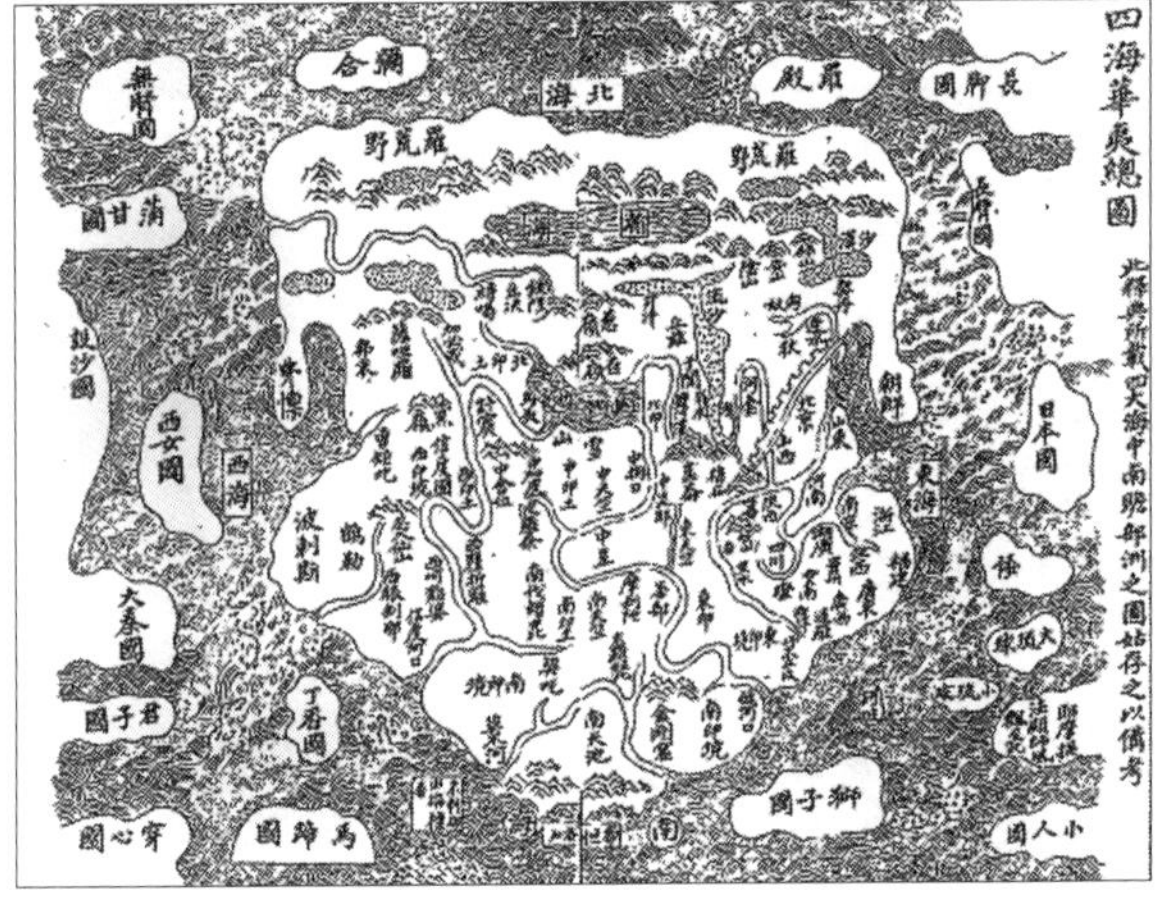

⬆1532年に中国で作られた「四海華夷総図（しかいかいそうず）」。右に「日本国」、左に「大秦国」と表記されている。
⬅18世紀の中国の百科事典『古今図書集成』に描かれた大秦国の使者。

帝のもとに、古代ローマ帝国の皇帝「マルクス・アウレリウス・アントニヌス」が使者を遣わしてきた。『後漢書』によると、大秦国の王「安敦」の使者は航海によって日南郡へと上陸し、そこから桓帝に対して象牙や犀角、玳瑁を献上したとある。

太秦とは大秦のことではないか。京都の秦氏が太秦を「大秦」と表記した例もある。多くの秦氏が住んでいた神奈川県の秦野には「大秦」という地名も残っている。太秦と大秦が同じであれば、中国でいう古代ローマ帝国を本来、意味したのではないだろうか。そう、秦氏はローマ系渡来人の可能性があるのだ。

中国のローマ人村

はたして古代ローマ帝国の人間がはるばる東アジアにまで来るだろうか。皇帝の使者ならば、いざ知らず、大規模な集団で移住してくるなど、ありうるのか。だが、まさに事実は小説よりも奇なり。実際あったのだ。なんと、中国の奥地で古代ローマ人の末裔が住む村が発見されているのだ。

場所は甘粛省永昌県の者来塞。ここに住む人々には、ある特徴があった。みな背が高く、体格ががっしりしており、顔の彫りが深い。瞳の色は青く、髪が金髪で、鼻筋が通っている。明らかにモンゴロイド系の漢民族とは容貌が異なっている。

風習も違う。米ではなく、パンを主食としていた。何より牛を好んだ。牛の形をしたパンを作り、闘牛を好んで行う。正月などの祭礼のときには、生きた牛を屠る儀式を行う。死ぬと、漢民族であれば北枕で埋葬するが、彼らは頭を西に向けて埋葬するという。

彼らは、いったい何者なのか。この問題を長年研究してきた蘭州大学の歴史学者、陳正義教授と、同じく歴史学者の関意権氏、及び息子の関亭氏らは、ひとつの結論を導きだした。なんと、者来寨の人々は歴史上から消えた古代ローマ人の末裔であるというのだ。

今から2000年以上前の紀元前53年、古代ローマ帝国は隣国のパルティアと戦争を始めた。世にいう第1次パルティア戦争である。マルクス・リキニウス・クラッススは4万人の兵士を率いてシリアのアンティオキアを経由し、アルメニアと同盟を結ぶと、そこからユーフラテス河を渡って、パルティア領内へと侵攻。壮絶な戦いを繰り広げたが、パルティア軍の弓の射撃、通称パルティアンショットに劣勢を強いられた。

1年後、カルラエの戦いにおいて、騎兵を率いていた息子のプブリウス・リキニウス・クラッススがパルティア軍に包囲されて自害すると、一気にローマ軍は総崩れ状態となった。父親のクラッススも倒れ、勝負はついた。パルティアの大勝利となり、敗れたローマ軍は本国への退却を余儀なくされた。

だが、このとき、負傷者を中心に約4000人が置き去りにされ、パルティア軍の捕虜となった。2年後、再び勢力を回復したローマ軍はパルティア軍と戦い、最終的に和議を結ぶ。これにより両国は互いの捕虜を交換したのだが、プブリウス配下の人間の姿が、ほとんどなかった。一個師団ものローマ人が殺されたわけでもないのに、いつの間にか消えてしまったのだ。

彼らは、どこに行ったのか。手がかりとなるのがシルクロードである。第1次パルティア戦争で、ローマ人は初めて絹織物を目にする。絹織物の産地は中国である。パルティアは中国で「安息国」と呼ばれ、多くの商人が訪れていた。消えたローマ人たちは、どうも中国人と接触した可能性が高い。

事実『前漢書』には、こんな記述がある。紀元前36年、前漢は匈奴を討つべく、軍隊を西域に派遣した。甘延寿と陳湯が率いる4万人の軍隊は匈奴と激しい戦闘を繰り広げたのだが、このとき妙な姿をした傭兵を目にしている。匈奴軍の部隊のひとつが魚のウロコのように楯を並べて陣を形成していたというのだ。

これは古代ローマ帝国の歩兵戦術のひとつ「テストゥド」である。歩兵がひと塊となって隊列を組み、その周囲に楯を掲げる。ちょうど陣全体が楯で覆われる形となる。おそらく前漢軍が目にしたのはテストゥドの態勢をしたローマ人だったのではないか。時代的にも、地理的にも可能性として考えられるのはカルラエの戦いで消えたローマ兵士だ。彼らは逃亡する過程で匈奴の軍につかまり、そのまま連行されて傭兵となったのだ。

不運なことに、彼らは3度、対する敵に敗れ、捕虜となる。当時の中国人も、相手が遠い西域の人間であることはわかったはずだ。前漢では古代ローマ帝国のことを「驪軒」と呼んだ。甘粛省永昌県の歴史書には、涼州永昌県南に「驪軒人」を住まわせて、そこを「驪軒県」と称したことが記されている。調査したところ、この驪軒県こそ、今日でいう者来寨にほかならないことが判明したのだ。こうして、すべての謎が一本の糸でつながった。

さらに、異国の風貌をもつ住民たち300人の遺伝子を調べたところ、ヨーロッパ系の人種であることが科学的に証明された。彼らはまぎれもなく、古代ローマ人の末裔だったのである。頭を西に向けて埋葬するのは、故国が西方にあったことを物語っており、牛を屠る儀式を行っていたのは、ミトラス教を信仰していたからにほかならない。彼らが東へと移住し、日本にまで渡来してきたという記録はないが、秦氏もまた、古代ローマ帝国から流れてきた可能性は、この歴史的事実から見ても十分あるのだ。

景教と三柱鳥居

秦氏がローマ系渡来人で、かつキリスト教徒だったことを示す証拠が太秦にある。広隆寺の近くにある元糺の森だ。元糺の森には古い神社がある。木嶋坐天照御魂神社、通称「蚕の社」である。境内には元糺の池と呼ばれる泉があり、そこから流れでる水をもって禊が行われる。

池の中央には石が積まれており、そこを中心に「三柱鳥居」が立っている。通常の鳥居が2本足なのに、なぜか3本足なのだ。不思議な姿から、厳島神社の唐破風鳥居と北野天満宮にある伴氏社の鳥居と並んで京都三珍鳥居のひとつに数えられる。

蚕の社の三柱鳥居を模した茶道の蓋置では「三つ鳥居」の名で知られるが、これは本来、「三輪鳥居」のこと。三輪鳥居は3つの鳥居が平面で合体した姿をしているのに対して、三柱鳥居は立体的に3本の柱が正三角形を形成するような配置になっている。

⬆木嶋坐天照御魂神社の元糺の池に立つ三柱鳥居。

なぜ、かくも珍妙な形をしているのか。歴史学者の大和岩雄氏は秦氏が崇敬する3つの山、すなわち松尾山と稲荷山と双ヶ丘を意識したものではないかと指摘するが、実際に現場に立つと糺の森ゆえに木々が邪魔して、肝心の山々を遥拝することはできない。石を積んでいるように泉を神聖視するゆえ、立体的な礼拝の門として建てられたともいう。だが、蚕の社の案内板には、こうある。

⬆唐時代のネストリウス派の寺院に描かれていた景教徒。

「一説には景教（キリスト教の一派ネストル教　一三〇〇年前に伝わる）の遺物ではないかと伝われている」（原文ママ）

ネストル教とは「ネストリウス派」のこと。カトリックやギリシア正教、それにプロテスタントとは異なる古代キリスト教の宗派である。宗祖はコンスタンティノープル大主教であったネストリウスで、主にイエス・キリストの人間性を強調した。イエスを産んだマリアは神の聖母ではなく、あくまでも人間の母親だったと語ったことで知られる。

キリスト教の正当教義は「三位一体」である。絶対三神「御父と御子と聖霊」のペルソナはイエスにおいてひとつだと考える「三位一体」の教義からすると、ネストリウスの思想は物議をかもした。431年、エフェソス公会議で異端として退けられ、最終的に451年に開かれたカルケドン公会議において異端認定された。

以後、ネストリウスの説を信じる人々はカトリックが支配的なヨーロッパではなく、アジアへと布教先を求める。これがネストリウス派である。ネストリウス派はシリアからペルシア、インドへと伝わり、5世紀には少なくとも中国に伝来している。日本が大化の改新を迎えるちょうど10年前の635年、アッシリア教会の「阿羅本：アロペン」が唐の都である長安にやってきた。時の太宗皇帝は布教することを認め、3年後には教会が建てられた。当初、教会はペルシアから伝来したことから「波斯寺」と称し、のちにキリスト教の発祥地である古代ローマ帝国にちなんで「大秦寺」と呼ばれるようになった。

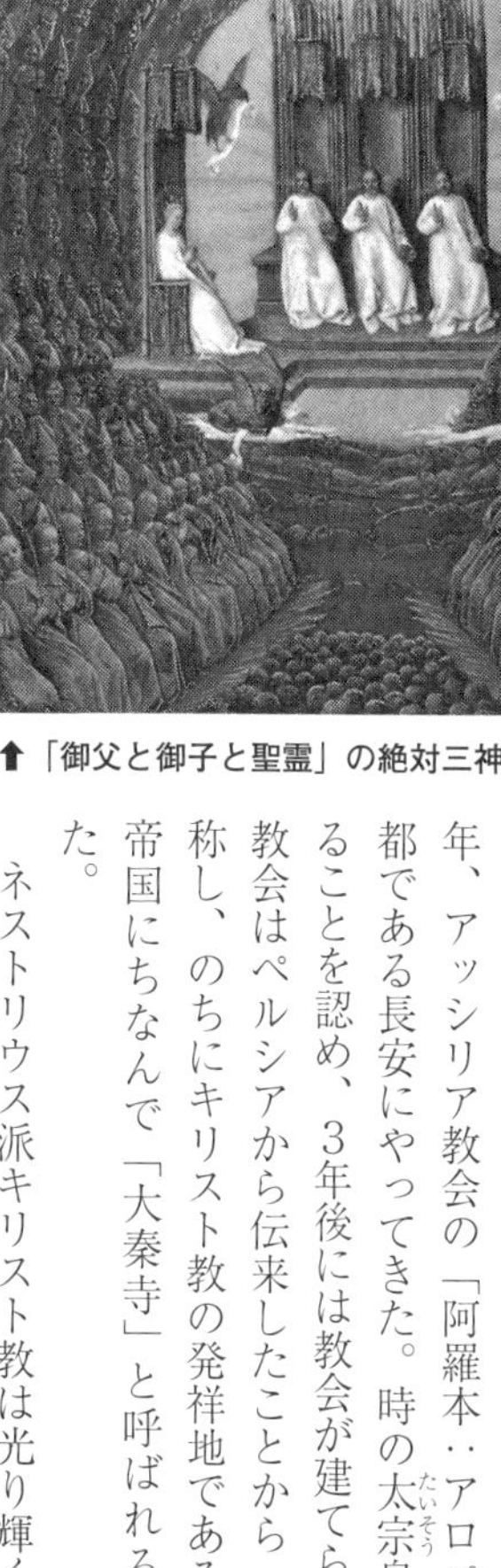
⬆「御父と御子と聖霊」の絶対三神を描いた絵画。

ネストリウス派キリスト教は光り輝く教えという

意味で「大日教」と呼ばれた。ただ大日では仏教の大日如来と混同されるため、「大」の字を同じ意味をもつ「京」とした。「京日教」が「景教」と記されるに及び、これが一般的な名称となる。景教は中国で非常に盛んとなり、それを記念した「大秦景教流行中国碑」が作られた。レプリカは日本の高野山にも安置されているので、見ることができる。

では、いったい三柱鳥居の何をもって、景教の遺物というのか。注目は「柱」である。日本の神道において柱は神様の象徴である。神様を数えるときは、一人二人三人ではなく、一柱二柱三柱と表現する。よって、三柱鳥居は3人の神様を象徴している。これがキリスト教でいう絶対三神「御父と御子と聖霊」である。

3本の柱が絶対三神を象徴し、それがひとつになっている。同時に、三柱鳥居は3つの鳥居が合体している。3つの方向から礼拝しても、対象はひとつ。つまりは、キリスト教の正統教義である三位一体を象徴している。

⬆秦氏＝景教徒説を提唱した佐伯好郎博士。

ネストリウス派はイエスの神性と人間性を区別したものの、絶対三神を否定しているわけではない。事実、「大秦景教流行中国碑」や景教経典には「三一妙身」や「三一分身」「三身同帰一体」という言葉が出てくる。三柱鳥居が三位一体を表現しているので、景教の遺物であるというわけだ。

三柱鳥居は蚕の社の境内にある。蚕の社は秦氏が創建した。当然ながら、三柱鳥居を設計したのは秦氏である。三位一体を象徴しているならば、秦氏は景教徒だったに違いない。最初に、この驚くべき学説を提唱したのは歴史学者の佐伯好郎氏、通称、景教博士であった。以下、その概要を見ていこう。

秦氏＝景教徒説

佐伯博士が注目したのは秦氏の名前である。まずは漢字。秦氏の「秦」は古代ローマ帝国を意味する「大秦」に由来する、中国では異国の人間でも漢字の姓を名乗る。その際、出身国の漢字表記から一字採る。

パルティア人ならば、中国名での安息から一字を採って安氏と称す。唐の軍人で、反乱を起こしたことで知られる安禄山（あんろくざん）はパルティア人だった。同様に古代ローマ帝国出身であれば、大秦から一字採用して秦氏になる。歴史学者の李家正文氏の研究によれば、実際に、古代ローマ帝国出身で「秦鳴鶴」なる人間が存在するという。

　秦氏の首長を意味する太秦も、やはり古代ローマ帝国の大秦だ。長安にあった景教教会は「大秦寺」と称したが、太秦の秦河勝が建立した広隆寺の別名は「太秦寺」である。したがって、今でこそ仏教の寺院ではあるが、かつては景教教会だった。本尊の弥勒菩薩は仏教の救世主であるが、そこには景教のメシア、すなわちイエス・キリストの神格が投影されていた可能性がある。

　次に読みだ。秦氏の「秦」という字は「ハタ」とは読めない。本来なら「シン」「ジン」「チン」だろう。なぜ、ハタなのか。絹の肌触りに由来するとされるが、後世の創作にほかならない。機織りの「ハタ」のほか、古代朝鮮語で海を意味する「パタ」、もしくは偉大であることを意味する「ハタ」、さらには朝鮮半島の地名「波旦」に由来するという説もあるが、佐伯説は景教と関係があると見る。

　景教では祭司のことを「パトリアーク：パトリアケス」と呼ぶ。漢字表記では「波多力」だ。『新撰姓氏録』には、絹織物と秦氏の由来を語る際に「波多」という姓を賜ったと記している。秦氏が波多氏であるなら、本来は景教の祭司を意味する「波多力氏」だった。これが転じてハタ氏と称すようになった。

　太秦の読みについてはヘブライ語で解釈できる。ウズマサの「ウズ」は「光」、「マサ」は

「賜物」で、光の賜物を意味する。光の教えである景教にふさわしい称号だ。

以上から秦氏は景教徒だった可能性があるというわけだが、ここで終わりではない。景教徒ではあったが、民族が不明だ。かつて古代ローマ帝国に住んでいたならば、いったい、いかなる民族だったのか。佐伯博士の探究は続く。

秦氏＝ユダヤ人景教徒説

広隆寺のすぐ近くに古い井戸がある。もとは広隆寺の境内にあったもので、名を「伊佐良井」という。古くは『源氏物語』にも詠まれているが、平安時代には、すでに名前の由来はわからなくなっていたらしい。

佐伯博士によれば、これも景教遺跡である。伊佐良井は「伊佐良の井戸」ではない。伊佐良井は「イサライ」であり、景教経典に出てくる「一賜楽業」のこと。一賜楽業は「イスラエル」であり、あえて表現するなら「イスラエルの井戸」である。

ここでいうイスラエルとは国名の由来ともなった古代の預言者ヤコブのことである。ヤコブは神の御使いとひと晩中格闘したことで、イスラエルという聖別名をもらった。彼の12人の息子から「イスラエル12支族」が誕生する。

若いころ、ヤコブは各地を放浪した末に、ひとつの井戸にたどり着く。これがヤコブの井戸

⬅広隆寺の近くにある井佐良井（いさらい）。佐伯好郎博士によれば、「イサライ」とは「イスラエル」のことだという。

⬆広隆寺と同じく太秦（うずまさ）にある大酒神社。ダビデ王を祀っているという。

である。『旧約聖書』には劇的なエピソードは記されていないが、ヤコブの井戸はのちにクリスチャンなら、だれもが知る故事の舞台となる。イエス・キリストがサマリア人の女に永遠の生命とは何かについて説いたのだ。以来、ヤコブの井戸はキリスト教徒にとって感動的な会話の聖地として知られるようになるのだ。

カトリックの聖地ルールドの泉のように、奇跡などが起こった聖地は、ほかの教会にも、そっくり同じものが作られる。ヤコブの井戸も、同様だ。サマリア人の女の故事を知る景教徒が日本にもヤコブの井戸を作った。ただし、ヤコブではなく、聖別された名前イスラエルの井戸として名づけた。これが伊佐良井だ。

あえてイスラエルの名前にこだわったとすれば、それが一族に関わることだったからではないのか。そう、秦氏はイスラエル人だった。イスラエル人景教徒だったがゆえ、民族の父ともいえる預言者ヤコブをイスラエルとして井戸の名前にした可能性が高い。

この問題について、佐伯博士は同じく太秦にある「大酒神社」にも着目する。大酒神社は、かつて「大辟神社」と表記した。漢字博士として有名な白川静博士によると、「辟」という字は、腰から下を切り落とす姿を表現しており、そこから死刑を意味する言葉として使われるようになったという。あえていうなら「死刑神社」である。なんとも不吉な名称であるが、実際は、音を充てるために仮借したに過ぎない。

大辟神社の「大辟」は「大避」や「大僻」とも表記されることがある。扁にバリエーションがあるのだ。そう考えると景教の経典には「大闢」なる人物が登場する。大闢とはダビィ、すなわち「ダビデ」のこと。古代イスラエル王国の大王であり、民族のメシアとされるダビデなのである。

大辟が大闢の省略形だとすれば、まさにダビデである。祀られている「大辟明神」とはダビデ王である。しかも、秦氏は大辟明神を氏神として祀っている。一族の氏神とは氏子の祖先である。言葉を換えるなら、秦氏はダビデ王の子孫だったことになる。もちろん、秦氏すべてがダビデの血を引くわけではないだろうが、一族の偉大なる大王だったとすれば、筋は通る。

ダビデ王はイスラエル民族の中で「ユダ族」であった。ダビデの子孫からはイエス・キリストが出ている。イエスは自らをダビデのひこばえであると自称している。『旧約聖書』によれば、メシアはユダ族から現れると預言されており、それが成就したと見なされている。

イエスの時代、古代イスラエル王国は当の昔に滅んでおり、国はユダ族にちなんで「ユダヤ」と呼ばれた。悲しいことに、ユダヤは古代ローマ帝国の属国となっていた。イスラエル人は、みな国名からユダヤ人と呼ばれた。今日、ユダヤ人という名称はユダヤ教徒の意味で使われることが多いが、ダビデはもちろん、イエスや弟子たちもユダヤ教徒であり、民族的にもユダヤ人であった。

秦氏も、そうしたユダヤ人だった。彼らはユダヤ教からキリスト教が生まれ、そこから派生したネストリウス派キリスト教を信仰するようになった。秦氏は古代ローマ系渡来人であり、民族的には「ユダヤ人景教徒」だったと、佐伯博士は結論づける。

秦氏＝ユダヤ人原始キリスト教徒説

秦氏を率いてきた弓月君は「弓月王」とも表記した。中国の史書『資治通鑑（しじつがん）』には、その名も「弓月王国」のことが記されている。西域のオアシス国家のひとつで「三日月王国」とも呼ばれた。唐と戦争したこともあり、そのころは「西突厥（にしとっけつ）」の一部になっていた。突厥とはチュルク系民族で、のちにイスラム教徒が多くを占めるようになるが、それ以前は景教徒がかなりいた。

弓月君に率いられてきた秦氏は、ここに長いこと滞在していたのではないだろうか。古代ローマ帝国からシルクロードを通ってやってきたユダヤ人がいたことは想像に難くない。多くは貿易を行う商人だったのかもしれない。ユダヤ人が商売に長けていたことは歴史が示す通りだ。

旅の途中か、はては弓月王国でかは不明だが、彼らの中にはユダヤ教から景教に改宗する者も現れた。ユダヤ教のラビ、マーヴィン・トケイヤーによれば、景教はカトリックやギリシア正教、プロテスタントよりもユダヤ教に近かったので、比較的容易に改宗する者がいたのではないかと指摘している。

しかし、改めて冷静に分析すると、どうも矛盾が見えてくる。ネストリウスの思想が異端と認定されたのは431年のエフェソス公会議で、最終的にネストリウス派の信者が追放されたのは451年のカルケドン公会議以後のことである。それまで、アジアに景教は存在しなかった。弓月王国にネストリウス派キリスト教が伝来するまで、どのくらいかかったのか。

弓月王国の成立は少なくとも2世紀後半。記録では199〜283年には存在していた。佐伯博士によると、まさに283年に弓月君はユダヤ人景教徒を率いて出国し、そこから東へと向かい、朝鮮半島に5〜6年留まったあと、日本列島へと渡来してきたという。かなりの駆け足である。

おわかりのように、これはいくらなんでも、かなり厳しい。追放される以前、すでにネストリウス派キリスト教が伝来していたとしても、あまりにも無理がある。秦氏は朝鮮半島において国を建てており、朝鮮文化も担っていた。新羅におけるローマングラスを見ても、数年いただけとは、到底思えない。

晩年、さすがに佐伯博士は秦氏＝景教徒説を破棄している。遺稿となった論文「極東における最初のキリスト教王国弓月、及びその民族に関する諸問題」では、秦氏は原始キリスト教に改宗したユダヤ人だったかもしれないと述べているのである。これは極めて画期的な学説の転換点だった。

イエス・キリストが生きていた紀元1世紀。すでにヘブライ語は死語となっていた。ユダヤ人たちが日常的に話していたのはアラム語である。ヘブライ語の方言で、シリア語の一種にも数えられる。ユダヤ人原始キリスト教徒たちが公用語としていたアラム語をもって秦氏の謎めいた名称を分析すれば、自ずと答えは見えてくる。

アラム語でユダヤのことを「イエフダー」と発音する。これはヘブライ語でも同じだ。イエフダーという音に「弥秦」という字を充てる。かつて秦はハダとも読んだので、転訛して「イヤハダ」、もしくは「イヤハタ」だ。この時点で、別の字を充てれば「八幡」となる。

古代ローマ帝国からやってきたユダヤ人は中国において大秦から一字を採って秦氏と称したが、自分たちのことはイエフダーと発音した。イエフダー＝イヤハダは短縮化され、ハダからハタとなり、これが定着した。

原始キリスト教において、何よりも大切なのはイエス・キリストの名である。「イエス・キリスト」とはギリシア語の「イエズス・クリストゥス」に由来するが、ヘブライ語では「ヨシュア・メシア」。さらにアラム語になると「イエシュア・マシア」、地方によっては「イシュ・マシャ」「イズ・マサ」「ユズ・マサ」とも発音する。これが「ウズマサ」である。

秦氏は首長の称号としてイエス・キリストの名を掲げたのだ。古代において、神々の名前を生まれてきた子供や王の名前にすることは、ままある。ユダヤ人原始キリスト教徒であった秦氏がイエス・キリストの名を称号として襲名したとしても不思議ではない。

日本における最初の太秦であった弓月君は「ユヅキ」君のほか、「ユンズ」君と訓じられることがある。別名が「融通王（ゆうずうおう）」ならば、実際は「ユンズ」と「ユウズウ」の中間、おそらく「ユズ」だったのではないか。これはアラム語でいうイエスのことで、ウズマサの「ウズ」と同じである。

ご存じのように、イエス・キリストの直系の弟子は12人おり、彼らのことを「12使徒」と呼ぶ。12使徒は全員ユダヤ人である。弓月君は１２０県の民を率いてきたと『日本書紀』に記されているが、ひょっとしたらイエスの12使徒を意識しているのかもしれない。

また、キリスト教における神学のひとつ「予型論」では、『旧約聖書』の預言者は、みなイエスの生涯の雛型になっていると考える。予型論からすれば、大預言者モーセのあとを継いだ預言者ヨシュアはイエスの名の雛型だ。イエスが12使徒を配下にしたように、ヨシュアはイスラエル12支族を率いてヨルダン河を渡って、約束の地カナンへとやってきた。

これらが弓月君の伝説に反映しているのだろう。弓月君はイエスの予型である預言者ヨシュアと同様に、１２０県のユダヤ人原始キリスト教徒を引き連れて日本海を渡って、約束の地である日本列島へとやってきたのだ。

ふたつの原始キリスト教団

佐伯博士が最終的にたどり着いた秦氏＝ユダヤ人原始キリスト教徒説だが、あいにく論文は遺稿となり、これを引き継ぐ歴史学者は今のところいない。が、はたして、これを裏づける歴史的な証拠はあるのか。ともすると、なおざりにされかねないのだが、原始キリスト教とは何かについて、きっちりと押さえたい。

まず、イエス・キリストはユダヤ人だった。ユダヤ人ユダヤ教徒だった。当時、キリスト教という言葉も概念もない。今日のように、ユダヤ教徒＝ユダヤ人という概念もない。民族的にヤコブの子孫、イスラエル12支族の末裔であるという意味でイスラエル人、さらにはユダヤなる国に属するので、ユダヤ人という概念はあった。

ユダヤ教は民族宗教ゆえ、他民族がユダヤ教徒になることは稀だった。非イスラエル人と婚姻関係になったり、特別にユダヤ教に帰依することで、ユダヤ人を自称した人々がいないわけではない。

だが、紀元前後、古来ローマ帝国の属国となったユダヤにあって、ユダヤ教であることは、ほぼ民族的にユダヤ人であることと同義であった。王家はもちろんだが、ユダヤ教の祭祀に関わる者は血統が重視された。とくに祭司レビ人たちは男系である。今日、母親がユダヤ人であれば、その息子は自動的にユダヤ人と見なされるが、彼らは違う。あくまでも父親がレビ族のユダヤ人であることが必須のアイデンティティなのだ。

イエス・キリストも、母マリアが処女懐胎して周囲に怪しまれたのは、そのためである。イエスはレビ人ではなかったが、父親を絶対三神の「御父」と称したがゆえ、保守的なユダヤ人ユダヤ教徒から目をつけられたのだ。

イエスは十字架に磔となり、3日目に復活。40日間、証を述べ伝えたのちに昇天した。弟子たちはイエスの教えを守って、祈りと祭礼を続けた。彼らは、みなユダヤ人ユダヤ教徒である。エルサレム神殿で祈りを捧げ、ほかのユダヤ人たちと争いはなかった。きっちりとユダヤ教の風習や儀礼を守っていたからである。

ところが、同じユダヤ人ユダヤ教徒で、かつイエス・キリストを信じる人々の間に、ちょっとした亀裂が生じる。問題となったのは言語である。先述したように、イエス・キリストはもちろん、ユダヤ人ユダヤ教徒はヘブライ語で『旧約聖書』を読み、アラム語で会話をしていた。

当時、オリエント地方の公用語はコイネー・ギリシア語だった。パレスチナ地方から東のオリエントにおいては、アラム語が主流であったが、地中海周辺ではギリシア語が一般的であった。ゆえに、ユダヤからヨーロッパ方面にイエスの教えが伝わると、アラム語を話すことができないユダヤ人が増えてくる。

学術的に、アラム語、もしくはヘブライ語を話すユダヤ人のことを「ヘブライスト」といい、コイネー・ギリシア語を話すユダヤ人を「ヘレニスト」という。言語が違うと、やはり習慣が異なってくる。このあたりの葛藤は12使徒の筆頭であるペトロと伝道者パウロの対立として『新約聖書』に描かれている。

両者の溝は徐々に大きくなり、ペトロはユダヤのエルサレムを拠点とするヘブライストの「エルサレム教団」を率いる。一方のパウロはシリアのアンティオキアを拠点とするヘレニストの「アンティオキア教団」を組織するようになる。

このうちアンティオキア教団の言語、コイネー・ギリシア語は地中海沿岸からヨーロッパ諸国で通じたがゆえ、シリアから古代ローマ帝国へと伝播。ユダヤ人以外の人々に広がり、これがカトリックやギリシア正教へと発展する。313年、コンスタンティヌス帝によって信教の自由が認められ、続く392年にはテオドシウス帝により、キリスト教が国教とされた。以後、キリスト教は世界宗教へと発展していく。

消えたエルサレム教団

ヨーロッパにおけるキリスト教の発展とは裏腹に、エルサレム教団の活動はあまり知られていない。ペトロの死後、イエスの弟であるヤコブがヘブライストたちを率いた。ヤコブが殺さ

れると、エルサレム教団の動向がだんだん見えなくなる。状況から、ユダヤ人ユダヤ教徒たちとともに、祖先から守ってきた風習や儀礼を行い、エルサレム神殿で祈りを捧げていたことは間違いないのだが、突如、状況が一変する。紀元66年、第1次ユダヤ戦争が勃発したのである。

帝国に従順ではないユダヤ人たちに業を煮やした元老院は、エルサレム神殿にローマ神話の神々の像を立て、ユダヤ教徒たちに圧力を加えた。絶対神ヤハウェを信じ、偶像崇拝を禁じるユダヤ教徒にとっては耐えきれない所業であり、ついに一斉蜂起したのだ。ユダヤ人ユダヤ教徒は、みな一丸となって古代ローマ帝国に反逆した。ユダヤ人であれば、宗派や社会的な立場を超えて、だれもが戦いに参加するのが当たり前のような状況にあって、まったく異なる行動に出たのがエルサレム教団だった。

彼らは第1次ユダヤ戦争が勃発する直前、なんとエルサレムを放棄し、そこから集団でヨルダン河東岸のペラという町に移住したのである。戦争が近づいているので、聖地から去るべしという預言があったらしい。ほかのユダヤ人の目には裏切り行為にも映ったであろうエルサレム教団の移住は、まさに事件だった。

彼らはペトロを筆頭とするイエス・キリスト直系の弟子たちである。12使徒はもちろん、70人弟子が所属していた教団である。戦争を避けるためという大義のもと、突如、聖地エルサレムから姿を消してしまったのだ。

パウロは生前のイエス・キリストに面識はない。もともとは迫害した当事者側であり、イエスが昇天したあと、幻によって声を聞き、真理を悟って回心した。イエス・キリスト直系の弟子たちから成るエルサレム教団はヘレニストが主体のアンティオキア教団とは格が違う。事実、エルサレム教団がペラに移住したことは、のちのカトリックにとっても重大な案件だった。

というのも、カトリックのローマ教皇はペトロを初代と位置づけ、以後、エルサレム教団の直系を自負しているからだ。宗教上の教義は別にして、歴史的にエルサレム教団がペラからエルサレムに帰還し、さらには殉教したペトロのあとを継いでカトリックのローマ教会創設に関わったという歴史的事実はない。断言していい。

第1次ユダヤ戦争はユダヤ人の完膚なきまでの敗北で終わった。ローマ軍によって、エルサレム神殿は徹底的に破壊され、そこにいたユダヤ人たちは世界各地へと離散した。

当時の状況からして、エルサレムに帰ってくることなどできるはずがない。ましてや、同じユダヤ人たちから裏切り者として後ろ指をさされたエルサレム教団の人々がわざわざ戻ってくるわけがない。

彼らはペラという町で教会を建て、そこで祈りを捧げたのだ。小さな教会であったがため、やがて歴史上から消えていく。まさに、ここだ。イエス・キリスト直系のユダヤ人原始キリスト教徒らが、伝道の先を見出すとすれば東しかない。シルクロードを通って、東方へと進むしかなかった。

古代ローマ帝国の属国であったユダヤの住民、ユダヤ人原始キリスト教徒たちは古代中国、おそらく後漢へとやってきて、ここで秦氏を名乗った。彼らは中原から朝鮮半島へと進み、遊牧民であった柵外の人たち、いわゆる秦人と合流。秦韓と弁韓の建国に関わりながら、4世紀、弓月君に率いられて日本へと渡来してきたのだ。

三位一体説と原始キリスト教

秦氏を甘く見てはいけない。今日でいうクリスチャンだと思ったら、大間違いだ。彼らの思想は特別である。エルサレム教団の思想はアンティオキア教団の流れを汲むカトリックやギリシア正教、ましてやプロテスタントの神学や教義とは根本的に異なる。彼らは公会議には参加していない。

イエスが昇天して時間がたつと、徐々に本来の教えがわからなくなってくる。イエスが語った言葉に対して、いろいろな解釈が生まれる。そこには教義をめぐる派閥が生まれる。教会という組織ができると、人間関係や政治的な配慮や忖度（そんたく）が当然、出てくる。事態を収拾しようと、教会関係者は話し合いで正当教義を決めようとする。全教会の指導者が集まって開かれたのが公会議である。

最初に開かれたのは325年。ニケーア公会議である。議論の結果、アリウス派が異端認定を受けて聖職から追放された。アリウス派はイエスの神性を否定したといわれる。一方、このとき正当教義と決定されたのが、アタナシウス派が唱えた三位一体説だった。以後、今日に至るまで、三位一体説はキリスト教会の重要な教義であり、これを否定する者には、すべて異端の烙印が押される。

しかし、歴史的にユダヤ人原始キリスト教徒であり、かつイエス・キリスト直系の弟子たちであったエルサレム教団は最初の公会議が開かれる以前にペラに移住し、姿を消している。彼らの頭の中には三位一体の思想はなかった。

宗教的にデリケートな問題ではあるが、歴史的な研究が進んだ今日、プリンストン大学のピーター・シェーファー博士らの研究等によって、ようやく原始キリスト教の思想がわかってきたのだ。

三位一体説には致命的な誤りがあった。もっとも問題なのが、「御父なる神」の扱いだ。三位一体説では、御父は『旧約聖書』における創造主、すなわちユダヤ教の絶対神ヤハウェだと解釈する。これが間違っていたのだ。

イエス・キリストは『新約聖書』の中で、2度、自らを「ありてある者」だと称している。日本語に翻訳してしまうとピンとこないかもしれないが、同じ表現が『旧約聖書』にもある。

大預言者モーセが燃える柴を前に、初めて創造神ヤハウェにまみえたときのことだ。モーセがお名前を聞かせてくださいと願いでたところ、創造神は「ありてある者」だと答えている。

この「ありてある者」はヘブライ語で「エヘイェイ・エシェル・エヘイエイ」といい、このうちの「エヘイエイ」の三人称単数形が「ヤハウェ」なのだ。イエスが「ありてある者」だと称したとは、自らを絶対神ヤハウェだと名乗ったことにほかならないのだ。

自分は神だと称することは、まぎれもなく創造神への冒瀆である。ユダヤ教においては、あってはならないこと、死に値するほどの重罪である。ユダヤ教と同じく『旧約聖書』を聖典とするイスラム教にあって、ヤハウェを指すアッラーと自称しようものなら、即刻、死刑判決を受けるようなものだ。

実際、イエスが「ありてある者」だと名乗ったとき、場の雰囲気が凍りついた。周りにいたユダヤ人ユダヤ教徒たちは激怒し、罵声を浴びせて、ついには殺そうとしたのは、まさにそのためだったのである。

ヘブライ語やアラム語を話さないヘレニストたちは、ここを理解できなかった。イエスは三位一体として、創造神ヤハウェとひとつであると述べたのではない。自分こそ、受肉した絶対神ヤハウェだと主張したのだ。ヘブライストであるエルサレム教団はわかっていた。イエス・キリストが創造神ヤハウェ、本人であることを理解していたのだ。

御父エル・エルヨーンと御子ヤハウェ

イエスは「神のひとり子」であるとも称した。「天にまします御父」という表現もしている。イエス・キリストが絶対神ヤハウェであるならば、御父なる神は、いったい何者なのか。天地の創造主たるヤハウェに父親がいたとでもいうのか。そう、いたのである。ヤハウェとは別に、さらに上位の絶対神の存在が『旧約聖書』には記されている。多くの神学者は、これを見誤ってきた。

メソジスト派の牧師で、イギリス旧約聖書学会の会長マーガレット・バーカー博士は著書『ザ・グレート・エンジェル』の中で、ヤハウェは第2位の絶対神であると断言。そのうえで、第1位の絶対神は「エル・エルヨーン」だと主張する。エル・エルヨーンとは「至高神」という意味で、場合によっては「エロヒム」とも呼ばれる。エロヒムは神を意味する「エル」の尊敬複数形であるため、とかく一般名詞として解釈されるが、ここにはヤハウェの上位であるエル・エルヨーンの存在が秘められている。

かつて、預言者エリヤが「バアル」を神と崇める預言者たちと争ったことがある。エリヤはイスラエルの創造神ヤハウェに祈りを捧げ、奇跡を起こしたが、バアルの預言者たちは奇跡を起こすことができなかった。このとき、ヤハウェとバアルの上位の存在としてエル・エルヨー

⬆アブラハムと３人の天使。天使のうち、ひとりは絶対神ヤハウェだ。

ンに言及されているのだ。神話上、バアルの父は「エル」である。エルはヘブライ語で神を意味する。これまで両者は別の言葉だと思われていたが、そうではないとバーカー博士は指摘する。

至高神エル・エルヨーンの息子として創造神ヤハウェがおり、同時にバアルもいる。ヤハウェはイスラエル民族の守護天使であり、バアルはカナン人やフェニキア人の守護天使であった。民族の守護天使であるがゆえ、それぞれ絶対神と見なされたのだ。

これを裏づけるのが預言者アブラハムの故事である。あるとき、アブラハムの前に旅人が現れた。『旧約聖書』には旅人は３人いたとある。彼らは天使であったとされる一方、主なる神だったとも記されている。

それゆえ神学では三位一体の象徴ともいわれるが、そうではない。３人の天使のうち、ひとりは絶対神ヤハウェだったのだ。ヤハウェは天使長であり、配下にふたりの天使を従えていたのだ。ふたりの天使は、その後、絶対神ヤハウェの指示のもと、罪人であふれるソドムとゴモラの町を滅ぼした。

ヤハウェがイスラエル人の守護天使であり、天使長であったことは、のちにキリスト教の異端とされる「グノーシス主義」に影響を与えた。グノーシス主義では天地を創造した絶対神ヤハウェは物質界を創った愚かな神「ヤルダバオート：デミウルゴス」だと位置づける。肉体という物質に閉じ込められた霊を救済するために、この世にイエス・キリストを遣わしたのは、至高神「アイオーン」だったと説く。至高神アイオーンより下位のヤルダバオートは天使のひとりと見なされている。

本来、ユダヤ教にあった至高神エル・エルヨーンと第2位の創造神ヤハウェの教義を復元しようとしたのがイエス・キリストなのだ。このことをイエス直系の弟子たちから成るエルサレム教団は知っていたのである。少なくとも、絶対神ヤハウェを御父だとは考えていなかった。

聖霊神コクマー

ユダヤ教は唯一神教である。絶対神ヤハウェを唯一神として崇拝し、それ以外の神の存在を認めない。今日のキリスト教も三位一体という教義のもと、唯一絶対神という概念を放棄していない。続くイスラム教も創造主ヤハウェを唯一神アッラーという名前で信仰している。

創造神ヤハウェと至高神エル・エルヨーンが別々の神々ならば、どうして『旧約聖書』を聖典とする三大宗教は唯一神教なのか。これには深いわけがある。ユダヤ人たちは一度、大きな宗教改革を行っているのだ。紀元前7世紀、南ユダ王国「ヨシヤ」王の時代、エルサレム神殿にあった偶像を一掃したことがある。このときユダヤ教の教義について大きな見直しが行われ、それまであった至高神エル・エルヨーンの概念が失われてしまったのだと、バーカー博士は指摘する。

混乱を避けるために、本書では、ヨシヤ王の宗教改革以前のユダヤ教を「イスラエル教」と呼ぶことにしよう。イスラエル教には、至高神エル・エルヨーンのほかに、かつては第3位の神もあった。ヘブライ語で知恵を意味する「コクマー」だ。グノーシス主義でいう「ソフィア」であり、キリスト教の「聖霊：ルーハ」に相当する。聖霊神コクマーは女性名詞であるため、カトリックでは聖母マリア信仰を生みだすことになる。イスラム教の『コーラン』でキリスト教の三位一体を「御父と御子と御母」だと表現している理由は、ここにある。

母なる神の概念は古代のユダヤ教にもあり、これを象徴するのが「アシェラ像」だった。アシェラとはカナンの女神で、至高神エルの妻にしてバアルの母である。エルをエル・エルヨーン、バアルをヤハウェ＝イエス・キリストに置き換えれば、アシェラは聖母マリアに相当する

↑絶対神ヤハウェを唯一神とする宗教改革を行ったヨシヤ王。

ことからわかるように、イスラエル教における聖霊神コクマーの象徴である。今もエルサレム神殿を発掘すると、たくさんのアシェラ像が出てくる。

なぜ異教の神であるアシェラの像がユダヤ教の聖なる場所にあるのか。その理由は宗教改革以前のイスラエル教が唯一神教ではなく、三神教だったからなのである。

ユダヤ教神秘主義カッバーラ

ヨシヤ王の宗教改革によって、イスラエル教は創造神ヤハウェを唯一神とするユダヤ教に変貌した。宗教改革当時は絶対三神の存在を知っていたユダヤ人も多かったが、間もなく、ユダヤ人たちの運命を変える大きな出来事が起こる。紀元前586年、南朝ユダ王国が新バビロニア王国によって滅ぼされ、ユダヤ人たちが遠い異国の地へと連行されてしまうのだ。世にいう「バビロン捕囚」である。

捕囚されたユダヤ人たちは異国の中にあって、自分たちのアイデンティティを保つために、唯一神ヤハウェへの信仰を強くした。捕囚されたのは、神の教えに背いたからだという意識が強いドグマを生みだし、これがユダヤ教を唯一神教へと昇華させていく。あまりのことに、捕囚した側のカルデア人たちも影響を受けて、一時、彼らが信仰する「マルドゥク」が唯一神化したこともある。

かくして、アケメネス朝ペルシアによって新バビロニア王国が滅ぼされ、前538年に解放されるまで、約50年間にわたってユダヤ人たちが捕囚された結果、ついにはイスラエル教を忘れてしまったのである。

ユダヤ教の律法『トーラー』のひとつ「創世記」がいつ成立したのかについては議論が分かれるが、一説にイスラエル教からユダヤ教へと変貌し、三神教が唯一神教になった歴史が反映されているとされるのがシナイ山でモーセが創造神ヤハウェから授かった「十戒」である。

十戒は石板に記されていたが、これには2種類あった。最初に授かった「原十戒石板」は創造神ヤハウェ自身が言葉を刻み込んだ。原十戒石板を手にしてシナイ山を下りてきたとき、モーセを待っていたイスラエル人たちは「黄金の子牛像：アモン」を祀って大騒ぎしていた。これに怒ったモーセは原十戒石板を叩きつけて破壊してしまう。

偶像崇拝に走った者たちを粛清したモーセは再びシナイ山に登る。改めて十戒を授かるのだが、そのとき石板を作ったのは創造神ヤハウェではなく、モーセ自身だった。書かれていた内容も異なっていた。というのも、原十戒石板は表裏、両方に文字が刻まれていたが、次の「十戒石板」は表にしか文字がなかった。

裏には、いったい何が書かれていたのか。十戒には、唯一の創造主であるヤハウェ以外に神はなく偶像を拝んではならないとある。はたして、同様のことが原十戒石板に書かれていたかはわからない。むしろ、ここには絶対神は3人いることが明示されていたのではないだろうか。

授けられた十戒石板は、のちに「契約の聖櫃アーク」に保管される。契約の聖櫃アークには、ほかに「マナの壺」と「アロンの杖」が納められた。契約の聖櫃アークは唯一神を象徴し、十戒石板とマナの壺とアロンの杖、いうなれば「ユダヤ三種神器」は絶対三神を意味しているのではないか。表向きは唯一神教だが、その裏は三神教である。言葉を換えれば、顕教はユダヤ教だが、密教はイスラエル教というわけだ。

この密教であるイスラエル教は今日、ユダヤ教神秘主義「カッバーラ：カバラ」とも呼ばれている。カッバーラというと、とかく西洋魔術の思想と思われがちだが、原始キリスト教における重要な教義であったといっても過言ではない。カッバーラの奥義は「生命の樹」という図形で象徴されるのだが、中心にあるのは三本柱である。日本の神道と同様、柱は神の象徴であり、イスラエル教の絶対三神を象徴しているのである。

「均衡柱：御父：至高神：エル・エルヨーン＝エロヒム」
「慈悲柱：御子：創造神：ヤハウェ＝イエス・キリスト」
「峻厳柱：聖霊：聖霊神：コクマー＝ルーハ」

唯一神教となっていたユダヤ教を三神教であるイスラエル教に復元しようとしたのがイエス・キリストだった。イエスは密教であるカッバーラを開示し、その奥義を白日の下にさらした。当然、保守的なユダヤ人ユダヤ教徒の怒りを買い、最終的に十字架刑に処せられるが、3日目には復活。自らカッバーラの奥義を体現したあと、天へと昇っていった。

だが、ヘレニストを中心とするアンティオキア教団においては、カッバーラはあくまでも密教であり、ともすれば異端扱いされた。公会議によって、三位一体説が正当教義とされるに及び、ついにはイスラエル教は消滅し、新たな「キリスト教という宗教」が誕生した。ここからカトリックやギリシア正教、そしてプロテスタントが派生して、今日に至っている。

一方、イエスの12使徒らはエルサレム教団を組織し、復元されたイスラエル教をもとにカッバーラの教義を広めていったのだが、あくまでも対象はユダヤ人だった。民族に根差したイスラエル教であるがゆえ、異邦人たちへの伝道にはあまり積極的ではなかった。そこへ第1次ユダヤ戦争が勃発したためペラへと移住し、やがて歴史上から消えていく。

こうしてイスラエル教はあえなく消滅してしまうのだが、それはあくまでも中東地域においてのこと。地中海沿岸はアンティオキア教団の領域ゆえ、ヨーロッパやアフリカにはそもそも残らなかったが、アジアは違った。聖地エルサレムから東方には、悠久のシルクロードが延びていた。

カッバーラを手にしたユダヤ人原始キリスト教徒たちは、はるかパレスチナの地から、はるばる大陸を横断し、ついには日本へとやってきた。秦氏と名乗ったエルサレム教団の末裔たちは、古代日本にカッバーラの奥義を伝え、イスラエル教の復興を目指すことになるのである。

秦神道と造化三神

秦氏は日本に渡来してくると、積極的に神社を創建している。ふつう渡来人は仏教を広めるものだが、秦氏は違った。日本人独自の宗教ともいえる神道を積極的に報じているのである。神道は八百万の神々を崇拝する多神教である。ここに秦氏は深く傾倒した。

なぜか。その理由がカッバーラである。カッバーラでは、森羅万象、すべてを創造したのは

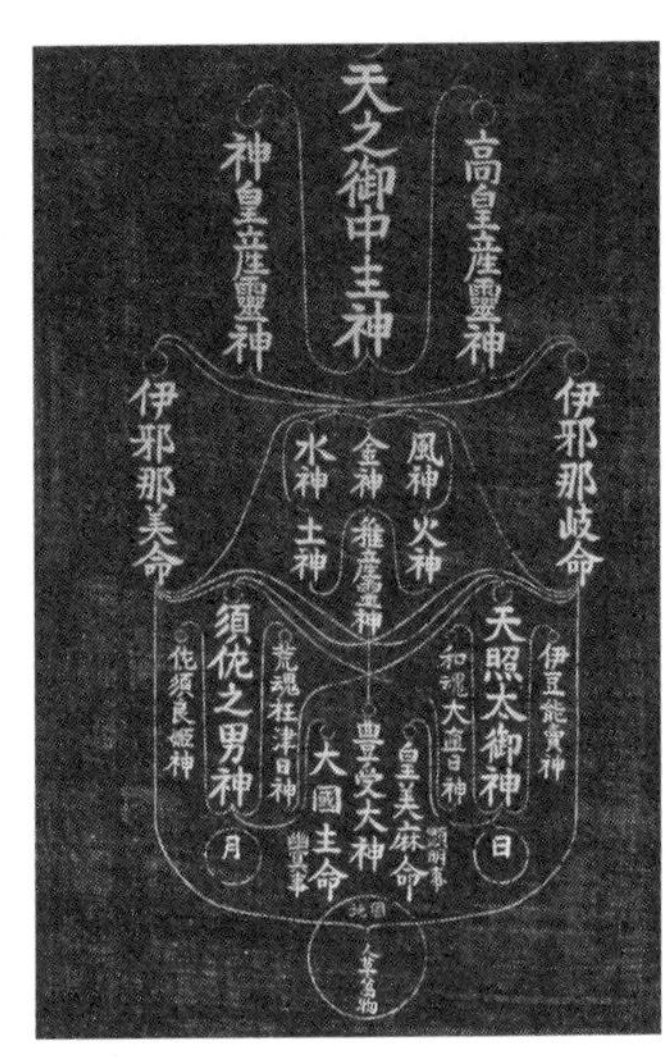

⬆神道の神々の系図。天地開闢のときに最初に出現したのは「造化三神」である。造化三神はキリスト教の絶対三神に対応する。

絶対神であると説く。絶対神を表現するとき、全能の神といった抽象的な表現のみならず、山の神や海の神とも形容する。意外かもしれないが、こうした名称は『旧約聖書』の各所に見られる。いわば絶対神を表現する異称をあえて独立した別の神々に見立て、神話というストーリーを展開すれば、もはや八百万の神々の誕生だ。

純粋に一神教の教義を徹底しては、どうしても争いが生じる。今日のユダヤ人とムスリムの対立を見るまでもなく、一神教を信じる人々や国々は宗教が原因で戦争にまで発展させてしまう。人間の独善性を見越したうえで、あえて自覚しないままに原始キリスト教の教義を人々に伝え、そして未来にまで受け継がせるためには、どうしたらいいのか。

秦氏はカッバーラという神秘主義の呪術をもって、国仕掛けを行った。彼らは記紀神話を通じて、日本神話の体系整備をはかった。表向き八百万の多神教を崇めているように見えても、その実、いつの間にか絶対神を崇拝するような仕掛けをほどこしたのだ。あえて名づけるなら「秦神道」である。

たとえば、神道の神々には人間と同様、系図がある。祖神をたどっていくと、最終的に原初の神々に行きつく。『古事記』でいえば「造化三神」であり、『日本書紀』なら「元初三神」だ。造化三神をもって原始キリスト教の絶対三神に対応させれば、こうだ。

「天之御中主神（あめのみなかぬしのかみ）：御父：至高神：エル・エルヨーン＝エロヒム」
「高御産巣日神（たかみむすびのかみ）：御子：創造神：ヤハウェ＝イエス・キリスト」
「神産巣日神（かみむすびのかみ）：聖霊：聖霊神：コクマー＝ルーハ」

造化三神は原始キリスト教でいう絶対三神「御父と御子と聖霊」なのである。秦氏が仕組んだ秦神道とは、表の顕教は多神教だが、裏の密教では三神教なのである。佐伯博士は秦氏がユダヤ人であることを見抜き、ついには原始キリスト教徒であるところまで突き止めたが、志半ばでお亡くなりになった。残念ながら、造化三神と絶対三神の関係にまでは言及していない。

先述したように、蚕の社の案内板には三柱鳥居について、景教の遺物ではないかと書かれているが、それは半分正しく、半分間違っている。おそらく佐伯博士はカッバーラをご存じなか

↑大神教本院にある三柱鳥居。この三柱鳥居は造化三神を象徴しているという。

ったのかもしれない。三柱鳥居をキリスト教の正当教義である三位一体をもって解明しようとしたが、そこまでだった。

確かに、三柱鳥居はイエス・キリストが語る「御父と御子と聖霊」を象徴したものではあったが、三位一体を表現したものではなかった。あえていうなら三柱鳥居はカッバーラの奥義「生命の樹」を立体的に表現した依代（よりしろ）だったのだ。

そうした中、三柱鳥居は造化三神を象徴したものであると、かねてから全面に掲げている神社がある。奈良の大神（おおみわ）神社である。ここには三柱鳥居と似た三輪鳥居がある。もっとも、三柱鳥居について言及しているのは、正確にいうと、明治期に神仏分離令のもと、大神神社から独立した「大神教本院」だ。大三輪神祠と称した境内には、堂々と三柱鳥居が建っている。

案内書によると、ここの三柱鳥居は「ムスビ鳥居」や「ヒフミ鳥居」と呼ばれ、宇宙の元霊神の3つの神理に参入する特殊な鳥居だという。3つの神理へ至る宇宙の元霊神とは造化三神のことである。三柱鳥居に参詣することは、造化三神の三位一体の深刻なる神理を感得し、尊いご神縁に結ばれるというのだ。

三位一体という言葉を使ってはいるが、もちろんキリスト教でいう正当教義を意味しているわけではない。あくまでも神道の造化三神の真理を語っているのだが、秦氏の仕掛けたカッバーラをいみじくも代弁しているといっていいだろう。ともすれば、絶対神から導きを受けた預言者が関係者にいるのではないかと思ってしまうぐらいだ。

陰陽道と迦波羅

秦氏がユダヤ人原始キリスト教徒であり、ユダ教神秘主義カッバーラの担い手であったことを示す重要な証拠が陰陽道である。一般に、陰陽道は道教をベースに、仏教や儒教などが習合した一種の混淆宗教だと評される。中国の陰陽家がもとだといわれるが、あくまでも日本で独自に発展した宗教である。神道の祭礼や儀式は、すべからく陰陽道のしきたりに則っているといっても過言ではない。

陰陽という言葉からわかるように、陰陽道は森羅万象をすべて陰と陽で説明する。光と闇、

表と裏、上と下、男と女など、徹底した二元論である。当然ながら、陰陽道そのものにも、陰と陽がある。表の陰陽道に対して、裏は「迦波羅（かばら）」という。漢字表記としては「迦波羅」や「迦婆羅」などがある。

仏教の経典では頭蓋骨の意味で使われることもある。サンスクリット語で迦婆羅はカパーラといい、髑髏（どくろ）を意味する。ヒンドゥー教のタントラやチベット密教などでは、髑髏の頂部を切って杯にすることもある。カパーラは杯や皿、そして瓦の意味でもある。禅宗の托鉢のように、皿や鉢は神聖なる器である。食べ物などの施し以上に、世の真理をいただくという意味がある。これは、そのままカッバーラなのだ。ヘブライ語でカッバーラとは受け取るという意味であり、現在では領収書の意味で使われる言葉なのだ。

カッバーラが西洋において魔術であるように、陰陽道も呪術である。陰陽道における積極的な呪術が迦波羅だといってもいい。いずれも、表は人々の幸せを願う祝福の呪術であるが、裏は真逆だ。神道の儀式で行われる陰陽道は「右道」だが、相手を呪う迦波羅は「左道」とされる。まさに禁断の呪術だ。

呪いの極致は呪殺である。相手の死を願って行う呪術に「呪いの藁人形」がある。殺したい相手に見立てた藁人形を用意し、これを深夜、神社の御神木に五寸釘で打ちつける。儀式を行うためには、頭にろうそくを3本立てた五徳を乗せ、首からは鏡を提げる。一本歯下駄をはい

⬆「呪いの藁人形」の呪術を描いた絵。藁人形はイエス・キリストを象徴している。丑三つ時の「丑」には牛頭王王の意味も込められている。

て、深夜、丑三つ時にひとりで行う。その間、だれにも見られてはいけない。藁人形の中には爪や髪など相手の体の一部を入れたり、写真を貼ったりする。実におぞましい光景だが、現代でも人知れず行っている人もいる。

実は、この呪いの藁人形こそ、左道としての迦波羅である。藁人形の「藁」という文字に注目してほしい。分解すると「艸＋高＋木」だ。このうち「高＋木」は記紀神話でいう「高木神(たかぎのかみ)」を意味する。高木神とは造化三神のひとり高御産巣日神のことである。藁という字は高御産巣日神が艸冠をいただいている姿を表している。

先ほど示したように、造化三神を絶対三神に対応させれば、高御産巣日神はイエス・キリストである。イエスは全人類の罪を背負って十字架にかかった。このとき、頭には荊の冠をかぶっていた。そう、藁人形とは荊の冠をしたイエス・キリストのことを象徴しているのである。

藁人形を神社の御神木に打ちつけるとは、まさにイエス・キリストを十字架に磔にすることにほかならない。十字架刑の際、イエスの体は両手に2本と組んだ両足首に1本、合計3本の釘が打たれたが、藁人形の所作でも五寸釘は3本。人形の形も大の字ではなく、十字の形にするしきたりになっている。

すべてはカッバーラである。頭に掲げた3本のろうそくが象徴しているのは絶対三神である。五徳は、三柱鳥居のように「生命の樹」だ。そして、もっとも重要なのが首から提げた鏡であ

⬆『山城国風土記』に祭神が天照高弥牟須比命と記されている水度神社。

る。鏡は呪いを跳ね返すという意味で、呪術では必須アイテムだが、神道では拝殿に安置される祭具である。中でも「三種神器」のひとつ「八咫鏡」は天照大神の象徴とされる。

仮に榊に打ちつけられた藁人形が十字架に磔になったイエス・キリストなら、胸元に吊るされた鏡に映っているのも、同じイエス・キリストである。しかも、鏡は天照大神である。そこで、あえて天照大神の中に十字架に磔になったイエス・キリストの姿が映っていると表現したら、どうだろう。答えは、ひとつしかない。

プロローグでも紹介したが、『山城国風土記』は京都の水度神社の祭神を「天照高弥牟須比命」と記している。「天照」は天照大神、「高弥牟須比」は高御産巣日神のこと。いみ

じくも、両者は同一神だと暗示しているのだ。ということは、だ。カッバーラにおいて、神道の最高神である天照大神はイエス・キリストだったことになるのだ。

天岩戸開き神話

三種神器のひとつ、八咫鏡は日輪を意味し、天照大神の象徴である。八咫鏡を天照大神と置き換えて記紀神話を分析すると、実に興味深い事実が浮かび上がってくる。中でも天照大神を神道の最高神たらしめているのが「天岩戸開き神話」である。

事の発端は弟スサノオ命との再会にあった。長らく会っていない姉、天照大神のもとにスサノオ命が訪ねてきた。乱暴者のスサノオ命が高天原（たかまがはら）に昇ってきたのだ。天照大神は高天原を奪いにきた

➡天岩戸開き神話を描いた絵。スサノオ命の乱暴狼藉に怒り、天岩屋に閉じこもってしまった天照大神（あまてらすおおみかみ）を神々が外へ連れだす場面。

のではないかと疑い、武装して対峙するも、神聖なる誓約の結果、スサノオ命に邪心はないと判断され、滞在を許される。

しかし、誓約とは裏腹にスサノオ命の乱暴狼藉が始まる。当初、天照大神は弟の弁護をしていたが、事態は悪化するばかり。機織りをしていた稚（わか）日女尊（ひるめのみこと）がスサノオ命が投げ込んだ馬のせいで死亡し、かつ天照大神も怪我をしたことで、ついに堪忍袋の緒が切れた。

激怒した天照大神はひとり、天岩屋に隠れてしまった。太陽神が姿を消したことで地上は闇に包まれ、魑魅魍魎が現れた。人々は嘆き苦しみ、神々も事態に困惑し、高天原は混乱に陥った。

事態を収拾すべく、神々は天の安河（あめのやすかわ）に集い、ひとつの策を講じる。天岩屋の前で宴会を開き、天照大神の気を引こうというのだ。さっそく、会場には大きな賢木が立てられ、そこに八咫鏡を吊るした。

祭壇では天太玉命が鹿卜をし、天児屋根命が祝詞を奏上。常世の長鳴鳥を鳴かせた。徐々に熱気を帯びてくると、天鈿女命が裸踊りをしはじめた。これには神々も大いに盛り上がり、歓声が響き渡った。

外の様子がおかしい。地上は暗闇なのに、どうして神々は楽しそうにしているのだろう。気になった天照大神は天岩戸を少しだけ開いた。

そこへ天鈿女命がひと芝居打つ。あなた様より尊い神様が現れたので、みな喜んでおるのです。そういうと、天鈿女命は八咫鏡を差しだした。言葉を信じた天照大神は八咫鏡に映った自分の姿を見て、一瞬、ひるんだ。

すかさず、天手力男神が天岩戸をこじ開け、天照大神を天岩屋の外へと連れだす。タイミングを見計らって、天太玉命と天児屋根命が入り口に注連縄を張ると、もう二度と天岩屋にお隠れにならないようにと、天照大神に申し上げた。

かくして、再び地上に光があふれ、平和が戻った。

スサノオ命は事件の責任を問われ、賠償とともに髭を切り、爪を剥がされる罰を受けて、高天原を追放される。放浪の旅に出たスサノオ命の物語は「蘇民将来伝承」として語り継がれている。

天照大神＝イエス・キリスト

秦氏が『古事記』編纂に関わっていることは、歴史学者の大和岩雄氏が指摘している。もちろん『日本書紀』も、しかり。天岩戸開き神話は秦氏が伝承してきたといっても過言ではない。なぜなら、天岩戸開き神話はイエス・キリストの死と復活を多神教世界の話として描いたものにほかならないからだ。

まず、天照大神は太陽神である。イエス・キリストは『旧約聖書』において「義の太陽」と預言されたメシアである。『新約聖書』では「世の光」とも記されている。

天岩屋に隠れたとは、天照大神が死んだことを意味する。日本では古来、高貴な方が亡くなることを「お隠れになる」と表現する。天岩戸開き神話でも、死人が出ている。死んだ稚日女尊は太陽神であり、天照大神の分身だといっていい。稚日女尊と同様、機織りをしているとき、天照大神自身も怪我をしていることからもわかる。

天岩屋とは古代の横穴式古墳である。天照大神は死んで、その遺体は岩の扉がついた墓に埋葬されたのである。イエス・キリストも死んで、岩の扉がついた横穴式の墓に遺体が葬られた。イエスが死んだことは、彼を慕うユダヤ人原始キリスト教徒たちにとって大いなる悲しみであった。

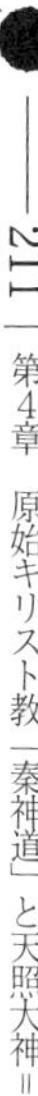

さて、ここで改めて注目したいのが八咫鏡である。八咫鏡は天照大神の象徴である。これもまた、天照大神の分身と見なせる。実際、天照大神は天岩戸の隙間から差しだされた八咫鏡に自身の姿を映している。

しかも、このとき天照大神は映っているのが自分だと気づいていない。天鈿女命も、別の尊い神が現れたと口にしている。

ご存じのように、鏡に映る姿は左右が反転している。このくだりは鏡像反転をもって、本当の天照大神を暗示しているのだ。反転したのは性別である。天照大神は女神だとされるが、本当の天照大神は男神であることを密かに示しているのだ。もちろん、イエス・キリストは男性である。

祭礼の最中、八咫鏡は賢木に吊るされた。賢木とは、神道祭祀で使用される榊のことである。御神木といっていいだろう。御神木に八咫鏡が吊るされたとは、天照大神が架けられたことに等しい。

そう、これは十字架に磔になったイエス・キリストである。十字架も木製だった。『新約聖書』にはイエスが木に架けられたという表現もある。

呪いの藁人形と同様、御神木は十字架であり、もっといえばカッバーラの「生命の樹」なのである。

⬆復活したイエス・キリスト。天岩戸開き神話はイエスの死と復活をなぞらえている。

天照大神の復活

天照大神が天岩屋に隠れたとき、地上は闇に覆われた。イエス・キリストが十字架に磔となったとき、昼間なのに太陽の光が消えて、地上が暗闇となった。天岩戸開き神話では魑魅魍魎が現れたが、エルサレムでは多くの死人が蘇った。

天岩屋の前には賢木のほか、常世の長鳴鳥が集められた。常世の長鳴鳥とは鶏のことである。朝一番に鳴き声をあげる鶏は太陽を呼ぶ鳥であると考えられた。天岩屋に籠った天照大神という太陽を呼ぶという儀式だ。

意外ではあるが、イエスの死においても、鶏が登場する。最後の晩餐での出来事だ。忠誠を誓う使徒ペトロに対して、イエスは鶏が鳴く前に自分を裏切るだろうと予言する。事実、ローマ兵による逮捕を目にしたペトロは恐れ、イエスを知らないと偽証する。このとき鶏が鳴いたと『新約聖書』にはある。今でも、この故事にちなんだ鶏鳴教会がエルサレムに建っている。これが常世の長鳴鳥である。

裸踊りをした天鈿女命はマグダラのマリアである。マグダラのマリアは娼婦であったという説もある。裸踊りには娼婦のイメージが仮託されている。実際のマグダラのマリアは娼婦ではなく、イエスの妻だった。『新約聖書外典』にけ、それを裏づける記述がいくつかある。

天鈿女命は天岩屋に籠った天照大神の姿を見た最初の神である。墓に葬られて3日目の朝、最初に復活したイエス・キリストと会ったのはマグダラのマリアだった。彼女がイエスの妻であったなら、それも納得がいく。ずっと墓の近くで喪に服していたイエスの未亡人だったわけであるからだ。

天照大神が天岩屋から出てくる際、3人の神々が関与している。天岩戸をこじ開けた天手力男神と注連縄を張った天太玉命と天児屋根命である。イエス・キリストが復活する際、埋葬された墓の上に天からひとりの天使が降臨する。番兵が見張る中、天使は墓の扉を開けた。これが天手力男神である。

さらに朝になって弟子たちが墓の前に来たとき、すでに扉は開いていた。中に入ると、そこにイエス・キリストの遺体はなかった。代わりに、遺体を包んだ布が置いてあり、そばにふたりの天使がいた。天使たちは弟子たちにイエス・キリストは復活し、ここにはいないと告げた。復活を宣言したふたりの天使は、注連縄を張った天太玉命と天児屋根命である。

天岩屋の入り口に注連縄を張り、もう二度と入らないでくださいと述べたふたりの神々は、天照大神がもう二度と死なない体になったことを意味する。まさに、不死不滅の復活体となったイエス・キリストだ。かくして、天岩屋から出てきた天照大神は再び高天原に戻られた。復活したイエス・キリストも、40日後、弟子たちが見守る中、天に昇っていったのである。

⬆神武東征の際、神武天皇を導いた金鵄。弓矢の先に止まっているこの金鵄は三本足の八咫烏だ。

天孫降臨とイエス・キリスト降臨

八咫鏡にまつわる神話で、もうひとつ重要なのが天孫降臨である。天照大神は息子である天忍穂耳命の息子、すなわち孫であるニニギ命を地上に降臨させた。その際、八咫鏡を持たせている。八咫鏡は天照大神の御魂であり、天照大神を拝むように祀れと、ニニギ命に語っている。御魂とあるように、八咫鏡は天照大神の分身である。

天孫降臨神話には8世紀の大和朝廷の政治が反映しているといわれる。天照大神は女性である持統天皇であり、天忍穂耳命が草壁皇子、そしてニニギ命が軽皇子に相当する。息子である草

壁皇子が皇位を継ぐことなく亡くなったので、やむなく孫の軽皇子が即位して文武天皇になったことが神話として描かれている。その証拠に持統天皇の諡号は「高天原広野姫天皇」といい、高天原の支配者を意味する。孫に皇位を継承する前例が神話にあれば、正当化できるのが狙いだという。

　逆に、政治的な背景を除去すれば、天孫降臨神話の本質は八咫鏡が地上に降ろされたことに本質がある。しかも、八咫鏡は天照大神の分身である。となれば、降臨したのは天照大神だということになる。しかも、天照大神は天岩戸開きを経て死から蘇っている。いい換えれば、この日本に復活したイエス・キリストが降臨したことになるのだ。

　では、どこに降臨したのか。天孫降臨神話にあるように九州の高千穂、久士布流多気なのか。しばしば日本の神々は山に降臨する。スサノオ命も降臨したのはソシモリという山だった。こうした降臨神話は朝鮮にもあり、伽耶の始祖降臨神話では首露王が亀旨峰に天下っている。亀旨峰はクジホンといい、久士布流多気のクシフルに音韻が近い。そのため、天孫降臨神話のモデルではないかという説が根強い。

ならば、あくまでも神話ということで山にこだわらなければ、どこか。記紀神話では、ニニギ命は日向に宮を構え、そこで3代続いて、初代・神武（じんむ）天皇が生まれる。神武天皇は九州を立ち、瀬戸内海を通って近畿へやってくる。神武東征である。このとき神武天皇は軍勢のほか、大切な八咫鏡も持参している。

畿内に入った神武天皇は、そこで長髄彦（ながすねひこ）の軍勢と戦闘状態になる。苦戦を強いられ、紀伊半島を迂回して大和に入るも、一進一退を繰り返す。最後の最後、奇跡が起こる。突如、天空から光り輝く「金鵄（きんし）」が降臨し、神武天皇の弓矢の先に止まった。奇瑞に恐れをなした長髄彦らは戦意を喪失。戦いは神武天皇の圧倒的な勝利で終わった。こうして神武天皇は携えてきた八咫鏡を祀り、ここに大和朝廷を開くことになる。

天から降臨してきた金鵄は「金鴉」とも表記される。「鴉」はカラスであり、「烏」を意味する。金鵄は金鴉であり、金烏（きんう）なのだ。金烏とくれば、もうおわかりだろう。八咫烏（やたがらす）である。太陽の中に棲む三本足の烏だ。

八咫烏は太陽の象徴であり、天照大神の遣いだ。八咫烏もまた、天照大神の分身だと考えれば、イエス・キリストが降臨したのは、まさにここだ。戦いの最中、神武天皇の前に天から突如、復活したイエス・キリストが降臨したのである!!

大嘗祭とイエス・キリスト

イエス・キリストの降臨によって、神武天皇は戦いに勝利した。イエスの祝福を受けて、神武天皇は大和の鳥見山にある「鳥見の霊時」に祭壇を築き、八咫鏡を祀って天皇即位の儀式を行った。これが最初の「大嘗祭」である。

大嘗祭とは天皇即位の儀式にあって、もっとも重要な儀式である。大嘗祭を行わずに即位した天皇は「半帝」と呼ばれるほどだ。大嘗祭は神道の最高神である天照大神によって新たなる天皇として聖別される儀式だ。

儀式を行うにあたって、「大嘗宮」が造られる。大嘗宮には天照大神を祀る「悠紀殿」と「主基殿」がある。両方の部屋で、まったく同じ儀式を執り行う。深夜、禊を終えた天皇は部屋に入ると、そこに用意された祭壇を前に厳かに食事をする。天照大神と食事を共にすることが大嘗祭のもっとも重要な儀式となる。

悠紀殿、主基殿ともに、部屋には寝床が敷かれており、その脇に籠に入った「麁服」と「繒服」が供えられている。麁服は大麻で織られた布で、繒服は絹で織られた布である。大嘗祭の儀式において、これらは一切使用されることはない。あくまでも、そこに置かれていることが重要なのだという。

⬆イエスと12使徒との最後の晩餐。以後、行われるようになった聖餐式は大嘗祭（だいじょうさい）においても行われている。

しかし、かつては違う。本来、部屋に入った天皇は寝床に横になった。寝床に入ることによって、天照大神の御魂を宿した。民俗学者の折口信夫は、この寝床を天孫ニニギ命が地上に降臨する際にくるまっていた「真床追衾（まとこおうふすま）」ではないかと考えた。真床追衾に身を包むことによって、ニニギ命に与えられた地上支配の王権を継承する。代々継承されてきた「天皇霊」を宿すことにより、天皇は「現人神」になるという。

現在では否定的に語られる真床追衾説だが、天照大神がイエス・キリストのことだとすれば、まったく違う光景が見えてくる。深夜、天照大神と食事をするということは、だ。イエス・キリストとの晩餐である。晩餐といっても、ただの食事ではない。聖なる儀式としての晩餐、いわゆる「聖餐式：ミサ」である。

キリスト教の教会で行われるミサは「最後の晩餐」を再現している。十字架に磔になる前夜、イエスは12使徒をはじめとする弟子たちと「過越祭」の儀式を行った。過越祭では子羊を生贄の犠牲とし、その肉と血を食した。犠牲の子羊になぞらえて、イエスはパンを自らの肉であり、ワインを自らの血であると表現。以後、イエスが神の子羊として犠牲になったことを忘れぬよう、弟子たちに聖餐式を行うように命じた。聖餐式はイエスとの聖なる契約でもあるのだ。

大嘗祭において聖餐式を行った天皇は、その後、寝床に横になる。横になるとは、死を意味する。寝床に横になった天皇は、墓の中に埋葬されたイエス・キリストだ。イエスは埋葬されるとき、二つ折りにした長い亜麻布に挟まれ、顔には布が置かれた。いずれも聖遺物として知られる「聖骸布（せいがいふ）」と「スダリオン」である。

これらが麁服と繒服の正体である。大嘗祭においては、いっさい使用されず、安置されるだけとされるが、本来は、寝床に横になった天皇の体を麁服で挟み、繒服で顔を覆った。まさに遺体となったイエス・キリストを身をもって再現したのだ。

この状態で起き上がれば、そのままイエス・キリストの復活である。死と復活を疑似体験することによって、天皇は現人神となった。その身に天照大神の御魂である天皇霊を宿すとは、イエス・キリストの御魂を宿すことにほかならない。もっと正確にいえば、大嘗祭の秘儀を通じて、天皇は聖霊神ルーハを身に降ろす。聖霊神に満たされれば、天界の扉が開く。そこには復活した創造神イエス・キリストと至高神エル・エルヨーンも臨在し、その姿を目にすることができる。大嘗宮には絶対三神が立ち並び、見えない三柱鳥居が形成されるのである。

失われたイスラエルの羊

歴史の表にはほとんど姿を現さない秦氏であるが、彼らは日本の神道を次々に塗りかえてきた。カッバーラの呪術を巧みに使いながら、さまざまな儀式を整備し、多くの祭礼を執り行ってきた。何気なく行っている神道の神事や行事も、すべては陰陽道に則っている。演奏される雅楽や儀礼で演じられる伎楽も、しかり。だれもがまったく気づいていないが、日本は世界で唯一の原始キリスト教国家なのである。

なぜ、エルサレム教団は聖地エルサレムを離れて、ヨルダン河東岸のペラに移住し、さらにシルクロードを通って、この日本列島にまでやってきたのか。その理由は、たったひとつ。預言である。神の啓示があったからだ。

かつて、イエス・キリストは12使徒を伝道に派遣するにあたって「イスラエルの家の失われた羊」のところへ行くように指示している。異邦人やサマリア人のところには行かなくていいという。自身も「イスラエルの家の失われた羊」以外の者には遣わされていないと述べているのである。

多くのクリスチャンは、このイスラエルの羊を霊的な意味で解釈する。肉のユダヤ人やイスラエル人ではなく、霊的なユダヤ人やイスラエル人を意味している。早い話が悔い改めたクリスチャン、あるいは求道者のことを意味しており、けっして民族としてのユダヤ人やイスラエル人を意味しているのではないというのだ。

しかし『旧約聖書』を通じて「失われた羊」は、常にイスラエル人を意味した。『新約聖書』でも「神の子羊」と呼ばれたイエスも、れっきとしたユダヤ人である。素直に読めば、イエスのいう「イスラエルの家の失われた羊」とは、パレスチナ地方以外、全世界に散った全イスラエル人を意味しているとしか考えられない。

イエスは、こうもいっている。自分には、この囲いに入っていないほかの羊もいる。それらの羊をも導かねばならない、と。

これを念頭に、イエスが語った有名な「迷える子羊」のたとえ話を考えてみよう。飼っていた１００頭の羊のうちの１頭が群れからはぐれてしまった。これを知った羊飼いは、99頭の羊を残し、迷える羊を捜す。よき羊飼いなら、そうするはずだと、イエスは述べている。ここでいう迷える羊は苦悩する人々、すべてを意味する。けっしてユダヤ人やイスラエル人だけに限定されるものではないというのがキリスト教の常識である。

しかし、それは顕教である。密教では、そうではない。カッバーラから見れば、多義的な意味で語っているが、あくまでも真意は「失われたイスラエル人」のことだ。世界中に散って、もはやイスラエル人という自覚をなくしてしまった者、その末裔たちを意味しているのである。

だからこそ、イエス・キリストは、この言葉を成就せんがため、この日本列島に降臨したのである。したがって、神武天皇の前にイエス・キリストが降臨したということは、だ。神武天皇自身、イスラエル人の末裔だったことを意味する。

記紀によれば、秦氏が日本に渡来してきたのは、第15代・応神(おうじん)天皇の時代である。それよりも、はるか前の神武天皇がイスラエル人ならば、秦氏がやってきた目的も理解できる。イエスによって「イスラエルの家の失われた羊」のもとへ行けという使命を帯びて、ユダヤ人原始キリスト教徒たちはやってきた。彼らは日本列島に失われたイスラエル人たちが住んでいたことを知っていたのである。

第5章

イスラエル教「物部神道」と漢波羅秘密組織「八咫烏」

天津神と国津神

蘇民将来伝承は新羅系渡来人であった秦氏が担っていた。牛頭天王のルーツは遠く古代ローマ帝国のミトラス教にあり、それを持ち込んだ秦氏は歴史上から消えたユダヤ人原始キリスト教徒だった。彼らは密かに日本を原始キリスト教国家へと作り替えていった。絶対三神を造化三神とし、そのうちの高御産巣日神を天照大神と同一神と位置づけて、イエス・キリストの死と復活劇である天岩戸開き神話を編みだした。

だが、ひとつ不可解なのが、スサノオ命である。蘇民将来伝承の主人公はスサノオ命である。スサノオ命と同一神とされた牛頭天王がミトラスだとして、なぜイエス・キリストである天照大神としなかったのだろうか。キリスト教からすれば、ミトラス教は異教である。原始キリスト教のカッバーラをもってすれば、太陽神ミトラと天照大神との親和性のほうが高かったはずだ。

そこをあえてスサノオ命を選んだ理由とは何か。考えられるのは秦神道以前の神道だ。秦氏が渡来してくる以前、すでに日本には神道があった。造化三神＝絶対三神と天照大神＝イエス・キリストという奥義を仕掛ける以前、別の仕掛けがあった。同じカッバーラをもって、すでに日本にはイスラエル人による呪術がほどこされていたのだ。彼らは、いったいどういった素性のイスラエル人なのか。

答えは「秦氏」である。弓月君(ゆづきのきみ)が率いた秦氏とは別の秦氏がいる。ユダヤ人原始キリスト教徒としての秦氏ではない秦氏がいたのだ。少なくとも、ほかに2系統の秦氏がいる。彼らもまた、同じイスラエル人だった。ただし、ユダヤ人原始キリスト教徒ではない。ユダヤ人ユダヤ教徒である。彼らはイエス・キリストを知らないイスラエル人だった。

古代イスラエル教のカッバーラを保持しながらも、受肉したヤハウェであるイエス・キリストの存在を知らなかった。それが原因で、ユダヤ人原始キリスト教徒の秦氏が渡来してきたとき、軋轢が生じた。

日本神話でいう天孫族と出雲族、もしくは天津神(あまつかみ)と国津神(くにつかみ)の対立である。突然、高天原(たかまがはら)から降臨したニニギ命の天津神が国津神に対して国を譲れと迫った話は、よく知られる。日本列島に渡来してきた集団と先住民との戦いとして語られるが、神々の系譜をたどれば、いずれも造化三神に行きつく。

天津神の代表として天照大神、国津神の代表としてスサノオ命が掲げられるが、両者は兄弟である。同じ親をもつ神だ。言葉を換えれば、同じイスラエル人が同じ神の別の名を標榜したに過ぎない。

乱暴ないい方をすれば、原始キリスト教とユダヤ教の違いである。崇める神でいえば、イエス・キリストとヤハウェの違いだ。カッバーラからすれば、同じ神である。ヤハウェが受肉して誕生したのがイエス・キリストである。ユダヤ人原始キリスト教徒がユダヤ人ユダヤ教徒に対して、これを理解させるには並大抵なことではない。

ユダヤ人原始キリスト教徒である秦氏はカッバーラをもって、密教を三神教としながらも、顕教である多神教をもって、ユダヤ人ユダヤ教徒である秦氏を懐柔した。蘇民将来伝承の主人公が天照大神ではなく、スサノオ命であるのはそのためだ。いい方が悪いかもしれないが、呪術をもって封印したのだ。

では、いったいユダヤ人ユダヤ教徒としてすでに日本列島にやってきた秦氏とは、いかなるイスラエル人なのだろうか。

蘇民将来伝承と古代シュメール人

蘇民将来伝承に関する研究は多い。朝鮮系渡来人にからめて分析する論考がほとんどであるが、中には中国や西域に起源を求める説もある。当然ながら時代も遡る。人類最古の文明とも称されるメソポタミアの「シュメール文明」に起源を求めるのが、実験考古学者の岩田明氏である。岩田氏が注目するのは仏典の『大蔵経』である。『大蔵経』の「慧琳音義（えりんおんぎ）」には「蘇民」という民族が登場する。岩田氏によれば、蘇民とはシュメール人のことである。シュメールの本来の発音「スメル」に蘇民という漢字を充てたのだという。

　蘇民将来伝承では人名になっているが、本来は民族を表した。蘇民将来の「将来」とは古代シュメール語で「王」を意味する「シャーレ」のことではないか。もし、そうなら、蘇民将来とは「シュメール・シャーレ」、つまりシュメール人の大王を意味した言葉であると解釈できるという。

　では、一方の巨旦（こたん）は、どうか。これについても、やはりシュメールと関係している。メソポタミアに進出する以前、シュメール人の祖先は中央アジアにいた。そこには、かつて「巨丹」という国があった。巨丹は「コタン：コータン」、もしくは「ホタン：ホータン」と発音する。現在でも、当地にはコタンという地名が残っている。

　蘇民将来伝承に登場する弟の巨旦は巨丹のことではないか。コタンに住んでいたシュメール人の祖先はコタン人である。よって、巨旦将来は「コタン・シャーレ」となり、コタンの大王という意味になるというの

⬆蘇民将来伝承の起源がシュメール文明にあるとした岩田明氏。

だ。

岩田氏によれば、蘇民将来伝承と密接な関係にある渡来人の秦氏も、そのルーツをたどれば、シュメール人に行きつく。古代シュメール人たちはインド洋から船に乗って、日本列島にやってきた。これを実証するため、岩田氏は実際にシュメール人の古代船を復元し、「キエンギ号」と名づけると、自ら操舵して実験航海を試みている。あいにく沖縄の久米島を目の前にして、三角波を受けて転覆してしまったが、自説を裏づけるには十分な結果であったと述べている。

コタンのある中央アジアの南方はインドである。安倍晴明が記したともいわれる陰陽道の奥義書『三国相伝陰陽輨轄簠簋内伝金烏玉兎集』によれば、牛頭天王はインドに住んでいたことになっている。牛頭天王は南海に向かう途中、蘇民と巨旦が住む町へとやってくる。蘇民からは船を借りるのであるが、確かに中央アジアのコタンからメソポタミア地方に広がったコタン人、もしくはシュメール人がモデルになったとしても不思議ではない。コタン人は山の民であったが、シュメール人は海の民でもあったからだ。

蘇民将来伝承とノアの箱舟

シュメール人とイスラエル人の関係は深い。『聖書』の「創世記」に記されたノアの大洪水伝説は、シュメール神話に起源があるといわれる。『聖書』では創造神ヤハウェが罪に覆われた地上を一掃すべく、大洪水を起こす。ただ、正しき預言者ノアとその家族8人だけは神の助言に従って建造した箱舟に乗って助かったと語る。

　これに対して、シュメール神話では神エンキが大洪水を起こすも、シュルパックの王ジウスドラだけには、それを予告。大洪水が起こることを知ったジウスドラは大きな船を造り、これに乗って助かった。ジウスドラは古代バビロニア王国の『ギルガメシュ叙事詩』の中ではウトナピシュティムという名前で登場する。

　神が地上に災厄をもたらし、人類が滅亡するのだが、ほんのひと握りの正しき者だけが生き

⬆シュメール文明の伝説的な王ギルガメシュ。このギルガメシュを主人公とした『ギルガメシュ叙事詩』には蘇民将来伝承と同じような物語がある。

残る。神話の構造だけに注目すれば、これは蘇民将来伝承とまったく同じだ。神のお眼鏡にかなった人間だけが、指示通りに作ったものによって助かる。蘇民将来伝承における茅の輪は、さしずめ箱舟ともいえよう。

最新の考古学によれば、古代シュメールの大型船は円形をしていたというから、茅の輪ならぬ浮き輪によって助かったのだと解釈できないこともない。

いずれにせよ、シュメール神話におけるジウスドラやウトナピシュティムは『聖書』における預言者ノアに相当する。ノアは大洪水後の人類にとって王だった。聖書学的に見れば、シュメール文明を築いたのはノアだったことになる。ノアの息子セムはサレムの王となり、別名をメルキゼデクといった。メルキゼデクのもとへ祝福を求めてやってきたのが、その子孫の預言者アブラハムである。

預言者アブラハムと日本神話

アブラハムは「タガーマ」にある「ハラン」の出身だと『旧約聖書』にはある。日本人とユダヤ人が民族的兄弟であったと考える「日ユ同祖論」の研究家、小谷部全一郎氏は日本の神々が住んでいる高天原とは、この「タガーマ・ハラン」だと指摘する。

語呂合わせのように感じるかもしれないが、視点を変えると、これが実に興味深い。日本神話における神々の系図と『聖書』に書かれた預言者の系図が似ているという指摘がある。とくにふたりの娘レアとラケルを妻として勧められたヤコブのエピソードが木花開耶姫と石長姫を妻として勧められたニニギ命の伝説とそっくりなのだ。

仮にヤコブをニニギ命に対応させると、祖父であるアブラハムは天照大神に対応する。天照大神は高天原の支配者であり、預言者アブラハムがタガーマ・ハラン出身であることと合致するのである。

さらに、ヤコブの息子からイスラエル12支族の祖となる息子たちが誕生するのだが、ニニギ命の子孫からは神武天皇が生まれる。天皇家の家紋である「十六花弁菊花紋」は古代イスラエル王国やユダヤの地において、至るところに掲げられている。エルサレムにあるヘロデ門にも十六花弁菊花紋が大きく刻まれていることは有名だ。

メソポタミア地方でも十六花弁菊花紋は王家の紋章として、装飾品や城壁などに数多く描かれている。シュメールという言葉にしても、本来はスメルである。日本の歴史学者はスメルとは天皇を意味する「スメラギ」や「スメラミコト」に通じるため、あえてシュメールと表記したという経緯がある。

天皇がシュメールと関係があるとすれば、両者をつなぐのはアブラハムであり、その子孫のイスラエル人だった可能性は高い。岩田氏は秦氏を「シュメール系渡来人」だと位置づけたが、その意味で「イスラエル系渡来人」といい換えることができるだろう。

もっとも、だからといって、シュメール人が直接、この日本列島に渡来してきた可能性はゼロではない。岩田氏が実験航海で証明してみせたように、イスラエル人以前の預言者ノアの子孫としてのシュメール人たちが東を目指し、ついには日本にたどり着いた。彼らがシュメールの神々に対する信仰をもちこみ、これがのちのち、神道の八百万の神々に対する信仰をもたらしたことは十分ありうる話だ。

古代日本における縄文人と弥生人の祖先は、海を越えてやってきた。主に東日本の縄文人はアイヌで、西日本の弥生人は熊襲(くまそ)と琉球民族である。彼らは太平洋の彼方、南北アメリカ大陸から船で渡ってきた。ネイティブアメリカンと同族で、そのルーツをたどっていくと、これまた古代イスラエル王国へとつながってくる。

古代イスラエル王国

預言者アブラハムはメソポタミア地方からパレスチナ地方へとやってくる。絶対神によって与えられた約束の地カナンだ。のちに神殿が建てられるエルサレムの聖地、モリヤの丘にアブラハムは祭壇を築いた。創造神ヤハウェから息子イサクを生贄に捧げと命じられたのだ。断腸の思いで犠牲に捧げようとするも、直前に天使に止められ、安堵したアブラハムは神が供えられた羊を代わりに屠った。ここがのちのシオンの丘である。

アブラハムの子孫たちはシオンの地を離れ、一時はエジプトで奴隷の身となりながらも、やがて大預言者モーセに率いられて、再び約束の地へと戻ってくる。当時は族長が民を仕切っていたが、ほどなく国家を組織し、古代イスラエル王国を樹立する。初代の王はサウルで、次に王位を引き継いだのがダビデである。

ダビデはメシアであった。イスラエル人を救済する王としてのメシアである。今日、ユダヤ教徒がメシアと口にするとき、それはイエス・キリストではなく、あくまでも民族救済の王を意味する。その意味で、古代イスラエル王国のダビデ王は、まさにユダヤ人にとって理想のメシアだった。

ダビデの時代まで、創造神ヤハウェを祀る神殿は移動式であった。「幕屋」である。幕屋の至聖所には契約の聖櫃(せいひつ)アークが安置されていた。契約の聖櫃アークは創造神ヤハウェが顕現する祭壇である。創造神ヤハウェが顕現すると、贖(あがな)いの座には光る雲が立ち込め、稲妻が走った。幕屋の上空には昼は雲の柱、夜には火の柱が立った。光る雲は創造神ヤハウェの象徴であった。

移動式の神殿である契約の聖櫃アークが固定化されたのは、ダビデの息子ソロモン王の時代のことである。ソロモンは栄耀栄華を極めた。ありあまる財力をもって、壮大なるエルサレム神殿を建造したのだ。創造神ヤハウェの祝福を受け、ソロモン王の時代、古代イスラエル王国は絶頂期を迎えることとなる。

しかし、栄光は長くは続かなかった。ソロモン王は次第に異国の影響を受け、偶像崇拝に陥るようになる。異邦人の妻をたくさんもったがため、いつしか異教の神々を礼拝するようになったとか、富を引き寄せる魔術を実践し、悪魔を使役するようになったという伝説もあるが、古代イスラエル王国が徐々に衰退していったことは事実である。

ソロモン王亡きあと、王位を継承したのは息子の「レハベアム」だった。悲しいかな、彼は王の器ではなかった。ソロモン王に対する政治的反動が起こると、各地で暴動が起こった。ソロモンが生きていた時代、すでにこうした事態を見越して、ひとりの男が創造神ヤハウェに召命された。エフライム族の「ヤロブアム」である。彼は預言者アヒヤを通じて神からイスラエル12支族のうち10支族を導くよう預言された。

紀元前922年、ここに古代イスラエル王国はふたつの国に分裂。シケムを都とする「北朝イスラエル王国」と引き続きエルサレムを都とする「南朝ユダ王国」が誕生する。北朝イスラエル王国はルベン族、シメオン族、ダン族、ナフタリ族、ガド族、アシェル族、イッサカル族、ゼブルン族、マナセ族、エフライム族から成り、一方の南朝ユダ王国はユダ族とベニヤミン族によって構成された。

ただ、いずれもユダヤ教徒であるがゆえ、祭礼や儀式を執り行わなければならない。そのためには、専門の祭司が必要であった。イスラエル12支族から聖別された祭祀支族のレビ族だけは南北、両方の王国に属した。

北朝イスラエル王国と黄金の子牛像

古代イスラエル王国の聖地はエルサレムである。エルサレム神殿を継承した南朝ユダ王国は、創造神ヤハウェから祝福された正統国家であるという自負がある。『旧約聖書』も、そうした視点で北朝イスラエル王国を描写する。分裂の原因はイスラエル10支族の堕落及び創造神ヤハウェに対する背教が原因であるというのだ。

確かに聖地エルサレムを手放したことは大きい。ユダヤ教にとってもっとも重要なエルサレム神殿で儀式を行えないのだ。やむなく、北朝イスラエル王国の人々は新たな神殿を建設する。神殿といっても、そこには創造神ヤハウェが顕現する契約の聖櫃アークはない。代わって、ベテルとダンの神殿に安置されたのが黄金の子牛像である。

モーセがシナイ山で最初の原十戒石板を授かったとき、待っていたイスラエルの民は黄金の子牛像を作っていた。これが偶像崇拝に当たるとして、モーセは怒り、当事者たちを容赦なく粛清した。

これとある意味、まったく同じものを北朝イスラエル王国の人間が崇拝していたと、南朝ユ

⬆（上）シナイ山にモーセが登っている間に、イスラエル人は黄金の子牛像を作って礼拝していた。（下）北朝イスラエル王国のイスラエル人たちも黄金の子牛像を作って、これを礼拝した。

ダ王国の人間は糾弾する。彼らの目からすれば、神との契約を破った背教者にほかならないというのだ。

しかし、よくよく考えてみると、これも変な話だ。シナイ山の麓でモーセを待っていたイスラエル人たちは、まだ十戒を授けられてはいない。偶像崇拝を禁じる戒めを受けていない以上、罪には問えないはずだ。同様に、偶像崇拝を禁止する戒めを受けていたイスラエル人たちが、あえて同じ過ちを犯すだろうか。なんとも釈然としない。

はたして、古代のイスラエル人たちは黄金の子牛像を本当に神として崇拝していたのだろうか。意外かもしれないが、エルサレム神殿には牛の像があった。「青銅の海」と呼ばれる大きな容器を支えていたのは12頭の牛の像だった。

同様に預言者エゼキエルが幻視した創造神ヤハウェの玉座には4つの顔があり、そのひとつは雄牛だった。4つの顔をもつ玉座は「メルカバー」と呼ばれる。青銅の海とメルカバーにある牛は、いずれも聖なるものを支える聖獣だ。創造神ヤハウェが顕現する場であるといっていいだろう。

姿が見えない神を祀るには、祭壇が必要だ。モーセを待っていた人々が作った黄金の子牛とは、本来、創造神ヤハウェが顕現する祭壇であった。北朝イスラエル王国の神殿にあった黄金の子牛像も、しかり。本来は、目に見えない創造神の玉座であったが、一般衆生には玉座であ

るはずの黄金の子牛像が神そのものに見えてしまったとしても無理はない。

実際、古代メソポタミア文明の神々は動物の上に立った状態で描かれた。牛の上に立った姿で描かれた神ハダドは、よく知られる。偶像を作るなという戒めのもと、牛の玉座だけが作られた可能性は高い。

黄金の子牛像については、のちの

⬆牛の上に立つ古代メソポタミア文明の気象を司る神ハダド。

ち、蘇民将来伝承の深層をさぐるうえで非常に重要な鍵になってくるので覚えておいてほしい。古代ローマ帝国における牛頭天王ミトラスはもちろんのこと、歴史を遡ると、創造神ヤハウェと非常に密接な関係であることがわかってくる。

ただ、いずれにせよ、北朝イスラエル王国の民は堕落し、背教した。創造神ヤハウェの教えに背いたがゆえ、天罰を受けることになった。そう、『旧約聖書』は語る。イスラエル人にとって牛神は永遠のトラウマなのだ。恐ろしい牛頭天王のように。

失われたイスラエル10支族

偶像崇拝の罪に陥った北朝イスラエル王国に対して、ついに神罰が下る。当時、メソポタミア地方に台頭してきたアッシリア帝国が侵攻してきたのだ。紀元前722年、抵抗虚しく、都があったサマリアが陥落。あえなく北朝イスラエル王国は滅亡する。人々は遠い異国の地、メソポタミア地方に連行される。いわゆる「アッシリア捕囚」である。

当時、征服した民を支配するにあたって、それまで住んでいた土地から別の場所へと移住させる政策が多くとられた。見知らぬ土地ならば、それまでの習慣から離れて、支配者の意向通りに動かすことができるからだ。北朝イスラエル王国があった場所には、別の民族が代わりに連れてこられ、彼らはサマリア人と呼ばれるようになる。

捕囚されたイスラエル10支族であるが、彼らはメソポタミア地方に分散させられ、各地に入植した。なんとか滅亡を逃れた南朝ユダ王国の人々も、彼らに対して多大なる関心を抱いていたが、それも年月を経ると、次第に交流も少なくなってくる。『旧約聖書』における記述も、どこか遠くで見ているようで、よそよそしい。紀元前5世紀ごろになると、ほとんどイスラエル10支族に関する記述がほとんどない。

奇妙なことに、これはアッシリア帝国のほうもそうなのだ。アッシリア帝国を滅ぼしたカル

⬆アッシリア帝国に降伏し、アッシリアの王にひれ伏す北朝イスラエル王国の貴族。

デア、のちの新バビロニア王国にも記録がない。あたかも、この世から消えてしまったかのような状態なのだ。紀元1世紀ごろ、ユダヤ人のフラヴィウス・ヨセフスが著書『ユダヤ戦記』に書いたものが唯一である。それによると、イスラエル10支族はユーフラテス河の向こうで、膨大な数になっているという。

膨大な数になっているというわりに、イスラエル10支族の姿は、記録上、どこにもない。アッシリア帝国が滅んでも、故郷であるサマリア地方に帰ってきた痕跡もない。ユーフラテス河の東方には、当時、アケメネス朝ペルシアがあり、のちにパルティアが領土をもっていた。ここにユダヤ人がいた記録はあるのだが、肝心のイスラエル10支族の記録がまったくない。文字通り皆無なのである。

このため、彼らのことを世界史最大の謎「失われたイスラエル10支族」と呼ぶ。イエス・キリストの言葉を借りれば、まさに「イスラエルの家の失われた羊」である。いったい失われたイスラエル10支族は、どこに消えたのだろうか。

失われたイスラエル10支族と騎馬民族

失われたイスラエル10支族の行方を探るにあたって、まず確認しておきたい。彼らは同胞であったはずのユダヤ人が認識できない場所へ行った。ということは地中海沿岸やヨーロッパ、アフリカではない。一部は移住した者もいるだろうが、少なくとも南朝ユダ王国の5倍の規模である北朝イスラエル王国の本体がいたとは考えにくい。

考えられるのはメソポタミア地方から見て、北か、もしくは東の方角だ。仮に南に行ったとすると、そこには海がある。大集団が長い航海をすれば、少なからず記録に残ってもおかしくはない。

実際、『旧約聖書』には、いずれの日か、失われたイスラエル10支族が故郷に帰ってくるという預言がある。彼らは北と東から膨大な数の民となってエルサレムに帰還するというのだ。預言を信じるならば、現在も失われたイスラエル10支族は北及び東の方角にいることになる。

メソポタミア地方の北と東には、確かにそれぞれシルクロードが延びていた。北方の道はステップロードとも呼ばれる。草原の道という意味だ。北アジアには遊牧民が住んでいた。中でも騎馬民族は、その機動力によって、たびたびメソポタミア地方の国々を襲撃していた。アッ

⬆騎馬民族のスキタイ。アッシリア帝国を滅ぼしたと見られている。

シリア帝国の末期も、騎馬民族「スキタイ」が侵入し、これが滅亡の原因になったと見られている。スキタイは文字をもたなかったので、彼らの詳しい歴史はよくわかっていない。

騎馬民族の性格を考えると、失われたイスラエル10支族を連れ去ったのは、このスキタイではなかったか。騎馬民族は異民族を捕囚し、彼らを配下に治めると、そのまま同化してしまう傾向にある。前章で紹介した「カルラエの戦いで消えたローマ兵士」たちも、騎馬民族の匈奴に捕まり、傭兵となっていた。これに対して、農耕民族であった漢民族は、彼らに土地を与えて定住させた。対応が異なるのだ。

したがって、仮に失われたイスラエル10支族がスキタイに連行されたとすれば、その移動範囲は広大だ。ユーラシア大陸の北方、全土に及ぶ。北欧のフィンランドは匈奴の別名フン族にちなんだフン・ランドであり、東欧のハンガリーはフン・ガリアである。ジンギス汗のモンゴル帝国は世界史上最大版図を築いた。もともとイスラエル人は遊牧民であった。騎馬民族の生活習慣は比較的なじみやすかったのではないだろうか。

羌族と失われたイスラエル10支族

メソポタミア地方の北、もしくは東へと移動した失われたイスラエル10支族は当然ながら、中国にもやってきたはずだ。中国には漢民族のほか、実に多くの民族がいる。遊牧民も少なくない。チベット系民族の「羌族」も、そのひとつ。彼らの姓は「姜氏」といった。「羌」と「姜」は、いずれも「羊」を含む漢字である。遊牧民であるがゆえ、羊を自らの象徴としているわけだ。羌族は「羊人」なのだ。

しかし、彼らは、ただの羊ではない。羊は羊でも、「イスラエルの家の失われた羊」だった可能性が高いのだ。現在、イスラエルの失われたイスラエル10支族調査機関「アミシャーブ」は羌族の歴史や風習を詳細に分析。かつ幾度にわたる現地調査を徹底して行った結果、羌族が失われたイスラエル10支族であることが判明したのだ。

羌族の歴史は古い。紀元前17世紀に遡る殷王朝の時代にはすでに知られていた。殷の甲骨文字には羌族を示す字が数多くある。時代的に古代の羌族がそのまま失われたイスラエル10支族

⬆チベット系遊牧民の羌(きょう)族。

とは考えられないが、のちに同化した可能性が高い。もともとイスラエル人に近かったのかもしれない。アブラハムの子孫が東方に広がった可能性もある。

ここで思い出してほしいのが古代中国の「神農」である。神農は姜氏であった。つまり羌族である。その神農の子孫とされる「蚩尤(しゆう)」も羌族である。羌族の伝説的祖先は、なぜか頭に羊ではなく、牛の角をいただいている。まるで牛をトーテムとしているかのようである。これは羊をトーテムとする羌族にしては不自然だ。

ひょっとして、牛の信仰をもち込んだのは失われたイスラエル10支族だったのではないだろうか。彼らは北朝イスラエル王国において、黄金の子牛像を祀っていた。牛神を崇拝しつづけていたとすれば筋は通る。

のちに神農や蚩尤が牛頭天王へと変貌していくとすれば、当然ながら、羌族の一部が日本列島にまでやってきた可能性もある。少なくとも羌族が朝鮮半島の北部にまでやってきたことは事実である。秦(しん)帝国が滅亡した混乱期にあって、彼らは「秦人」と呼ばれたことであろう。ここに失われたイスラエル10支族がいた可能性が高い。

忘れてはならない。騎馬民族は移動する。かのモンゴル帝国は、西は北欧にまで攻め込み、中央アジアやインドはもちろん、東は中国に王朝を樹立した。中でもジンギス汗の孫であるフビライ汗の元(げん)王朝は朝鮮半島を支配下に治めると、ついには海を渡って日本列島にまで侵入してきた。かつて、これと同じことが起こっていた。

騎馬民族征服説

歴史的に、朝鮮半島には多くの騎馬民族が侵入してきた。もっとも強大だったのは「夫余族(ふよ)」である。夫余族から「高句麗(こうくり)」と「百済(くだら)」が誕生する。伝説によれば、高句麗を建国した「朱蒙(しゅもう)」には3人の息子がいた。長男の「瑠璃明王(るりめいおう)」が王位を継ぐと、異母兄弟である「沸流(ふる)」と「温祚(おんそ)」は自分たちの国を作るべく、配下の者たちを引き連れて朝鮮半島を南下。兄の沸流は海辺へ、温祚は山辺に国を作りはじめた。漢山に建てた温祚の国「十済」は次第に発展した。

これに対し、仁川に建てた沸流の国は小さく、やがて衰亡してしまう。嘆いた沸流は自ら命を絶ってしまう。死後、配下の者たちは温祚のもとへ下り、十済は「百済」と名を改めたという。別伝では、兄の沸流が百済を建国したともある。時に「沸流百済」と呼ぶことがある。

あくまでも伝説なので、どこまで史実かは不明だが、兄の沸流に関しては、興味深いことに仁川をあとにしてさらに南下したという説がある。建国当初、百済は馬韓の配下にあった。沸流は馬韓の南、弁韓の地へと至り、ここに国を作ったのではないか。のちに、弁韓の地には伽耶諸国ができる。伽耶諸国の「大伽耶：大加羅」が「沸流百済」の可能性もある。

だとすれば、気になるのは「任那」だ。日本側の史料では、大伽耶は任那と呼ばれた。大和朝廷の直轄領地「任那日本府」である。「魏志倭人伝」にも、朝鮮半島南部には倭国の領土があったことが記されており、ここが任那日本府だともいう。

だが、逆の見方もある。大伽耶は沸流百済であり、騎馬民族であった夫余族の勢力下に置かれていた。あるとき、大伽耶にいた騎馬民族たちは海を越えて九州へ上陸。圧倒的な機動力によって、そこから畿内へと攻め上り、ついには大和朝廷を開いた。いうなれば、任那とは朝鮮半島における大和朝廷の軍事拠点だったという解釈だ。これを「騎馬民族征服王朝説」という。

考古学者の江上波夫博士は朝鮮半島に流入してきた秦人に注目した。秦人は秦韓と弁韓を建国するが、これを支配したのが「辰王」である。秦韓は「辰韓」、弁韓は「弁辰」とも表記するように、これらを合わせて「辰国」とした。当初、馬韓の人間が辰王を名乗っていたが、これがのちに夫余族に代わる。夫余族も秦人である。つまり、辰王は「秦王」となった。

4世紀、辰王は朝鮮南部の伽耶を勢力下に収め、北九州に侵出して、倭国とのゆるやかな連合国家を作る。大伽耶は軍事拠点となり、のちに任那日本府と呼ばれる。

5世紀に入ると、北部九州にいた辰王は再び騎馬民族を率いて大阪平野に侵攻し、ここに大和朝廷を開く。圧倒的な権力の象徴が巨大な前方後円墳であるという。

神武＝崇神＝応神天皇

朝鮮半島から騎馬民族が襲来したことは記紀には書かれていない。江上博士は神々が住む高天原を朝鮮半島に見立て、天孫降臨神話を日本列島への集団移住と解釈する。大和と朝廷の支配層が外国からやってきたという見立てだ。当然ながら、天皇は騎馬民族の辰王であった。

現代の考古学では、記紀神話は史実ではないと考える。紀元前６６０年に神武天皇が即位したことは、歴史学的にもありえない。そもそも初代・神武天皇から第9代・開化天皇は架空の存在だというのが定説だ。実在したのは第10代・崇神天皇からだという。崇神天皇の諡号は「御肇国天皇」といい、神武天皇の諡号「始馭天下之天皇」と充てる漢字は違えども、同じ「ハツクニシラススメラミコト」なのだ。

江上博士は九州から畿内へと進行してきた辰王を第15代・応神天皇と推測する。歴史学者の

⬆第10代・崇神天皇。

井上光貞氏は応神天皇こそ実在した最初の天皇であり、それ以前は架空の存在とまで主張する。ひとりの初代天皇の業績を3つの天皇に割り振って、記紀の伝承は作られた。それぞれの名前に「神」という字が入っているのは、その暗号である。

興味深いことに、元伊勢のひとつ、丹後の籠神社の極秘伝によると、応神天皇は朝鮮半島からやってきた渡来人で、倭国の王家に入り婿する形で王権を継承した。神武天皇と崇神天皇の伝説には、応神天皇の歴史が投影されているというのだ。これらをひと言でまとめるなら、3人の天皇は同一人物だったことになる。

「神武天皇＝崇神天皇＝応神天皇」

4世紀、朝鮮半島から辰王が騎馬民族を率いて日本列島に侵攻。倭国を征服すると、王家に入り婿して王権を奪取。ついには大和朝廷を開き、応神天皇として即位した。応神天皇の時代、秦氏をはじめとする渡来人が多数、朝鮮半島からやってきた。が、なんと応神天皇本人も渡来人だった。確かに、母方の祖先には天之日矛(あめのひぼこ)がおり、秦氏の大王として八幡神とも称された。応神天皇は文字通り「秦王」だったのだ。

ここで、ひとつ問題がある。秦氏がユダヤ人原始キリスト教徒であり、応神天皇が秦王ならば、だ。騎馬民族の正体とは、いったい何だったのか。秦氏からすれば、同胞である。朝鮮半島においては、同じ秦人だった。考えられるのは、そう、失われたイスラエル10支族である!!

⬆第15代・応神(おうじん)天皇。

前方後円墳とマナの壺

江上博士によれば、5世紀に築造された河内平野の巨大古墳は倭国を征服した騎馬民族が手にした強大な王権の象徴だ。当時の巨大古墳は、みな前方後円墳である。どうしても、円墳を上にして見てしまうので見過ごされがちだが、上下を逆にして見てほしい。これは「壺」の形だ。応神天皇陵や仁徳(にんとく)天皇陵を見てほしい。くびれの部分にある突起「造出(つくりだし)」は壺の取っ手である。前方後円墳は壺を象っているのである。

最近、前方後円墳が壺をイメージしているという説は学界でも言及されるようになってきている。中国の神仙道では壺の中に広がる別世界を語る。神々の世界であり、あの世の楽園が壺の中に存在するという信仰だ。古墳の形を壺形にすることにより、死者の魂は神仙界へと旅立つことができるという思想があったのだとか。

しかし、巨大古墳は、あくまでも王権のシンボルである。ならば、壺そのものが騎馬民族にとって重要なレガリアだったはずだ。イスラエル人には、それがある。「マナの壺」だ。マナの壺は「イスラエル三種神器」のひとつ、創造神ヤハウェを象徴する重要なレガリアであった。

しかも、マナの壺は現在、行方不明になっている。度重なる戦渦の中、入っていた契約の聖櫃アークごと消えてしまったのだ。ユダヤの伝承によれば、マナの壺を継承したのは失われたイスラエル10支族の「ガド族」だといわれる。ヘブライ語でガド族出身は「ミ・ガド」という。これが天皇の古語「帝・ミカド」になったのではないかと、日ユ同祖論者の小谷部全一郎氏は主張する。

驚くべきことに、行方不明となっているマナの壺が日本にあった。先に紹介した丹後の籠神社には、戦前までレプリカか否かは別にして「真名之壺（まなのつぼ）」があった。黄金製の真名之壺は神職が宮司を襲名する際に用いられる秘宝なのだ。これが失われたマナの壺だとすれば、やはり失

⬅仁徳(にんとく)天皇陵。円墳を下にして見ると、壺の形に見える。
⬇出エジプトの際、神が降らせたマナを集めるイスラエルの人々。マナの壺が描かれている。

われたイスラエル10支族は日本にやってきたことになる。

おそらくユダヤ人原始キリスト教徒と失われたイスラエル10支族は朝鮮半島において、すでに合流していたに違いない。騎馬民族が九州に上陸したころ、そのあとを追うようにして、秦氏はやってきた。九州北部に八幡信仰が根づいたのもそのためだ。失われたイスラエル10支族の大王であったガド族の秦王は、その時点でユダヤ教から原始キリスト教に改宗した可能性が高い。

失われたイスラエル10支族はヨシヤ王の宗教改革を経験していない。偶像崇拝に陥ったと批判したのは南朝ユダ王国の人間であり、彼らのほうがのちに一神教となったユダヤ教を奉じるようになる。それは、もとのイスラエル教ではない。むしろ、失われたイスラエル10支族のほうがイスラエル教徒だった。彼らはカッバーラの絶対三神の存在を知っていた可能性がある。知っていたからこそ、容易に原始キリスト教徒になりえたのである。

原始キリスト教徒になったからこそ、最終的に、神武＝崇神＝応神天皇の前に、イエス・キリストが降臨したのである。「イスラエルの家の失われた羊」である失われたイスラエル10支族のところで約束した預言を成就するために天から降りてきた。

ただし、この場面にもうひとつ「別の囲いの羊」がいた。神武天皇と戦った長髄彦の軍勢である。降臨してきた金鵄を見て、彼らは恐れた。ただ、単に光る鳥が弓矢の先に止まっただけなら、そんなに驚くことはないだろう。実際はイエス・キリストが降臨し、それがいかなる存在なのかを悟ったからこそ、恐れおののいたのだ。つまり、彼らも「イスラエルの家の失われた羊」だったのである。

ミズラヒ系ユダヤ人

北朝イスラエル王国が滅亡してから約100年ほどたって、南朝ユダ王国でヨシヤ王による大規模な宗教改革が起こる。偶像や異教の要素を除去し、神殿を清める。その思いはいいとして、かなりやり過ぎてしまった。それまであったイスラエル教の教義もかなり整備され、いつしか一神教のユダヤ教が成立する。

あくまでも『旧約聖書』は南朝ユダ王国の人々が堕落したがゆえに、神罰が下ったという書き方をするが、案外、ヨシヤ王の宗教改革が原因だったのかもしれない。メソポタミア地方で、新たに台頭してきた新バビロニア王国はパレスチナ地方へと侵攻。瞬く間に聖地エルサレムを包囲し、神殿を破壊しつくした。紀元前586年、南朝ユダ王国は滅亡し、人々は新バビロニア王国へと連行されるという「バビロン捕囚」の憂き目に遭う。

約50年、ユダヤ人たちはバビロンでの生活を余儀なくされる。この間、バビロンの宗教の影響を受けるも、逆に頑なになったユダヤ人たちは、むしろ一神教の思想を深めることとなる。

↑新バビロニア王国へ連行される南朝ユダ王国の人々。

帰還したあと、イスラエル教の教義は神秘主義カッバーラの奥義として封印され、ユダヤ教は文字通り一神教となった。

捕囚されていたユダヤ人を解放したのは、新バビロニア王国を倒したアケメネス朝ペルシアであった。アケメネス朝ペルシアのキュロス大王はユダヤ人に対して寛容であった。多くのユダヤ人たちは故国であり約束の地であるエルサレムへと帰還したが、そのままバビロンに残った者もいた。優秀なユダヤ人はペルシア王家に仕えた。預言者モルデカイは宰相にまで昇りつめた。彼の養女エステルはクセルクセス1世の后にまでなった。

アケメネス朝ペルシアの版図は西はエジプトやギリシア、トルコから東はインダス河にまで及んだ。領土の中をユダヤ人は自由に活動することができた。とくに東方に広がったユダヤ人を「ミズラヒ系ユダ

⬆アケメネス朝ペルシアで宰相に昇りつめたモルデカイと養女のエステル。彼らはミズラヒ系ユダヤ人である。

ヤ人」と呼ぶ。東ユダヤ人という意味だ。現在でも、ミズラヒ系ユダヤ人は中央アジアやインド、さらには中国にもいる。

きっかけはアレキサンダー大王である。マケドニアの若きアレキサンダー大王はアケメネス朝ペルシアの軍勢を打ち破り、そのまま東征をしかけ、インダス河のほとりにまで侵攻した。巨大な帝国を作り上げたアレキサンダー大王は各地に自分の名前を冠した都アレキサンドリアを建設した。

東方のアレキサンドリアには遠征してきたギリシア人たちが多数、入植した。結果、地中海文化とペルシア、さらにはインド文化が融合し、それまでなかった仏像が作られるようになる。有名なガンダーラ美術である。ガンダーラの仏像の顔が西洋人のようで、その衣装はギリシア人の服装に似ているのはそのためだ。アフガニスタンの仏教遺跡には、ヘラクレスの像もある。

アレキサンダー大王は積極的にペルシア王家と婚姻関係を結んだ。配下のギリシア人たちも同様にペルシア人と融合を図った。表立って姿は見えないものの、ここには多くのミズラヒ系ユダヤ人がいた。持ち前の才能で商人になって、盛んに貿易を行い、インドから東洋にまで足を運ぶようになったのである。

秦の暗号

紀元前3世紀半ば、ギリシア人によってインドに建設されたのが「バクトリア王国」である。ギリシア人国家であることを強調して「グレコバクトリア」と称すこともある。中国では「大夏」の名前で呼ばれる一方、仏典の『那先比丘経(なせんびくきょう)』では「大秦」と表記されている。大秦といえば、古代ローマ帝国を意味する名称だが、なぜバクトリア王国の名前になっているのだろうか。

実は、そもそも「秦」という字にはイスラエル人という意味が隠されているようなのだ。いわば暗号だ。古代中国における「秦国」は、春秋戦国時代を通して、ずっと領土は西にあった。西域に接しており、秦国の人々は遊牧民であった。『史記』によれば、周の孝王に多くの良馬を献上したので、その功績で「嬴姓」を賜った「非子」が大夫となり、領地を得て秦国を建設したとある。

当然ながら、農耕民族である漢民族からは同族ではないと見なされていた。諸侯たちからは、いつも秦国の人々は見下されていたとある。漢民族が遊牧民の侵入を防ぐために建設しはじめた万里の長城を柵と見立て、その外側にいる人々を「秦人」と呼ぶのは、秦国の人間が非漢民族であったことに由来すると見ていい。

試しに、長い中国の歴史を調べてみると、戦国の七雄に数えられた秦国以外にも国号を「秦」と称した国が少なくとも3つある。「前秦」と「後秦」と「西秦」である。前秦は五胡十六国のひとつで、３５１年に「氐族」によって建てられた。前秦を滅ぼして３８４年に建てられたのが後秦で、こちらは「羌族」。同じく、３８５年に建てられた西秦は「鮮卑族」の国であった。

氐族はチベット系遊牧民で、もとは羌族だ。鮮卑族は騎馬民族で、かつては「匈奴」であった。いずれも非漢民族である。漢民族視点の表現からすれば、彼らは秦人である。羌族は失われたイスラエル10支族であり、氐族も同族だ。鮮卑族や匈奴も、その系統をたどればスキタイ系騎馬民族である。同族ではないにしろ、失われたイスラエル10支族と接点があった可能性は十分ある。

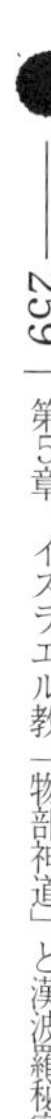

⬆後趙を建国した石勒。石勒はユダヤ人だった。

それを示唆するのが同じく五胡十六国のひとつ「後趙」である。後趙を建国した「石勒」はユダヤ人であった。子孫が今も中国におり、ユダヤ教の信仰と風習を守りつづけている。記録によれば、石勒は「羯族」の出身だった。羯族は匈奴の支族とされるが、彼らが失われたイスラエル10支族であれば、すべて納得がいく。

羯族の「羯」という文字には「羊」が含まれている。去勢した羊の意味だともいうが、彼らの祖「羌渠」の名にも、やはり「羊」がある。状況から考えて、失われたイスラエル10支族である羌族との関係があると考えて間違いない。

歴史的に、中国の国家以外で秦の字がつく国は、みな「大秦」である。景教の経典ではイエス・キリストが生まれたベツレヘムの国を大秦と記しており、これはユダヤのことだ。ユダヤを属国支配する古代ローマ帝国にも、もちろんユダヤ人は多数いた。ほかにも、先に見たバクトリアやペルシア、シリアといった国々が大秦と呼ばれている。これらに共通するのはユダヤ人であり、イスラエル人である。

もちろん、住人すべてではないが、秦という字がつく国には、少なからぬイスラエル人がいた。彼らがいたからこそ、秦という文字を使った。もし、これが正しければ、もっとも古い中国の秦国もまた、その起源はイスラエル人にあったのではないだろうか。

秦国の秘密結社

記録によれば、秦国が建国されたのは紀元前905年である。アッシリア捕囚よりも、約200年ほど古いが、すでに古代イスラエル王国は存在した。紀元前10世紀、栄耀栄華を極めたソロモン王の時代には、すでにインドから貢物が届いている。東方に拠点を移したイスラエル系遊牧民が中国で秦国を建国した可能性はある。

実際、秦国の王である「嬴氏」の素性が怪しい。『史記』の「秦本紀」によれば、嬴氏は漢民族の祖である黄帝に遡る。黄帝の子孫である顓頊(せんぎょく)の孫娘「女修」が機織りをしていると、突如現れた「玄鳥」の卵を飲み込んで懐妊。こうして生まれたのが「大業」だ。大業の息子である「大費：伯益」が舜帝から嬴姓を賜ったと記されている。

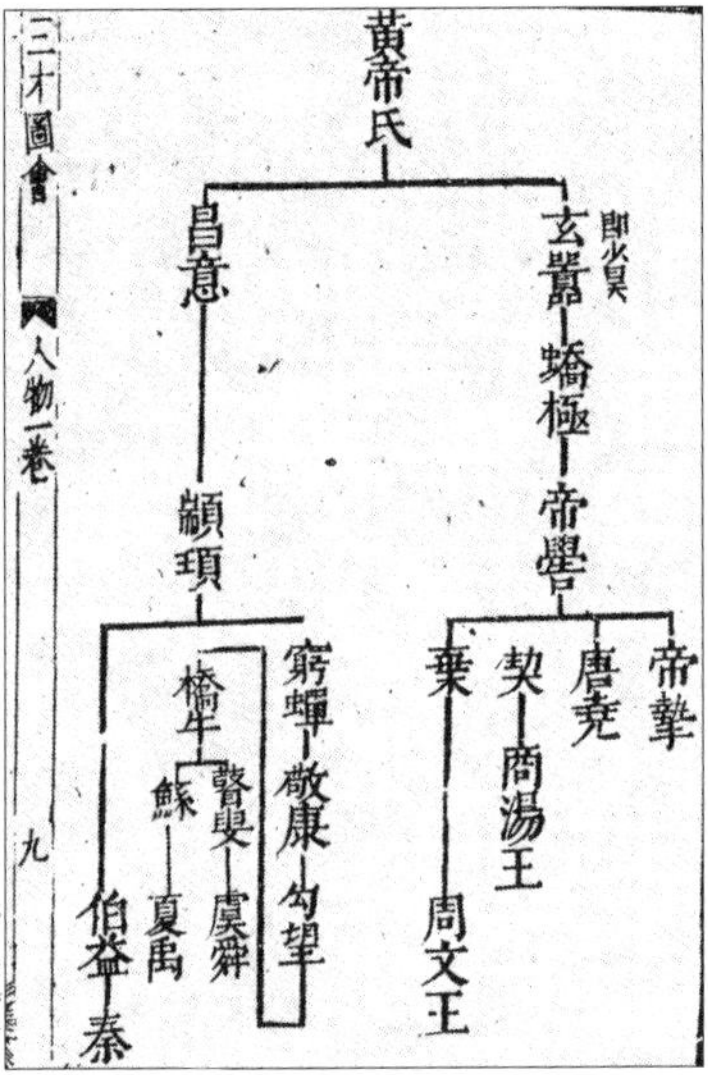

⬆黄帝の系図。顓頊（せんぎょく）の名前が見える。

いうまでもないが、玄鳥の卵を飲み込んで懐妊したなどという話は史実ではない。要は本当の父親が不明であり、実際は黄帝の末裔ではないことを物語っている。思うに、大業の本当の父親はイスラエル人だったのではないか。

　もちろん、それを証明する確たる証拠はないが、ここに登場する玄鳥は黒い鳥という意味である。そう、烏だ。しかも、ただの烏ではない。太陽に棲むという三本足の金烏（きんう）であり、日本神話でいう八咫烏（やたがらす）である。

　思い出してほしい、ユダヤ人原始キリスト教徒である秦氏が婚姻関係を結んで同族となった賀茂氏の太祖が八咫烏だ。陰陽道を一手に握っていた一族と秦国。両者は同じ金烏を背負っている。単なる偶然だろうか。

　いや、そうではない。秦国のバックには秘密結社が存在した。秘密結社は中国のお家芸である。表の歴史と裏の歴史は違う。裏の歴史を担うのが秘密結社だ。現代でも青幇（チンパン）や紅幇（ホンパン）、それに洪門(ホンメン)会など、中国共産党支配の裏で、さまざまな秘密結社が活動している。春秋戦国時代にも多くの秘密結社が存在した。イスラエル人を主体とし、金烏を象徴とする秘密結社があったのだ。

彼らが長年の工作のもと、満を持して担ぎ上げたのが秦始皇帝(しんのしこうてい)である。捕らわれの身だった幼い秦始皇帝を見つけだし、そこから秦王にまで即位させ、ついには中国統一を成し遂げさせた組織が存在する。およそ『史記』を記した司馬遷さえも知ることがなかった秘密組織があるのだ。

秦始皇帝

長い中国の歴史を決定づけた男、それが秦始皇帝である。彼は大王ではなく、初めて「皇帝」を名乗った人物である。紀元前２２１年、秦王「嬴政(えいせい)」は戦国時代に終止符を打ち、史上初めて統一国家を樹立した。秦始皇帝の政治は何から何まで、すべてが革新的だった。度量衡や文字の統一規格をはじめ、全土に郡県制を敷き、道路を整備。それまであった防壁をつなぎ合わせ、万里の長城を築き上げた。

歴史的には暴君として語られる秦始皇帝だが、その多くは秦帝国を倒した漢王朝による捏造だ。焚書坑儒(ふんしょこうじゅ)を実際に行ったのは秦始皇帝ではなく、項羽(こうう)であったことがわかっている。『史記』に書かれたイメージは虚像に近い。

改めて分析すると、秦始皇帝の偉業は革新すぎて、いわゆる中国的ではない。むしろ西域諸国、もっといえばアケメネス朝ペルシアの統治体制と非常によく似ている。アケメネス朝ペルシアでは全土に127の州を設け、そこにサトラップを置いた。秦始皇帝の陵墓に設置された兵馬俑（へいばよう）にしても、あまりにも写実的だ。それまでの伝統的な様式を完全に無視している。美術的にはギリシア彫刻に近い。

こうした類似性は偶然に過ぎないといわれてきたが、近年、驚くべき発見が相次いだ。兵馬俑の近くから発見された当時の人間の人骨を調べたところ、ペルシア人やソグド人の骨が見つかったのだ。しかも、兵馬俑の作り方を指導した人間がギリシア人であることまで判明したのである。シルクロードを通って、西域どころか、西アジアやヨーロッパの人間が古代の中国に多数やってきていたのである。当然ながら、そこには多くのイスラエル人がいたはずだ。失われたイスラエル10支族はもとより、ミズラヒ系ユダヤ人が多数いたに違いない。

問題は、ここ。なぜ秦始皇帝のもとにそうした連中が集まってきたのだろう。西域情勢に通じていた秦国ならではの背景があり、有能な思想家がいたからだという評価はさておき、気になるのは「呂不韋（りょふい）」だ。敵国で幼いころに人質になっていた秦始皇帝を見出したのは呂不韋である。有名な諺「奇貨居くべし」は呂不韋の言葉である。

⬅初めて中国全土を統一した秦始皇帝（しんのしこうてい）。
⬇秦始皇帝の陵墓に作られた兵馬俑（へいばよう）。兵馬俑の作り方を指導したのはギリシア人で、近くからは当時のペルシア人やソグド人の骨も見つかっている。

ここでいう「奇貨」とは「希少価値のある貨幣」のことで、今日でいう「アンティークコイン」のことだ。中世ヨーロッパにおいて、アンティークコインの取り引きを生業にしていたのが、かのロスチャイルドである。ロスチャイルド家はアンティークコインをもってヨーロッパ王家に取り入り、世界的な大富豪となった。

かくいう呂不韋も古代中国の大富豪であった。彼は裕福な商人で知略に長けていた。今のうちに幼い秦始皇帝「嬴政」を担ぎ上げれば、将来、有利に事を運ぶことができる。あわよくば一国を動かす支配層になれるかもしれない。そう考えて策に出た。

ただ、これには裏があった。そもそも秦始皇帝は秦王家の父「異人（いじん）」の子供ではない。本当の父親は呂不韋だった。司馬遷は『史記』の中で、公然の秘密として書いている。もし、これが事実であれば、秦始皇帝は呂不韋の子供だということになる。

しかも、だ。呂不韋は漢民族ではない。彼は羌族である。先述したように、羌族は失われたイスラエル10支族である。呂不韋という名前も音韻を考えるならヘブライ語で「レビ」である可能性がある。秦始皇帝が呂不韋の子供ならば、イスラエル人の血を引くことになる。

そこで、改めて考えてほしい。すべては呂不韋個人が仕組んだことなのだろうか。謀略を図ったとして、だ。その甲斐もなく、最終的に呂不韋は不幸な最期を遂げた。本来なら明らかになるはずのない事実が『史記』には、まるで小説のごとく書かれている。

呂不韋のバックに、もっと大きな組織があったとしたらどうだろう。呪術の使い手が背後にいて、呂不韋を使って秦始皇帝を動かしていた。秦始皇帝を祀り上げ、中国史上最初の皇帝にすることで、壮大な計画を遂行していた。もし、そうなら裏がある。

秦始皇帝の末裔と秦人

秦始皇帝の死後、国は急速に衰退する。皇位を継承した胡亥(こがい)も王たる器にはあらず、若くして自害。続いて擁立された子嬰(しえい)は皇帝の名を捨て、国号も秦帝国から秦国へと戻す。が、のちに台頭してきた項羽によって、秦始皇帝の一族はすべて皆殺しとなった。まるで、それまであった後ろ盾がなくなったかのごとく、秦王家はあっという間に滅んだ。

第3章でも述べたように、秦帝国が滅ぶと、中国は再び戦国状態となり、亡命者が朝鮮半島へとやってくる。「魏志韓伝」に書かれた秦人だ。彼らは「秦の役」を逃れてやってきたとある。

先述したように、これが秦帝国末期の戦乱で逃れてきた人々なのか、万里の長城をはじめとする建築現場で使役されて逃亡してきた人々を指すのか、諸説あるものの、秦帝国下にいた人間を指すという意味では同じである。

秦人の中には北方の遊牧民や騎馬民族がいた。「秦」の字をイスラエルの暗号と見れば、そこには失われたイスラエル10支族やミズラヒ系ユダヤ人がいたと思われる。少し時代が遅れて、紀元後にはユダヤ人原始キリスト教徒たちもやってきた。

彼らは地元の馬韓の人々に忌み嫌われながらも、朝鮮半島の東側と南部を割譲してもらい、秦人の国を作った。秦韓と弁韓である。両国からはのちに新羅と伽耶諸国が誕生し、そこから日本列島にやってきた渡来人は秦氏と称した。

秦氏は自らの出自を秦始皇帝に求めた。首長の弓月君は秦始皇帝の末裔である。配下の秦氏は、みな秦帝国の人間であると称した。現在の歴史学では、これらは虚言であって事実ではないと見なされるが、秦人が複数の出自をもつ集団だとすれば、あながち全否定もできない。

日本に渡来してきた秦氏の中には、確かに秦帝国からの亡命者もいた。中には歴史の表になってはいない秦始皇帝の子孫がいた可能性もゼロではない。とにかく一筋縄ではいかないのが秦氏である。

調べれば調べるほど、不可解だ。何か意図を感じる。すべては仕組まれているのではないか。失われたイスラエル10支族とミズラヒ系ユダヤ人、そしてユダヤ人原始キリスト教徒らは、何か示し合わせて朝鮮半島に入り、そこから最終的に日本列島へと渡来してきたのではないか。裏には、すべてを取り仕切る人間、未来を見通した預言者がいたのではないか。もちろん、ひとりではない。組織だ。カッバーラを手にした「預言者の秘密組織」があったはずだ。

秦始皇帝は預言者だった!!

秦始皇帝は合理主義者であった。宗教や風習が異なる多くの民を支配するためには法が肝要である。法による統治を目指した秦始皇帝は「韓非（かんぴ）」を招いた。法による統治を説く「韓非子」の思想は律法を重んじるユダヤ教の思想に通じる。およそ今日でいう「法学」は、その起源をシュメールの「ハムラビ法典」に求めるものの、現実的な運用にあたってはユダヤ教の律法を根底にする。弁護士にユダヤ人が多いのは、そのためだ。秦始皇帝の思考はユダヤ的だといっていい。

しかし、徹底した合理主義者だからといって、無神論者とは限らない。ユダヤ人弁護士がそうであるように。秦始皇帝は「天帝」を崇拝していた。即位の宣言をしたとき、彼は泰山で「封禅（ほうぜん）の儀」を行った。儀式の詳細については詳らかではないが、壮大な祭壇を築いて天神を壮大に祀った。これにより、王権を神授したことが内外に示された。

伝説によれば、封禅の儀の起源は神農にある。神農は羌族の祖神である。その羌族は失われたイスラエル10支族である。しかも、秦始皇帝の実父が呂不韋であり、彼は羌族だった。

先述したように、呂不韋という名が祭祀氏族「レビ」に由来するなら、秦始皇帝が封禅の儀式を執行したのは、その祭司としての資格があったからだともいえる。

⬆封禅（ほうぜん）の儀の様子。封禅の儀はユダヤ教の儀式だった。

今日のユダヤ人は母系を重視し、母親がユダヤ人であったなら、その息子は無条件にユダヤ人になると規定するが、レビ族だけは男系だ。本当の父親が呂不韋で、かつレビ族ならば、秦始皇帝もレビ族だったことになる。祭司レビ人であったがゆえ、封禅の儀を行った。となれば、封禅の儀とはユダヤ教の儀式であった可能性がある。

ユダヤの歴史において、レビ族が大王になった例がある。紀元前2世紀、ユダヤを支配したハスモン王朝の王族はレビ族だった。秦始皇帝もレビ族であり、同時に王権を握っていた可能性がある。王が自ら祭祀を執り行っていたという意味では、おそらく秦始皇帝自身、預言者だったのではないか。

宗教的な表現でいえば、秦始皇帝は創造神ヤハウェによって聖任され、かつ王権を神授した。大預言者モーセと同様、イスラエルの民を治める権能を得た。だからこそ、極めて短期間に広大な中国を統一することができたのではないだろうか。もちろん、それには裏方で支える人々、もっといえば組織があった。封禅の儀を執り行うにしても、祭祀に通じた人間が機能的に動かなければできるわけがない。

秦始皇帝がイスラエル人だという前提でいうなら、その組織はレビ族である。レビ族が秦始皇帝の祭礼を取り仕切り、彼を預言者として育てた。秦始皇帝の父親である呂不韋は、そのレビ族のひとりだったのだ。

そう考えれば、暴君といわれた秦始皇帝の使命が見えてくる。彼は預言者として中国を統一したのみならず、もうひとつ重大なミッションを実行していた。

『旧約聖書』の預言によれば、失われたイスラエル10支族はエルサレムから見て北と東へと散った。預言者イザヤによれば、彼らは東の果ての海、そこに浮かぶ島々からひとつの国をあげて帰還するという。

中東やユーラシア大陸から見て東の果てとは極東だ。極東の海に浮かぶ島々でひとつの国を形成し、世の終わりには膨大な数となっている。この条件に当てはまる国は、この日本をおいてほかにはない。

預言を成就するのはイスラエル人の掟といっていいだろう。彼らの行動原理は預言である。

創造神ヤハウェの言葉で動いている。秦始皇帝も、しかり。バックにいるイスラエル系秘密組織は、東海に浮かぶ日本列島にイスラエル国家を建設するミッションにとりかかった。白羽の矢が立ったのは「徐福(じょふく)」である。

徐福と蓬萊山

人の命ははかない。栄耀栄華を極めたソロモン王であっても、人生は虚しいものだと「コヘレトの言葉」に記している。人間のみならず、生物には必ず寿命がある。中国全土を支配した秦始皇帝であっても、やはり晩年、希求するのは命だ。永遠なる生命をもとめた。不老不死の仙薬があるなら、ぜひとも手に入れたい。そう願った。

ご所望であれば、ここに献上奉りましょう。絶対権力者に甘言をもってすり寄る輩は洋の東西を問わずいるものだ。秦始皇帝のもとにも、さまざまな詐欺師が集まってきた。リアリストの秦始皇帝は連中の下心を見抜き、確実な成果がなければ、文字通り厳罰をもって対処した。

だが、そうした中にあって、唯一、全幅の信頼をおいたのが「徐福」である。彼は道教の「方士」であった。方士とは道教の呪術師であり、技術者でもあった。知識のみならず、言葉も巧みで、暴君と恐れられた秦始皇帝の懐に入ってしまう。陛下がお望みであれば、不老不死の仙薬を捜しだして献上いたしましょうというのだ。

もちろん、ただではない。不老不死の仙薬は中国大陸の東方、水平線の彼方にある島々にある。島にそびえる「蓬莱山（ほうらいさん）」と「方丈山（ほうじょうさん）」と「瀛州山（えいしゅうさん）」をもって「三神山」。ここに上陸して、望みのものを手に入れるため、その軍資金と人材をいただきたい。それらがあれば、必ずや不老不死の仙薬を手に入れて進ぜましょうともちかけた。

⬆秦始皇帝に信頼され、不老不死の仙薬を求めて東方へ旅立った徐福（じょふく）。

明らかに詐欺師の手口だ。大言壮語を吐いて、相手をだまそうという輩は、いつの時代にもいる。『史記』に書かれた徐福の言動は、どう見ても空手形であり、あわよくば大金をせしめようとする魂胆がありありだ。

なのにどういうわけか、秦始皇帝は徐福の企画にゴーサインを出す。よっぽど老いを感じて、不老不死の仙薬がほしかったのだろう。嘘かもしれないが、一縷の望みをかけて、徐福が望むものをすべて用意させてやったのだ。

かくして、あらゆることがトントン拍子に整い、あれよあれよという間に準備万端整う。紀元前219年、徐福は船団を伴って東海へ向かって船出した。

しかし、何年たっても、徐福は帰ってこない。やはり徐福は詐欺師だった。だれもが、そう思っていた矢先、ついに彼は戻ってくる。ただし、手ぶらで。不老不死の仙薬どころか、何の成果もなく、秦始皇帝の前に現れた。ふつうなら、この時点で打ち首である。任務を遂行できなかった時点で、まず命はない。

ところが、だ。さすが詐欺師だ。弁が立つ。三神山の手前まで行ったものの、主である海神が貢物に納得しない。交渉したものの折り合いが合わず、出直すことにした。つきましては、改めて金銀財宝と童男童女、並びに技術者たちを託してください。そうすれば、必ず不老不死の仙薬を手に入れてみせまするというのだ。

常識的に考えれば、だれが信じよう。言い訳にもほどがある。もう少しリアルなストーリーを考えたらどうだと突っ込みたくなるが、予想に反して、秦始皇帝は文字通り納得。徐福を処罰するどころか、再びチャンスを与えた。おそらく周囲の家臣たちは、さぞかし色めき立ったことであろう。勅命に近い形で、紀元前210年、前回にも増して財宝と多くの技術者や童男童女たちを乗せた大船団を率いて、東海へと船出した。

だが、徐福が戻ってくることは二度となかった。不老不死の仙薬を夢見た秦始皇帝は、再び徐福の顔を見ることなく死んだ。まんまと秦始皇帝をだました徐福は東海に浮かぶ蓬莱にて、広大な土地を得て国を築き、そこで王になった。当時の人々は、そう噂し合ったと、司馬遷の『史記』には記されている。

秦始皇帝と徐福の預言成就計画

秦始皇帝は、なぜ徐福を信じたのか。それほどまでに不老不死を求めたというが、はたして、そうだろうか。不老不死の仙薬を手に入れようと秦始皇帝に進言した人間は、ほかにもたくさんいた。なのに、どうして徐福なのか。合理的な理由はいっさい『史記』には書かれていないが、ひとつだけ気になることがある。

徐福は斉（せい）の人間だった。異国の方士であったが、問題は姓である。彼は「嬴氏」だった。嬴氏は秦王家の姓である。秦始皇帝も嬴政と称した。国は違えども、徐福は秦王家と同じ一族だったのである。これは極めて重要な事実である。

うがった見方をすれば、秦始皇帝は知っていたのではないか。徐福が秦王家の人間であることを。同じイスラエル人だったと認識していたとすれば、徐福伝説は、まったく異なる様相を帯びてくる。

一度しくじったのにもかかわらず、なぜ徐福は再び出航を許されたのか。すべては秦始皇帝の鶴のひと声だった。そう、不老不死の仙薬だけが、秦始皇帝の望みではなかった。むしろ不老不死の仙薬はあくまでも表向きの名目であって、それとは別に本来の極秘計画があった。それを遂行するために徐福は動いたのだ。

財宝のみならず、技術者と童男童女を多数引き連れていったということは、最初から国を作ろうという意図が見てとれる。秦始皇帝もそれをわかっていた。というより、東海に浮かぶ島で新たな国を作るよう、徐福に命じた可能性が高い。

預言である。秦始皇帝が預言者であったなら、創造神ヤハウェからの啓示を受けたのではないだろうか。『旧約聖書』の預言によれば、この世の終わり、失われたイスラエル10支族は東の果ての海に浮かぶ島々からひとつの国をあげて帰ってくるとある。この預言を成就せんがため、秦始皇帝は徐福に命じて、東海の蓬莱山へと派遣した。中国にいるイスラエル人たちを率いて、預言された国を作れ、と。そう考えれば、すべての辻褄が合ってくる。

しかも、向かった先は「三神山」である。蓬莱山と方丈山と瀛州山は神の山に見立てられていた。まさにカッバーラの「生命の樹」である。イスラエル教の絶対三神が宿る聖地だと、秦始皇帝や徐福は認識していたと見て間違いない。

となると、問題は徐福が上陸して国を作った島は、どこか。あらゆる状況から考えて、答えはひとつしかない。日本列島だ。古代中国において「東海」とは、そもそも日本の異称でもあった。日本こそ、失われたイスラエル10支族にとって預言された約束の地だったのである。

物部氏と海部氏

いったい徐福集団は、どこに上陸したのか。徐福は2回、日本列島にやってきている。徐福の言葉を見ると、蓬莱山には海神がいたとある。つまり、そこには海神を祀る神社があった可能性がある。

丹後の「籠神社」である。丹後には徐福が上陸したという伝説が残っている。徐福を祀った新井崎神社も存在する。籠神社の神職は代々「海部氏」が務めてきた。海部氏の系図は国宝に指定されるほど由緒がある。「海部」という姓を見てわかるように、古代においては海人族であり、航海を得意とした。

海部氏は徐福集団の子孫である。徐福は最初、丹後に上陸したのだ。おそらく、すでに海神を祀る神社があったのかもしれない。彼らは神社の神職を継承する形で、のちの籠神社を建てた。籠神社の神紋は表が下り藤で、裏がカゴメ紋である。カゴメ紋の中には太陽と月が描かれている。いうまでもなく、カゴメ紋とはユダヤ人の象徴「ダビデの星」である。海部氏がイスラエル人だった証拠である。

次に、徐福が上陸したのは九州である。佐賀には徐福を祀る金立神社がある。九州に中国の

⬆籠神社の絵馬。右上に太陽と月が描かれたカゴメ紋がある。カゴメ紋はユダヤの象徴であるダビデの星だ。

稲作をもたらしたのは徐福集団である。有名な吉野ヶ里遺跡も、彼ら徐福の子孫が築いたクニである。九州に上陸した徐福集団は、のちに古代豪族「物部氏」となった。

物部氏の拠点は北部九州である。福岡の遠賀川流域に住んでいた。紀元2世紀ごろ、物部氏は集団で畿内へと移住する。このことで大規模な内乱が起こった。いわゆる「倭国大乱」である。物部氏の集団移住によって、畿内には北部九州の地名がそっくり移された。名称のみならず、位置関係もそのままコピーされて残っている。

物部氏の祖神はニギハヤヒ命である。記紀神話では、神武天皇よりも先に九州から畿内へと向かったとあるが、物部氏の東遷は『先代旧事本紀』に詳しい。ニギハヤヒ命が多くの神々を引き連れて、九州から畿内へと飛来し、最終的に生駒の哮峰に降臨したと書かれている。

畿内の先住民は熊襲や琉球民族らと同族の弥生人である。彼らを征服して、物部氏が畿内に作ったクニが「邪馬台国」である。邪馬台国は物部王国だった。都は奈良の大和に置かれた。邪馬台国の邪馬台はヤマトと読む。大和朝廷のヤマトと同じである。ヤマトとはヘブライ語で「神の民」を意味する。今でも、ユダヤ人たちは自分たちのことをヤマトと称す。熊襲系弥生人らも、アメリカ大陸を経由したイスラエル人であったこともあり、物部氏はヤマトという国名にしたのだ。

物部氏の東遷により、邪馬台国は西日本を支配下におさめた。東日本は「狗奴国」が支配しており、邪馬台国とはしばしば対立していた。3世紀に入ると、狗奴国に対抗するため、邪馬台国は隣の「投馬国」と連合を組む。

投馬とは丹波のことである。投馬国を支配していたのが海部氏である。投馬国にいた海部氏のひとりの女性が邪馬台国の女王として推戴された。これが「卑弥呼」である。生まれつき霊能力があった。卑弥呼とは「日巫女」である。海部氏の系図には「日女命」という名前で記されている。ちなみに、日女命は、もうひとりおり、こちらは卑弥呼の姪であり、のちに女王となる「台与」である。

こうして、邪馬台国の王族に海部氏が入ることで、物部氏と同族関係になった。もともと、同じ徐福集団である。遡れば、みなイスラエル人である。神の民を意味するヤマトの名のもと、邪馬台国と投馬国は、やがてひとつのクニになる。筆者は、これを「後期邪馬台国」、もしくは「前期大和朝廷」という意味で「大邪馬台国」と呼んでいる。

卑弥呼及び台与が亡くなったあと、大邪馬台国を支配したのが、記紀神話でいう「ニギハヤヒ命」である。ニギハヤヒ命は物部氏であると同時に海部氏でもある。ニギハヤヒ命に仕えていたのが長髄彦である。卑弥呼の時代から男性が裏で摂政、または宰相の地位で国を支えていたことがわかっている。彼らの時代に、初代・神武天皇が九州からやってくる。実際は、朝鮮半島からやってきた渡来人、応神天皇が騎馬民族を率いて攻めてきたのだ。

大和朝廷

朝鮮半島から渡来してきた騎馬民族の中には失われたイスラエル10支族のほかにミズラヒ系ユダヤ人とユダヤ人原始キリスト教徒がいた。彼らは事前に、日本列島には徐福集団の末裔がいることを知っていた。失われたイスラエル10支族とミズラヒ系ユダヤ人が住んでいることを知っていた。すでに密偵を放ち、大邪馬台国の中に協力者を作っていた。いわばスパイの手招きによって、騎馬民族は九州から畿内へと侵攻してきたのだ。ここでいうスパイとは海部・物部氏の間者となる倭宿祢(やまとのすくね)で、神武側の武内宿祢(たけうちのすくね)と共謀していた。なぜこのような真似をする必要があったかだが、卑弥呼以降の風習で女王でなければ統率できない邪馬台国に男性の摂政あるいは宰相が就くが、その職の長髄彦の権力があまりにも増大し「籠神社」側の指示にも従わない状況が生まれていたからだ。

記紀では、神武天皇の軍勢とニギハヤヒ命配下の長髄彦の軍勢が戦ったことになっているが、あくまでも、これは神話である。実際に戦ったのは応神天皇が率いる騎馬民族と海部・物部氏の大邪馬台国の先導で動く東征軍と、邪馬台国の中心部を守る長髄彦の軍と、掟破りで狗奴国に助けを求めた大軍勢だった。結果的に、陰陽の大和民族と西日本側の琉球民族と東日本側のアイヌの軍勢が勢揃いした。

⬆長髄彦(ながすねひこ)が仕えていたニギハヤヒ命（唐松神社蔵）。

このときの様子が狗奴国の大軍勢の縄文式土器と邪馬台国の軍の

弥生式土器が奈良県桜井市周辺の「纏向（まきむく）」一帯にだけ渾然一体化して発掘されることからもわかる。

史実か否かは別にして『東日流外三郡誌（つがるそとさんぐんし）』で長髄彦は東国まで逃げているため、狗奴国と何らかの秘密協定を結んだ可能性がある。最終的に天から金鵄が降りてきて、神武天皇の弓矢に止まったというくだりは、復活したイエス・キリストが地上に降臨したことを意味する。

金鵄を見て、長髄彦の軍勢は恐れおののいた。長髄彦は金鵄が何かを知っていた。そもそも、金鵄は長髄彦らが崇拝する神なのだ。長髄彦は「登美能那賀須泥毘古（とみのながすねびこ）」、もしくは「登美毘古」とも称した。「登美」は「トビ」であり、鳥の「鳶」のことなのだ。金色の鳶である金鵄は、長髄彦にとって守護神だったのである。だからこそ、本物の神を目の前にして、驚き畏れたのだ。

よって、言葉を換えるなら、長髄彦はイエス・キリストが何者かを知っていたことになる。長髄彦は物部氏である。物部氏はミズラヒ系ユダヤ人である。彼らはユダヤ人ユダヤ教徒だった。崇拝する神はヤハウェである。降臨したイエス・キリストを見て、大邪馬台国の物部氏たちは創造神ヤハウェであることを悟ったのだ。守護神ヤハウェが姿を現して相手側に立ったのだから、これはもう勝負あったも同然。こうして、長髄彦の軍勢は総崩れとなったというわけである。

降伏した長髄彦であったが、納得できなかったのが天神の存在だ。天神とは天津神の子孫にして、王権を神授した大王のことである。長髄彦にとってはニギハヤヒ命であった。ニギハヤヒ命は、この地上に天神は何人もいると説くが、聞く耳をもたない長髄彦は、ついには斬られてしまう。

ここでいう天神とは預言者であり、イスラエル人の王としてのメシアだ。古代イスラエル王国でいうダビデ王のような存在である。イエス・キリストはひとりだが、王としてのメシアは複数いる。記紀では、神武天皇とニギハヤヒ命が互に天神であることを証明するために、持っていたしるし「天羽々矢（あめのはばや）」と「歩靫（かちゆき）」を差しだした。

これはイスラエルの神器である。失われたイスラエル10支族のガド族である応神天皇はマナの壺、対するミズラヒ系ユダヤ人である物部氏はアロンの杖を持っていた。いずれも、契約の聖櫃アークの中に入っていたユダヤ三種神器である。かくして、両陣営は互いに同じイスラエル人であることを確認。降臨したイエス・キリストが創造神ヤハウェであることを知ったニギハヤヒ命は神武天皇に帰順した。

実際の歴史では、秦氏の大王である応神天皇が大邪馬台国の大王であった物部氏に入り婿する形で王権を継承。イエス・キリストとの聖なる契約のもと、応神天皇が大嘗祭（だいじょうさい）で現人神になり、ついに大和朝廷が開かれることとなったのだ。

物部神道

古代日本における神道を仕切っていたのは物部氏である。古い神社は、ことごとく物部氏が関わっている。物部氏はユダヤ人ユダヤ教徒であった。ミズラヒ系ユダヤ人が主体であった物部氏のユダヤ教は、ヨシヤ王の宗教改革後の一神教としてのユダヤ教である。本来のイスラエル教ではないが、カッバーラは保持している。カッバーラによって、装いを多神教に見せている。

物部氏の神道、いうなれば「物部神道」は顕教が多神教で、密教が一神教である。海部氏が宮司を務めてきた籠神社の極秘伝によると、奈良時代以前、神道には唯一神という概念があったのだという。

顕教の多神教と密教である一神教を結ぶのが「多次元同時存在の法則」である。籠神社の元宮司、海部光彦氏が語る多次元同時存在の法則によると、神道は多神教に見えるが、それは別名が独立して物語を演じているに過ぎない。本来は唯一神なのだという。

たとえば籠神社の主祭神「天火明命」には「天照国照彦天火明櫛甕玉饒速日尊」という長い名前がある。ここに含まれる言葉は独立して「天照大神」「国照大神」「彦天火明命」「櫛甕玉大物主神」「饒速日尊」となる。さらに国照大神はスサノオ命、天火明命は別雷命や天御影命、大物主神は大国主命、八千矛神など、どんどん増えていく。

極端な話、すべては記紀神話の中で、最初に現れた「天之御中主神」の分身にほかならない。分身が神話で活躍し、それらを祖神として豪族が祀ることで、八百万の神々が誕生したというのだ。中世において、神道の唯一神は「大元神」と呼ばれ、江戸時代に入って、復古神道の祭神として祀られるようになる。

物部神道を奉じていた大邪馬台国へ、秦神道をもち込んだのが秦氏である。秦氏はカッバーラの呪術をもって、巧みに物部氏を懐柔していく。彼らは徐福伝説も、巧みに利用していく。中国において徐福は「嬴徐福」、一説には「嬴徐市」と称していた。元は斉国に住んでいたが、秦始皇帝のもとから日本に来たので「秦徐福」とも呼ばれた。

熊野地方には徐福の墓があり、そこの地名は「羽田須」といい、秦氏にちなむ。『義楚六帖』には、日本に来た徐福の子孫は、みな秦氏を名乗ったと記されている。本来は物部氏なのに、いつの間にか秦氏になっているのだ。秦氏のほうも、祖先を物部氏の祖神であるニギハヤヒ命であると称している者まで現れる。

こうして日本の神道は物部神道から徐々に秦神道へと変貌していく。表向きは、どちらも多神教なので、外から見ている分には気づかないが、その本質はユダヤ教から原始キリスト教に置き換わっているのだ。

↑三重県熊野市波田須町にある徐福の墓。

漢波羅秘密組織八咫烏

神道の儀式を執り行うのは「忌部氏」である。大嘗祭に不可欠な麁服を献上するのは四国の三木家である。三木家は阿波忌部氏である。一方の繒服は、かつて秦氏が献上した。忌部氏は祭祀氏族であり、イスラエルの「レビ族」である。ユダヤ教の「祭司」は、必ずレビ族から選ばれた。

中でも、エルサレム神殿の至聖所に入ることが許される「大祭司」は「コーヘン」と呼ばれた。コーヘンは大預言者モーセの兄アロン直系の一族である。神道でいえば「賀茂氏」である。とりわけ、秦氏が婚姻関係を結んだ京都の賀茂氏は天皇の祭礼をすべて取り仕切る、まぎれもないコーヘンである。

神道の祭祀を行う賀茂氏は「鴨族」と称す。彼らは陰陽道の使い手である。安倍晴明の師匠であった賀茂忠行や賀茂保憲は、みな鴨族である。前章でも紹介したように、陰陽道ゆえ、すべてに表と裏がある。裏の陰陽道が「迦波羅」で、裏の陰陽師が「漢波羅」である。表の陰陽道は朝廷の中に陰陽寮として設置されていたが、裏の迦波羅は秘密組織である。漢波羅秘密組織のことを「八咫烏」という。

漢波羅秘密組織八咫烏は全部で70人。その上に「大烏」と呼ばれる12人の「十二烏」がいる。大烏のうち、上位3人は「三羽烏」として「金鵄」の称号をもつ。金鵄は3人でひとりの「裏天皇」を構成する。

70人の八咫烏は、ユダヤ教でいう最高意思決定機関「サンヘドリン」である。サンヘドリンは、大預言者モーセが招集した長老組織に起源がある。原始キリスト教でいえば、イエス・キリストの「70弟子」だ。

同様に、十二烏はイスラエル12支族の族長であり、イエス・キリストの「12使徒」である。三羽烏はイスラエルの民を率いたモーセとアロンとフルであり、12使徒における3人の指導者ペトロとヤコブとヨハネに対応する。

漢波羅秘密組織八咫烏を組織したのは聖徳太子であるとされる。聖徳太子の側近であった秦河勝が原始キリスト教のもとに設置した。有名な「冠位十二階」の裏組織で、忍者の「志能備」「志能便」として歴史の裏で暗躍した。

もっとも、聖徳太子以前にも、漢波羅秘密組織八咫烏は存在した。ユダヤ人原始キリスト教徒である秦氏はもちろん、徐福のユダヤ人ユダヤ教徒である物部氏にも存在した。とくに徐福

⬆烏天狗（上）と湯泉(とうせん)神社（兵庫県神戸市）の社殿に刻まれた三羽烏（下）。烏天狗とは八咫烏(やたがらす)のことだ。

集団にいた漢波羅秘密組織八咫烏は秦始皇帝の裏部隊であった。秦始皇帝をバックで支え、中国全土を統一させたのは、彼らである。秦王家の嬴氏の祖は玄鳥であった。機織りをしていた女修が玄鳥の卵を飲み込んで懐妊して生まれた大業が嬴氏の太祖であり、秦始皇帝と徐福の祖先でもある。

玄鳥とは鳥のことである。烏といっても鳥ではない。烏を象徴とする組織の人間のことである。いうまでもなく、漢波羅秘密組織八咫烏である。すべて、彼らが仕組んだのだ。預言を成就するために、失われたイスラエル10支族やミズラヒ系ユダヤ人たちを集め、二手に分けた。

第1陣は海路で直接、日本列島へと渡る。上陸は2回。丹後と九州へ徐福が率いた。第2陣は秦帝国が滅亡した際、陸路で朝鮮半島に入り、そこで騎馬民族となっていた失われたイスラエル10支族とユダヤ人原始キリスト教徒らと合流し、頃合いを見計らって、日本へ渡来してきた。

こうして預言通り、大和朝廷が成立した。渡来してきたイスラエル人は、この日本列島で世の末まで守られる。ご存じの通り、天皇家は世界でもっとも古い王家である。これはけっして偶然ではない。カッバーラによる呪術により、日本人は自らがイスラエル人であることを忘れ、長い眠りについていている。

しかし、やがて近い将来、目覚める時がやってくる。神の民ヤマトとして、古の預言を成就させるために立ち上がる日が来る。「蘇民将来」の核心部分が、それだ。蘇民将来は日本復活の秘預言なのだ!!

第6章

ユダヤ人の「過越祭」と大和民族の「年越祭」

蘇民将来伝承と『旧約聖書』

およそ日本は神の国である。神の国に仕立てられた。日本人のほとんどが知らず知らずのうちに、原始キリスト教徒になっている。ユダヤ教がユダヤ人を規定するように、神道もまた、それを奉じるがゆえ日本人と見なされる。そもそも神道は宗教ではないと指摘されるほど、日本人にとっては自然である。世にいう宗教という概念がなくなってこそ、実は本物なのだ。

裏の陰陽道、すなわち迦波羅をもって、この日本という国に仕掛けられた呪術を読み解くにあたって、重要な鍵となるのが「蘇民将来伝承」である。ここにはユーラシア大陸を股にかけた神秘思想が凝縮されている。古代朝鮮の新羅から古代ローマ帝国、さらには古代イスラエル王国のカッバーラが根底にある。

ならば改めてカッバーラという視点のもと、蘇民将来を分析してみよう。基本となるのは『旧約聖書』である。蘇民将来伝承と『旧約聖書』を比較すると、極めて興味深い類似性が読み取れる。

蘇民将来伝承において基本になるのは虐殺である。不届き者を成敗する。因果によって、巨旦将来の一族が殲滅される。が、すべて殺されたわけではない。助かった者がいる。『備後国風土記』でいえば、巨旦将来の家に嫁いだ蘇民将来の娘である。武塔神は彼女だけは助けるとし、そのしるしとして茅の輪を巻いておけと命じた。結果、巨旦将来一族は殲滅の憂き目にあったが、ひとり蘇民将来の娘だけは助かった。

蘇民将来伝承の最終形態である『三国相伝陰陽輨轄簠簋内伝金烏玉兎集』において助かったのは、巨旦将来の奴隷だった。難儀する牛頭天王に対して蘇民将来を紹介した女性である。彼女だけは、牛頭天王が呪術によって届けた護符を身につけることによって助かった。牛頭天王にとっては味方である。

しかも、ここで注目したいのは牛頭天王の戦略である。本格的に巨旦将来の城を攻める前に、牛頭天王はスパイを潜り込ませている。配下の阿你羅と摩你羅を巨旦将来の城内へと忍び込ませて、状況を探らせている。呪術的に万難を排したはずの巨旦将来の守りにも、画竜点睛を欠く弱点があった。これにより、牛頭天王は鉄壁であるはずの巨旦将来の城を落とすことができた。

確認しよう。重要なポイントがふたつある。ひとつは敵陣にスパイを送り込んだこと。もうひとつは敵陣に内通者がいたことである。内通者は功績によって殺されることなく、安堵した。

これとまったく同じ話が『旧約聖書』にある。時代は大預言者モーセが出エジプトによって、イスラエルの民を40年にわたって荒れ野を率いて、約束の地であるカナンへと至るときの話である。モーセが亡くなり、その重責を担った預言者ヨシュアがイスラエル人たちとともにパレ

スチナにやってくると、そこには先住民がいた。フェニキア系民族のカナン人である。彼らは「エリコ」という町を築いていた。世界最古の町とも評されるエリコは分厚く強固な城壁に囲まれていた。

イスラエル人にとって、パレスチナは創造神ヤハウェが与えた土地である。創造神ヤハウェの預言は絶対だ。そこに先住民がいようとも、これを排除することに彼らは何のためらいもない。エリコを攻略するにあたって、ヨシュアは綿密な戦略を練る。敵情を知るにあたっては、スパイを送り込むことにする。任命されたスパイはふたり。『旧約聖書』には名前が記されていない。まさに隠密である。彼らはエリコの城内に忍び込み、ラハブという遊女と出会う。任務を遂行するにあたって、彼女を味方に引き込む。城内には敵方の人間が潜り込んだという情報が広まっていたが、ラハブはスパイをかくまった。

ふたりのスパイは命拾いをするが、ラハブは恐怖から身の安全保障を要求。これに応えて、彼らは自分たちの存在を秘密にしてくれるならば、ラハブはもちろん、一族の生命を守ると約束する。近いうちにイスラエル人たちがエリコを侵略するが、そのとき「赤い紐」を家の窓に結んでおけ。そうすれば、イスラエル軍は通り過ぎ、あなたたちに危害を加えることはない、と。

時が至り、ついにヨシュアはイスラエル軍を率いてエリコに攻め込む。創造神ヤハウェの預

⬆⬅角笛を吹きながらエリコの城壁の周りをめぐるイスラエルの人々（上）とイスラエルのふたりのスパイをかくまったラハブ（左）。

言のもと、契約の聖櫃アークを担いだレビ人たちが角笛を吹きながら、エリコ城を一日1回練り歩き、それを6日間続け、最終日の7日目には7周した。すると、強固だった城壁が崩壊。イスラエル軍は城内に攻め込んで、エリコの住民を虐殺した。女性や子供はもちろん、家畜に至るまで、すべて殺した。あまりの凄惨さから、キリスト教の神父や牧師が「ヨシュア記」を引用することがほとんどないほどだ。

しかし、民族虐殺の場面にあって、ふたりのスパイをかくまった遊女ラハブの一族だけは助かった。窓に掲げられた赤い紐を目印に、イスラエル軍はラハブたちを事前に連れだし、自らの陣営に避難させておいたのである。

おわかりだろう。ふたりのスパイは蘇民将来伝承における阿你羅と摩你羅である。巨旦将来の家で働いていた女とは、エリコ城にいた遊女ラハブである。ラハブは目印として赤い紐を窓に吊るした。これが茅の輪である。赤い紐という茅の輪によって、彼女と一族は虐殺から助かったのである。『三国相伝陰陽輨轄簠簋内伝金烏玉兎集』に描かれたストーリーのベースには『旧約聖書』があるのだ。

ヨシュアと蘇民将来伝承

預言者ヨシュアの名前はイエス・キリストの予型である。イエスのヘブライ語は「ヨシュア」

⬆モーセの跡を継ぐヨシュア。イスラエル12支族を率いた。

である。ヨシュアがイスラエル12支族を率いたように、イエス・キリストも12使徒を弟子にした。彼らユダヤ人原始キリスト教徒から成るエルサレム教団は、第1次ユダヤ戦争が勃発する直前、ヨルダン河を渡って、東岸のペラという町に集団移住した。奇しくも、ヨシュアはイスラエル人を率いてヨルダン河を渡って、約束の地であるエルサレムへとやってきた。

蘇民将来伝承の原型となるエリコ城攻めは、ヨルダン河を渡ってきたあとの出来事である。エルサレム教団がヨルダン河を渡りペラに至ったとき、いったい何が起こったのか。残念ながら記録はない。彼らは軍隊ではないゆえ、虐殺を行ったとは思えない。

だが、エルサレム教団のユダヤ人原始キリスト教徒がシルクロードを通り、日本にやってきて秦氏となったとすれば、話は別だ。朝鮮半島から渡来してくるとき、彼らは失われたイスラエル10支族と行動を共にしていた。当時、失われたイスラエル10支族は騎馬民族となっていた。圧倒的な軍事力を保持していた。記紀によれば、秦氏の族長は弓月君である。弓月君が１２０県の秦氏を率いて朝鮮半島を渡ってきたという伝承には、ヨシュアがイスラエル12支族を率いてヨルダン河を渡ったという『旧約聖書』の故事が下敷きにある。

弓月君を秦氏の大王、応神天皇だと読み替えるなら、騎馬民族の大王である。朝鮮半島から九州、そして畿内へと攻め上った秦王である。記紀神話でいえば、神武天皇だ。神武天皇は長髄彦の軍勢と激しい戦闘を行った。最終的に神武天皇の勝利となるも、最終的に長髄彦は斬り殺された。これは大邪馬台国の住民が戦争によって虐殺されたことを象徴しているといっていい。

しかも、このとき大邪馬台国の大王であったニギハヤヒ命は安堵されている。ニギハヤヒ命は長髄彦の妹「長髄媛：登美夜毘売」を女王の後継者として側に置いていた。逆の見方をすれば、長髄彦の軍勢は皆殺しにされたものの、妹と女王は助かった。物部氏の祖神であるニギハヤヒ命は天神である「しるし」を神武天皇に見せている。天神のしるしである「天羽々矢」と「歩靫」が蘇民将来伝承でいう茅の輪だったと解釈できる。

神武天皇が牛頭天王であり、蘇民将来はニギハヤヒ命である。蘇民将来の娘がニギハヤヒ命の義理の娘であり、彼女は巨旦将来である長髄彦の妹を側に置く次期女王で神武天皇の婿入り先の伴侶となる。敵である長髄彦の軍勢にいた妹が助かったのは、ニギハヤヒ命がもつ天神のしるしのおかげだった。そう考えれば、預言者ヨシュアの故事が弓月君を通して、記紀神話に反映していることが読み取れる。このように蘇民将来伝承は多義的であり、ユダヤ教とキリスト教をつなぐ予型論を通して、それ自体が預言になっているのである。

古代エジプト文明と神道

蘇民将来伝承のもっとも古い基層になっているのが「出エジプト」である。大預言者モーセがイスラエル人を率いて古代エジプト王国から脱出した物語こそ、蘇民将来伝承の核であり、かつ日本人の未来を左右する重大な鍵なのだ。

比較文化論の通説として、もっとも古い文化は、発祥地からもっとも遠い場所に残っているといわれる。文化は人によって運ばれ、それが次々と更新される。ちょうど同心円状に順次、文化は伝播していく。したがって、辺境であればあるほど、伝播するまでに時間がかかる。結果、もっとも古い文化が現在にまで残っているというわけだ。

古代エジプト文明の文化が伝播したならば、どこが一番遠いだろうか。海を隔てた南北アメリカ大陸はもちろんだが、それよりも遠いのがアジアだ。文化伝播の経路をシルクロードと規定すれば、その終着駅は日本である。日本には古代エジプト文明の文化が数多く残されているのだ。

古代エジプトの宗教観は、そのまま日本の神道だといっていい。あえて古代エジプト教と表現するならば、まったくもって神道と同じだ。かの歴史学者の吉村作治氏も、哲学者の梅原猛氏との対談で、それを語っている。

たとえば、多神教。古代エジプト教では、実にさまざまな神々がいる。神道でいう八百万の神々である。たくさんの神々がいる中で、最高神は太陽神である。古代エジプト教でいえば「ラー」である。歴代のファラオは太陽神ラーの息子を称し、エジプト語で「ラー・モーセ」、すなわち「ラムセス」と呼ばれた。同様に日本の神道でも、最高神は太陽神「天照大神（あまてらすおおみかみ）」である。記紀神話においては、天皇は天照大神の子孫「日嗣の御子（ひつぎのみこ）」と呼ばれた。

ピラミッドも、しかり。古代エジプト文明において、ピラミッドは墓ではない。吉村氏が主張するように、本来は神殿であった。神々が降臨する施設であり、死者があの世に旅立つための装置でもあった。日本でいえば、神奈備（かんなび）である。古神道でいうならば、まさに日本ピラミッドである。神々が降臨し、かつ人々が儀式を行う聖地なのだ。

理由は、改めていうまでもない。古代日本人はイスラエル人であるからだ。彼らの祖先は、かつて古代エジプトにいたのだ。古代エジプト教を知っていた。表と裏、それを知りつくしていた。これがのちのち、日本の神道に多大な影響を及ぼすことになる。

先に述べたように、物部神道と秦神道も、顕教は多神教である。密教は一神教と三神教の違いはあれど、表は八百万の神々を拝する多神教だ。個人や家族、民族には、それぞれ異なった神々がいる。必然と多神教にならざるを得ない。

しかし、本質は同じだ。多神教が極まれば「汎神教」となり、その本質は一神教に回帰する。カッバーラでは創造神のことをヘブライ語で「ハ・シェム」と呼ぶことがある。英語でいえば「ザ・ネーム」である。日本語に翻訳するなら「御名前」といったところか。創造神ヤハウェを表現した名前は自我をもち、別の神として認識される。ということは、すべての神々も突き詰めれば創造神ヤハウェになる。籠神社の極秘伝「多次元同時存在の法則」の神髄が、ここにある。

古代エジプト教の密教も、しかり。カッバーラをもとに、密教を顕教にしようとしたのが、新王国第18王朝のファラオ「アクエンアテン：アメンホテップ4世」である。アクエンアテンは多神教を捨て、絶対神「アテン」を掲げて宗教改革を行った。アテンは太陽神である。多くの神々がいる中でアテンのみを唯一神として昇華させたのである。いうなれば「アテン教」だ。

ユダヤ人精神分析医のジークムント・フロイトは、この問題に関心があったようで、著書

⬆太陽神アテンを崇拝する古代エジプト第18王朝のアクエンアテン。

『モーセと一神教』において、ユダヤ教のルーツはアクエンアテンのアテン教にあると指摘。ユダヤ教の教祖モーセは、アテン教徒だったのではないかと主張した。

　歴史的に、アクエンアテンの宗教改革は一代でついえた。反動勢力が権力を握る中で、迫害を受けたアテン教徒たちが古代エジプト王国を脱出し、やがて約束の地であるカナンへとやってきた。彼らを率いたのが大預言者モーセである。モーセの配下にいた亡命アテン教徒たちは、やがてイスラエル人と呼ばれるようになった。つまり、アテン教が今でいうユダヤ教にほかならないというのだ。

　興味深い指摘であるが、ここで重要なのは、古代エジプト王国にあって、多神教と一神教が存在したという事実である。吉村氏によれば、多くの神々の中からひとりの神を選択して、それを主祭神として祀り上げた。あくまでも多神教を否定したわけではないというのだ。

古代エジプト教の唯一神アテンをユダヤ教の創造神ヤハウェと位置づけるなら、これは神道の大元神だ。顕教は多神教だが、密教は一神教。まさに、これは物部神道にほかならない。物部神道はアテン教にルーツがあるといっても過言ではない。

しかし、絶対神として位置づけた太陽神は、ひとりではない。古代エジプトにおいて太陽神は属性によって「ケプリ：日出」と「ラー：天中」と「アトゥム：日没」という3人の神がいた。ひとつの太陽をもって、3人の神と表現したという解釈から、のちにカトリックの三位一体という思想が生まれるのだが、そうではない。あくまでも3人の太陽神がいたのだ。

これが秦神道だ。秦氏が仕掛けた『古事記』には、この世の初めに現れた造化三神の名を記している。天之御中主神（あめのみなかぬしのかみ）と高御産巣日神（たかみむすびのかみ）と神産巣日神（かみむすびのかみ）である。このうち、高御産巣日神と神産巣日神には「日」という文字がある。両者は太陽神なのだ。しかも、天之御中主神も「御中」という言葉から天中した太陽を示している。したがって、造化三神は「太陽三神」という神格をもっていることがわかるだろう。

古代エジプトにおけるイスラエル人

古代エジプトとイスラエル人の関係は預言者ヨセフに始まる。預言者ヤコブにはのちにイスラエル12支族のもととなる子供がいた。末弟のベニヤミンが生まれる前、ヨセフはほかの兄弟たちからいじめに遭っていた。あるとき、兄弟たちの策略によって、地面に掘った穴に落とされ、ミディアン人の隊商に奴隷として売られてしまう。奴隷となったヨセフが連れてこられたのがエジプトであった。

ヨセフには夢解きの才能があった。その才能をファラオに認められて、ついには宰相にまで昇りつめる。当時、エジプト王国は異民族ヒクソスが支配していたといわれる。ヒクソスはイスラエル人と同じセム系の民族であった。中にはヤコブという名前のファラオもいた。こうした状況がヨセフにとって有利に働いたに違いない。

やがて飢饉が起こった。エジプトのみならず、パレスチナ地方にまで飢饉は及んだ。預言者ヤコブの家族も困窮し、ヨセフの兄弟たちはエジプトに食料を求めてやってくる。これを見たヨセフは一計を案じ、自分が宰相となったことを知らない兄弟たちに親と末弟のベニヤミンを連れてくるように命じる。困惑した兄弟たちであったが、両親を説得して、その通りにすると、最後にヨセフは素性を明かし、家族は劇的な再会を果たす。以後、ヤコブの家族はエジプトで幸せに暮らしたという。

イスラエル人の文化は古代エジプトによって育まれたといっても過言ではない。ヒクソスが支配する第15王朝において、彼らはエジプト人だったのだ。宗教的にも多大な影響を受けていた。ユダヤ教は一神教のイメージが強いが、当時のイスラエル人の中には多神教を信じていた者もいたはずだ。日本の神道のように、少なくとも顕教としての多神教を奉じていた可能性がある。

しかし、支配層がヒクソスから元のエジプト人に代わると、状況が一変する。同じセム系民族であったイスラエル人に対する風当たりも強くなり、やがてヨセフが宰相であったことを知らないファラオの時代になると、彼らは奴隷の身分へと落とされることになる。

イスラエル人が多くなってくると、彼らの存在を脅威に感じたファラオは人口削減に乗りだす。生まれた子供が男であった場合、すべてナイル河に捨てるように命じたのだ。強制的な幼児虐殺である。

こうした中、レビ族の女が子供を身ごもり、出産した。彼女は子供を葦舟に乗せて、ナイル河に流した。すると、偶然にも葦舟はファラオの娘の目に留まった。不憫に思ったファラオの娘は葦舟を拾い、中にいた子供をエジプト人として育てることにした。彼がのちのイスラエルのメシア、大預言者モーセである。

大預言者モーセと10の災い

エジプトを離れて、一介の羊飼いとなっていたモーセがホレブ山にやってきたとき、彼は奇妙な光景を目にする。燃える柴があったのだ。燃えているのに燃え尽きない不思議な柴から声がする。

声の主は、自らを「アブラハムの神、イサクの神、ヤコブの神」であるといい、イスラエル人を救うために立ち上がるよう、モーセに命令する。奴隷として苦しんでいるイスラエル人をエジプトから連れだし、約束の地へ導けというのだ。驚きながらも厳粛に言葉を受け止めたモーセは、最後に神の名前を問うと、声の主は「ありてある者」だと答えた。先述したように、これが「ヤハウェ」である。

ただ、このとき、創造神ヤハウェは自らを「アブラハムの神、イサクの神、ヤコブの神」と何度も語っている。なぜ、イスラエル人の先祖を3人も挙げているのか。「アブラハムの神」だけでも十分なのに、そう称しているのは、なぜなのか。

理由は、ほかでもない。神が3人いることを暗示しているのだ。表向きは唯一神のように描写されているが、実際は絶対三神がモーセの前に顕現しているのである。燃える柴はカッバーラにおける「生命の樹」だ。「生命の樹」の三柱構造で、絶対三神の存在を象徴しているのである。

召命されたモーセは再びエジプトに戻り、兄であるアロンとともにイスラエル人の長老たちに創造神ヤハウェの言葉を伝えた。長く奴隷にあったイスラエル人たちの反応は鈍かったが、モーセとアロンは預言を成就すべく、ファラオのもとに向かう。彼らはファラオに詰め寄り、イスラエル人をエジプトから去らせるよう要求した。

しかし、当然というべきか、これをファラオは拒否する。イスラエル人は好きではないが、奴隷は貴重な労働力である。エジプトにはなくてはならない存在なのだ。ファラオが黙って認めるわけがない。

頑なな態度を続けるファラオに対して、創造神ヤハウェの怒りが頂点に達し、おそるべき10の災いがエジプト全土に次々と襲いかかる。神の言葉に従い、アロンが手にした杖をナイル河につけると、突如、水が血のように赤くなった。河の水すべてが赤く染まり、そこに棲む魚が死んで腐臭を放ち、人々は水を飲むことができなくなった。驚いたファラオであったが、同じことをエジプトの魔術師たちが行ってみせたので、再び心を頑なにしてしまう。

アロンは再び杖を持って、ナイル河の上に手を伸ばした。すると水中からおびただしい数のカエルが這いでてきて、エジプト中に広がった。あまりの数の多さに、さすがのファラオも狼狽したが、しばらくすると元に戻った。

創造神ヤハウェはアロンに命じて、杖を持って大地の塵を打たせた。舞い上がった塵は、すべてブヨになり、人々はもちろん、家畜を襲った。さすがの魔術師たちも、これは神の御業に違いないと進言したが、ファラオは聞く耳をもたなかった。

次に襲ってきたのはアブだった。アブの大群がエジプト人とその家畜を襲った。アブによってエジプト全土が荒れ果てたが、イスラエル人が住む地域だけは被害がなかった。これを見て、ファラオは一旦は要求を飲むと口にしたものの、アブが消え去ったあと、その約束を反故にする。

虫の次は疫病だった。エジプト全土の家畜がすべて疫病に冒され、次々と死んだ。ただ、イスラエル人が飼っている家畜は一頭も死ぬことがなかった。疫病に続いて、腫物が人々と家畜を襲う。魔術師たちも腫物によって立つこともできなくなった。これを目にしても、ファラオの態度は変わらなかった。

そこで、創造神ヤハウェはモーセに両手を天に向かって差し伸べるよう命じた。いわれた通り、両手で杖を掲げると、突如、稲妻が走り、嵐がやってきた。轟きとともに、巨大な雹が降ってきた。無数の雹が人々と家畜、畑を襲い、これらを打ち砕いた。ただし、イスラエル人が住む地域だけは雹が降らなかった。驚きを隠せないファラオであったが、やはり、態度を改めることはなかった。

次にモーセが杖を大地に差し伸べると、一昼夜、強い東風が吹いた。朝になると、風とともにイナゴの大群がやってきた。莫大な数のイナゴは残っていた畑の作物をすべて食い尽くした。作物だけではない。樹木や野の草も、すべて緑あるものは地上から消えた。恐れたファラオは

⬆絶対神ヤハウェがエジプト全土にもたらした10の災い。モーセが天に向かって両手を上げると轟きとともに雹が降ってきた。

一旦はイスラエル人が去ることを認める言葉を口にするが、またしても前言を翻した。

過越と蘇民将来伝承

災いは大詰めを迎える。暗闇がエジプト全土を覆った。夜のような状態ではない。あらゆる光が消えた。いくら目を凝らしても、何も見えない。互いに顔を合わせても、まったく見ることができない。完全なる漆黒の闇が出現したのだ。これが、丸々3日間も続いた。ただし、このときもイスラエル人の住んでいる場所には光があった。

かくして、最後の災いが下る。創造神ヤハウェが自ら赴き、すべての初子を殺した。ファラオの初子から奴隷の初子、さらには家畜の初子に至るまで、すべて死んだ。殺戮の天使が全エ

⬆絶対神ヤハウェが起こした最後の災い。エジプトのすべての初子が殺された。

ジプトの初子を襲ったのだ。

　しかし、創造神ヤハウェはイスラエル人には危害を加えなかった。事前に、モーセとアロンを通じてイスラエル人に向けてこう命じていたからだ。各家庭で羊を屠り、その血を玄関の鴨居と2本の柱に塗るように。家からは、だれも出てはいけない。創造神ヤハウェは羊の血が塗られた鴨居と2本の柱を目印として、その家は通り過ぎる。中にいる人々には何ひとつ害を及ぼさずに家の前を過ぎ越していく、と。こうしてイスラエル人たちの初子は、だれひとり犠牲になることはなかった。

　この大いなる災いによって、ついにファラオが折れた。ファラオの初子も死んで、ようやくモーセの要求を受け入れた。全イスラエル人たちがエジプトから出国することを許可したので

⬆神社に立てられる茅の輪は過越の際の目印となった羊の血が塗られた鴨居と２本の柱だ。

ある。

運命の日、金銀財宝を手に集まってきたイスラエル人たちは、長らく住んでいたエジプトを脱出し、創造神ヤハウェが約束した地へ向けて長い旅に出た。これが有名な「出エジプト：エクソダス」である。

さて、ここで改めて、出エジプトにおける最後の一夜を振り返ってみよう。このときの出来事をイスラエル人は「過越」と呼ぶ。もう、お気づきだろう。過越の逸話は、まさに蘇民将来伝承とそっくりである。というよりも、過越こそ、蘇民将来伝承のもっとも古い起源なのである。

いうまでもなく、蘇民将来伝承における「武塔神＝スサノオ命＝牛頭天王」は創造神ヤハウェである。正しき者である蘇民将来はモーセ及

↑血のしるしを見て通り過ぎる殺戮の天使。

びイスラエル人、悪しき者である巨旦将来はファラオ及びエジプト人である。蘇民将来と巨旦将来が兄弟であるというのは、幼いころ、モーセとファラオは宮廷で義兄弟のように育ったことを暗示している。虐殺にあわないように命じられた茅の輪は、この場合、羊の血を塗った鴨居と2本の柱である。

神社の境内に立てられた茅の輪は一種の門である。茅の輪は「血の輪」でもあるのだ。ときに、茅の輪は鳥居の中に立てられることもあるが、これも血を塗った鴨居と2本の柱である。

さらにいうならば、神社の赤い鳥居とは、過越において羊の血を塗った鴨居と2本の柱を象徴しているのである。赤い鳥居は稲荷神社の定番であるが、その総本山である京都の伏見稲荷大社を創建したのはユダヤ人原始キリスト教徒の秦氏だった。彼らは過越の記憶を鳥居に赤という色で刻んだのだ。秦氏の支族には「赤染氏」と名乗った一族がいるほどである。

同様に赤い鳥居が象徴的な宇佐八幡宮も秦氏が創建した。稲荷神社と並んで全国でもっとも多い八幡神社の多くが赤い鳥居なのは、突き詰めると過越にあるのだ。赤い鳥居は、そこにイスラエル人がいる象徴であり、災いを遠ざける象徴だったのである。ちなみに、赤い鳥居は京都の松尾(まつのお)大社や下上賀茂神社、日吉大社、梅宮大社などが知られるが、いずれも秦氏が深く関わっていることはいうまでもない。

過越祭と年越祭

蘇民将来伝承とは「過越伝承」である。イスラエル人は出エジプトにおける過越を記念し、後世、忘れないために「過越祭：ペサハ」を始めた。命令したのは創造神ヤハウェである。神はモーセとアロンを通じて、過越の夜に将来にわたって受け継ぐべき儀式の次第を事細かく預言した。創造神ヤハウェは最初に明言している。

「この月をあなたたちの正月とし、年の初めの月としなさい」(「出エジプト記」第12章1節)

過越祭とは正月を迎える儀式なのだ。新年を前に、いろいろな儀式を行う。日本でいえば、

⬆中世の過越祭の様子。イスラエル人は出エジプトの過越を忘れないために過越祭を行うようになった。

そう大晦日である。日本にやってきたイスラエル人にとって、過越祭とは「年越祭」なのだ。年越から正月、さらには松の内とされる間の祭礼は、元をたどれば今日でいうユダヤ教の過越祭なのである。

実際、正月の祭礼を規定したのは陰陽道である。安倍晴明（あべのせいめい）が記したとされる『三国相伝陰陽輨轄簠簋内伝金烏玉兎集』には、五節句の取り決めが最後に明記されている。今でこそ五節句の最初は1月7日の人日だが、ここにある最初の節句は元日である。年越から新年にかけての祭礼は、すべて陰陽道の蘇民将来伝承に由来するのだ。

茅の輪に関しても、一般に「夏越（なごし）の祓い」が知られるが、それだけではない。神社の境内に茅の輪が設置されるのは夏だけではないのだ。茅の輪が設置される時期は一年でちょうど半年が過ぎた季節である。半年分の厄落としの意味があると説明される。ということは、もう半年たったら、改めて茅の輪をくぐる必要がある。

そう、実は神道には「年末の祓い」という祭礼があり、神社の境内には茅の輪が設置される。夏越の祓いと同様、茅の輪をくぐることが厄除けになるとか。まさに新年を迎える年越に行われた過越祭の記憶が、ここにある。

よく知られているように、ユダヤ教徒が使う暦はふたつある。「宗教暦」と「政治暦」だ。宗教暦は春の3月に始まり、政治暦は秋の10月に始まる。ちょうど、これらの暦から3か月前倒しする形で、日本の「年越の祓い」と「夏越の祓い」がある。日本の暦法は時代によって変化したが、本をただせばユダヤ暦にあるのだ。

いずれも正月である。正月ゆえに祓いの儀式が行われる。その理由は創造神ヤハウェが過越をもって正月と規定したからなのだ。今日のユダヤ教では宗教暦としての新年に過越祭が行われるが、日本の神道では政治暦としての新年にも祓いの儀式を設定したのだ。

年越そばと引っ越しそばと過越そば

出エジプトにあたって、最後の夜には特別な儀式が行われた。のちの過越祭の原型となる祭礼では、各家庭で羊が生贄として捧げられた。と同時に、儀式で食されるパンにも特別な指令がくだった。通常、小麦を練って作った団子に種、つまりはイースト菌を入れて発酵させ、ふっくらとなったところで焼くというのが定番である。これに対して、創造神ヤハウェは種を入れるなと語る。ふっくらした状態ではなく、元の団子のような状態のパンを用意して、これをみんなで食べよというのだ。

日本にも小麦で作った団子はある。昔ながらの伝統食だ。小麦ならず、稗や粟、そしてコメでも団子を作る。大晦日から正月にかけて、団子を食べる習慣はないが、ひとつだけ姿は異なるものの、種を入れないパンに相当する食べ物がある。

「そば」だ。日本人は年越の夜、そばを食べる。世にいう「年越そば」だ。なぜ年越の大晦日にそばを食べるのか。年末の大掃除や正月の準備に大忙しなので、食事は簡素に済ませる。翌日の正月からは豪勢なおせち料理が待っているのだから、大晦日はそばで十分だという。

同じ理由で、日本人は習慣として、そばを食べる機会がある。引っ越しだ。住まいを移す引っ越しという作業は多忙を極める。当日は、料理をする時間もないので、食べ物は簡素なそばでいいのだとも。いわゆる「引っ越しそば」だ。

本来は江戸時代、引っ越し先の近所への挨拶としてそばを配った。そばに越してきたのでよろしくお願いしますという言葉遊びもあったのだとか。今日でいう駄洒落か、親父ギャグに近いノリで広まったらしい。

年越も引っ越しも、共に「越」だ。時間を越すか、空間を越すか。「言霊」という呪術思想からすれば、もうひとつ「越」がある。そう「過越」だ。思えば、出エジプトは大いなる「引っ越し」である。イスラエル人たちが集団でエジプトから約束の地へと引っ越した。過越の記憶が年越と引っ越しに受け継がれ、種を入れないパンは素材と形を変えて、今日まで伝承されているのである。

すべては過越の夜を忘れないために。ほとんどの日本人は過越の故事を忘れてしまったが、それもよし。将来にわたって過越の儀式を受け継ぐことが本来の目的である。本来の起源を忘れてしまうことを「見越」して、長い年月をかけて過越祭の呪術を仕掛けたのが裏の陰陽師集団、漢波羅秘密組織八咫烏なのだ。

正月の餅と過越のマツォ

引っ越しそばは本来、餅だった。引っ越し先の近所に配ったのは「餅」だった。引っ越しならぬ年越においても、一夜明ければ、そばではなく餅を食べた。雑煮やお汁粉など、餅は正月料理の定番である。過越祭において食される種を入れないパンは、本来、そばというよりは団子であり、言葉を換えれば餅である。

麦と米の違いはあるが、意味するところは同じである。米もイースト菌を使えばパンになる。

⬆過越祭で食卓に並べられるマツオ。種を入れないパンだ。

種を入れなければ、麦であろうが米であろうが、日本食でいう団子であり、共に餅なのだ。

ヘブライ語で種を入れないパンのことを「マッオ」という。マツオは発音によっては「モツァ」に聞こえる。ロシアあたりに行くと、それこそ「モチ」に聞こえる。実際、餅を指さして、モチだといえば、ユダヤ人たちはマツオとして理解するだろう。

今日、ユダヤ教の過越祭で出されるマツオはクッキーのような外見をしている。餅と同じく、種を入れないパンを焼くのだ。食卓に並べられる際、マツオは3枚用意される。もしくは一枚のマツオを3枚に割ってから食べる。もちろん、ここで象徴されているのはカッバーラの絶対三神である。

日本では餅を3つにする風習は残っていないが、正月には特別な餅を作る。「鏡餅」である。鏡餅は正月行事のお供え物である。玄関や居間、神棚に供える。鏡というだけあって、古代鏡を彷彿とさせる丸い餅を2段重ね、その上に橙を置く。全体で3段重ねになっている。

3つの部位をもつ鏡餅は、もちろん絶対三神を表現している。一番上の橙は太陽を表現している。絶対神の栄光だ。下のふたつの鏡餅も、太陽だ。神道の太陽神である天照大神は八咫鏡をもって、自らの分身とした。丸い形の古代鏡は太陽を象っているのだ。したがって、ひとつの橙とふたつの鏡餅は3人の太陽神を象徴している。古代エジプトの三太陽神はもちろん、神道の造化三神を表現しているのである。

興味深いことに、天照大神を祀る伊勢神宮がある三重県では、この鏡餅を12個供える風習がある。12個とは一年12か月を表現しているといわれるが、さらにいえば、これはイスラエル12支族の象徴である。

古代の幕屋やエルサレム神殿には契約の聖櫃アークのほか、供物を並べる机があった。机に載せる供物はパンであった。マツオではなく、ふつうの種を入れたパンである。供物としてのパンは必ず12枚でなければならないと決められていた。これが三重県に残る12個の鏡餅となったのだ。

また、過越祭ではマツオといっしょに「苦菜」を食べる。当時の苦菜は野草である。日本でいう「春の七草」だ。七草も野草である。餅ではなく、お粥といっしょに食するのが一般的だが、もとは同じだ。お粥も餅と同じく米である。春の七草に対して、秋の七草もあるが、これは年越の祓いと夏越の祓いの行事であり、いずれもふたつの暦法による新年の過越祭の名残な

⬆（上）３段重ねの鏡餅。３つの部位は絶対三神を表現している。（下）三重県で供えられる12個の鏡餅（写真＝亀山市歴史博物館）。

のだ。

正月儀式と陰陽道

日本における正月の行事は神道である。仏教の行事でもあるが、それらはすべて陰陽道の思想が元になっている。神仏習合だが、根本は陰陽道であり、その裏は迦波羅である。日本人が毎年当たり前のように行っている各種行事には、いったいどんな意味があるのか。改めて検証してみよう。

いうまでもなく、正月は新しい年を迎える行事である。迎春だ。新しい年とともに、それぞれの家々に神様がやってくる。神様を迎えるため、年末には大掃除をして、家の中を清める。すべては迎え入れる神様のためなのだ。

では、いったい新年にやってくる神様は、だれなのか。神道の行事であるから、天津神(あまつかみ)の天照大神なのか。それとも国津神(くにつかみ)のスサノオ命なのか。仏教でいえば観音様だろうか。中世の渡来神ならば泰山府君(たいざんふくん)であり、赤山明神、新羅明神、そして牛頭天王か。

諸説あるが、もっともシンプルに、神道では「歳神(としがみ)」と称す。新しい年にやってくるから「年神」、充てる字を変えて歳神だ。ほかに「御年神」や「御年徳神」「大年神」という表記もある。名前が異なれば、違う神。伝説いかんによっては、別々の神になる。多次元同時存在の法則よろしく、ひとりの神が八百万の神々に変身する。もちろん、仕掛けたのはユダヤ人原始キリスト教徒の秦氏だ。

証拠がある。秦氏が関与した『古事記』によれば、歳神と同一神とされる大年神の子供には「韓神」と「曾富理神」と「白日神」がいる。韓神とは、いうまでもなく韓国、朝鮮の神である。曾富理神の「ソホリ」は朝鮮語である。現在の韓国の首都「ソウル」と語源が同じ可能性

⬆陰陽道の祭神である御年徳神。夫である「牛頭天王」の名前が見える。

が高い。同様に白日神の白日は「シラヒ」で、「新羅＝シルラ」のことだといっていいだろう。結局、大年神の子供は、すべては新羅ゆかりの神々なのだ。新羅系渡来人である秦氏が信仰していた神々である。

では、逆に親はどうか。大年神の親は、だれか。これがスサノオ命なのである。スサノオ命は朝鮮半島の曾尸茂梨（そしもり）に天下り、その後、船で日本列島にやってきた。「新羅系渡来神」であるといっていい。

籠神社の極秘伝である多次元同時存在の法則からすれば、親子3代にわたる神々の系図も、要は新羅系渡来人の秦氏が奉じる神である。のちのち、さまざまな豪族たちが婚姻関係を通じて祖神として位置づけたため、さまざまなストーリーが生まれた。記紀が成立したあとも、ずっと継続して神話は形成されつづける。この場合も、スサノオ命は牛頭山に降臨した神として、やがて牛頭天王とされていく。

したがって、多次元同時存在の法則をもちだすまでもなく、大年神の正体はスサノオ命である。大年神と同一視された歳神について、陰陽道では「頗梨采女（はりさいじょ）」であると説く。頗梨采女は娑伽羅龍王（しゃがらりゅうおう）の娘にして、牛頭天王の妻なのだ。蘇民将来伝承において、牛頭天王は妻である頗梨采女と子供たちを率いてやってくる。大年神とは、つまりは牛頭天王一族の象徴ともえいる。

正月行事が蘇民将来伝承に基づくのであれば、逆もいえる。正月は年越から続く一連の祭礼であり、その起源は古代イスラエルの過越にある。ならば、蘇民将来伝承もまた、そのルーツは過越にあるといえるだろう。登場する疫病神であるスサノオ命、もしくは牛頭天王は、祟りをもたらす創造神ヤハウェなのだ。

「牛頭天王＝スサノオ命＝創造神ヤハウェ」

過越にあたって、創造神ヤハウェは古代エジプトに10の災いをもたらした。おびただしい害虫や害獣、疫病を流行させ、初子を殺戮した。荒ぶる神とされるスサノオ命の性格そのものだ。牛頭天王とまったく同じ疫病神なのだ。正しく敬えはいいが、心を頑なにして背教すれば、恐ろしい祟りをもたらす。ゆえに、イスラエル人は預言に従って過越祭を行い、ユダヤ人原始キリスト教徒である秦氏は蘇民将来伝承に基づく陰陽道の祭礼を年越から正月にかけて行い、これを日本の伝統行事にしたのである。

門松と「生命の樹」

古代エジプトにおける過越では、恐ろしい殺戮の神と化した創造神ヤハウェと天使たちがイスラエル人の家を通り過ぎてもらうのが大きな目的であった。そのための目印として、玄関の鴨居と2本の柱に羊の血を塗った。過越の故事を忘れないため、現在でもユダヤ教徒は過越祭を行っている。ただし、過越祭においては、疫病神として通り過ぎてもらうのではなく、積極的に創造神ヤハウェを迎え入れ、大いに崇め奉る。

同様に、日本の年越から正月も、疫病神としての牛頭天王に通り過ぎてもらうのではなく、歳神として牛頭天王の妻である頗梨采女を積極的に招き入れる。歳神を迎え入れるにあたって、家中を大掃除し、正月飾りをほどこして、清浄な空間を演出する。玄関には歳神に向けたしるしとして「門松」を設置する。

本来、門松は素朴な樹木であった。天からやってくる歳神が降臨するための神聖なる依代（よりしろ）として樹を立てた。神道でいう榊である。かつて、大預言者モーセがホレブ山で創造神ヤハウェと相まみえたとき、そこには燃える柴があった。創造神ヤハウェの御魂は柴という榊に宿っていたのである。

カッバーラにおいて、神が宿る樹は「生命の樹」だ。これを明確に表現したのが、現代でもよく目にする門松なのだ。一般に門松は縁起物である「松竹梅」から構成されている。3本の竹の周囲に松の枝葉を添えて、花の咲いた梅の枝を何本か差す。

⬆正月に玄関に設置される門松はカッバーラにおける「生命の樹」だ。

中心にある3本の竹は三柱の神を意味する。神道でいえば造化三神「天之御中主神と高御産巣日神と神産巣日神」であり、原始キリスト教の絶対三神「御父と御子と聖霊」である。竹の節の数は「生命の樹」にある11個のセフィロトに対応している。

また「生命の樹」では隠されたセフィロト「ダアト」を境にして、上位3つのセフィロトで形成される上向きの三角形を「太

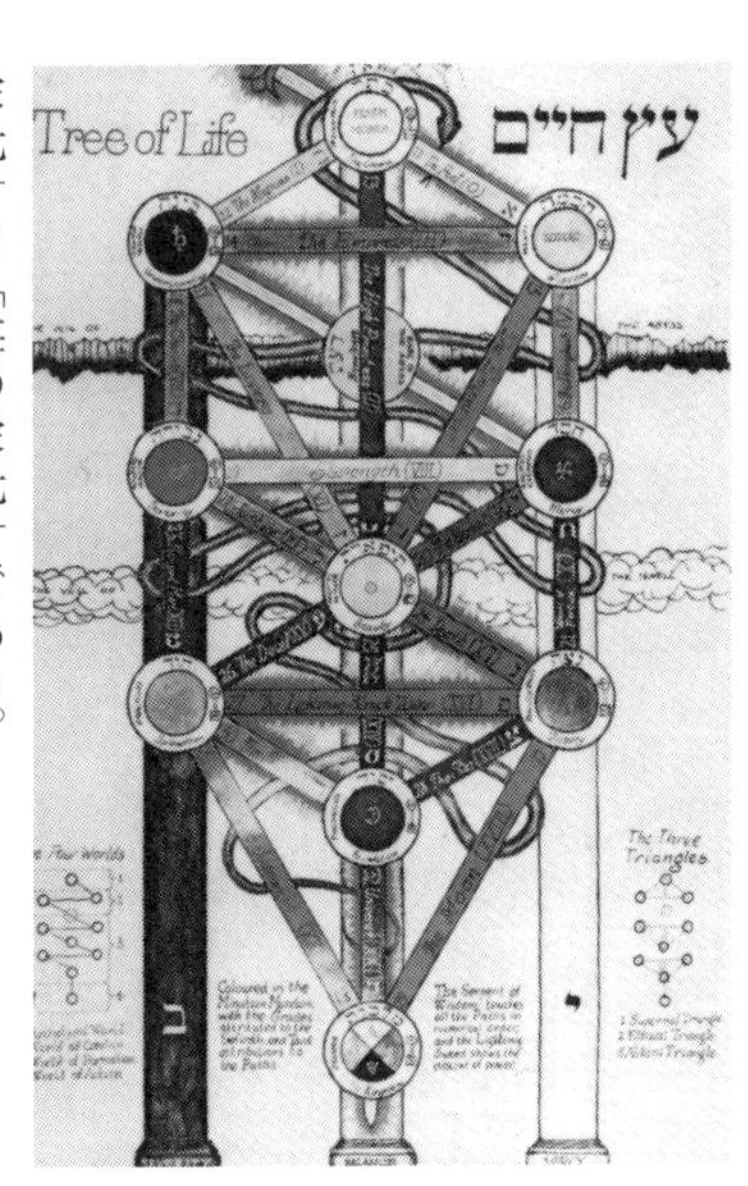

⬆生命の樹。門松の竹の節は生命の樹の11個のセフィロトに対応している。

陽の栄光：至高世界」、中位3つのセフィロトで形成される下向きの三角形を「月の栄光：中高世界」、続く下位3つのセフィロトで形成される下向き三角形を「星の栄光：下層世界」、そして最後のセフィロトをもって「地獄：滅びの世界」を象徴している。このうち上位の三栄光が日本でいう松竹梅である。あえて表現するならば「松の栄光」と「竹の栄光」と「梅の栄光」である。

通常、門松は2本立てられる。というのも、エデンの園には「生命の樹」とは別に、もう一本、神聖なる樹があった。「知識の樹」である。創造神ヤハウェが実を食べてはならないと戒めた禁断の樹である。もし実を食べれば、知識を得る代わりに、死ぬ体になってしまう。ために「死の樹」とも呼ばれる。ちなみに、よく勘違いされるのだが、「知恵の樹」は「生命の樹」のほうである。実を食べれば、知恵がつき、永遠の生命を得る。

⬆内裏の正殿である紫宸殿。正面階段の右と左にそれぞれ右近橘と左近桜がある。秦氏が仕込んだ生命の樹と死の樹だ。

日本では古来、エデンの園にあった2本の樹を「右近橘」と「左近桜」と呼んできた。記紀神話によると、日本の橘は田道間守が常世国で手に入れた「非時香菓」である。食べると不老不死になるという。まさに「生命の樹の実」だ。対する桜の花は美しいが、はかなく散る。その意味で「死の樹」である。これが正月飾りの2本の門松になったのだ。

「生命の樹：知恵の樹：右近橘：右門松」
「死の樹：知識の樹：左近桜：左門松」

橘を日本に持ち帰った田道間守は天之日矛の末裔である。非時香菓が生えているという常世国の名前にちなんだ常世氏は秦氏である。右近橘と左近桜は天皇が住まう内裏に植えられていた。平安京の内裏があった場所は、かつて太秦であった秦河勝の邸宅があった場所である。ユダヤ人原始キリスト教徒であった秦氏はカッバーラの「生命の樹」と「死の樹」を「右近橘」と「左近桜」と表現し、かつ正月飾りの門松として仕込んだのである。

注連縄と出雲

正月には門松とともに「注連縄」が張られる。神棚や戸口など、神聖な場所に縄を張り、そこに白い紙垂をつける。縄張りという言葉があるように、注連縄は聖別された場所を囲む結界の役割がある。結界が張られた空間は閉じられており、魔物が入ってくることができない。逆に、結界をもって魔物を封じ込めることもできる。

神社の拝殿や本殿、時には鳥居にも張られる注連縄は、まさに聖なる場所であることを示す結界である。その形は蛇に見立てられることもある。2匹の蛇が絡み合って、ひとつの縄を形成しているという。実際、蛇の交尾は雌雄2匹の体が互いに絡みつき、文字通り注連縄のようになる。

カッバーラの「生命の樹」と「死の樹」には、それぞれ「青銅の蛇」と「赤い毒蛇」が巻きついている。青銅の蛇はイエス・キリスト、赤い毒蛇はサタンを象徴する。光と闇の蛇は陰陽で示され、時に注連縄は紅白2色でなわれることもある。または、3本の縄を巻いて三柱の蛇

⬆出雲大社の大きな注連縄。結界を示すとともに巨大な雲を表している。その間から垂れているのは注連子（しめのこ）で、雨を表している。

を表している。

神道の注連縄には、もうひとつ重要な意味がある。「雲」だ。拝殿に掲げられた大きな注連縄は巨大な雲を表現しているのである。よく見ると、注連縄の間から縄の端が下に垂れている。「注連子（しめのこ）」である。これは「雨」だ。縄で降雨を表しているのである。

さらに、もうひとつ、注連縄の間には白い紙垂が挟まれている。これは「稲光」である。雷雨となって、稲妻が光っている様子を再現しているのだ。嵐のような状態であるからして、当然「雷鳴」も轟く。これが鈴である。本殿に向かって礼拝する際、綱を揺らして鈴を鳴らす行為は、そのまま雷の轟音を響かせていることになるのだ。

なぜ、神社は嵐の情景を拝殿において再現しているのであろうか。おそらく神社の方に聞いても、要領を得た説明を聞くことは難しいだろう。実は、これこそ神道の神社がユダヤ教の神殿である証拠なのだ。『旧約聖書』を読んでいただくとわかると思うが、創造神ヤハウェが地上に顕現するとき、必ず「雲」が出現した。

大預言者モーセがシナイ山で十戒石板を授かっている間、山頂は雷雲に覆われた。十戒石板を納めた契約の聖櫃アークの蓋は「贖い(あがない)の座」といって、創造神ヤハウェが臨在するのだが、そのときも光る雲が出現した。契約の聖櫃アークが置かれた至聖所の内部には雲が充満したとある。

神社における契約の聖櫃アークは賽銭箱である。賽銭箱の上には、必ず大きな注連縄がある。契約の聖櫃アークには犠牲の血が注がれたが、これが賽銭である。生贄の代わりに賽銭という形で奉納しているのである。

また、鈴を鳴らす際、拝殿に垂らされた綱をゆらすが、この綱も雲である。正確には「雲柱」である。出エジプトにおいて、古代イスラエル人が隊列をなして移動したとき、そこには雲柱が現れた。昼は雲柱、夜は「炎柱」となって古代イスラエル人を守った。契約の聖櫃アークが納められた「幕屋」の上にも雲柱が立った。拝殿にある綱は雲柱を再現しており、ときおり見られる紅白の綱は炎柱を意味しているのである。

雲を神の顕現とするのは物部神道の特徴である。物部神道の神社は、往々にして巨大な注連

←⬇契約の聖櫃アークが納められた幕屋（上）とアークを担いで移動させるイスラエル人（下）。どちらの絵にも巨大な雲が描かれている。

縄を掲げる。中でも、出雲大社は有名だ。出雲地方は、その名の通り「雲」が神々の象徴である。そもそも出雲の枕詞が「八雲」である。日本最古の和歌には、こうある。

「八雲立つ 出雲八重垣 妻ごみに 八重垣つくる その八重垣を」

詠んだのはスサノオ命である。蘇民将来伝承が過越伝承なら、スサノオ命は創造神ヤハウェである。和歌にある「八重」の「ヤエ」とは「ヤハウェ」のことだ。八重垣とはヤハウェの垣根という意味である。これは創造神ヤハウェが古代イスラエル人を雲柱によって守った故事を暗号として隠した和歌なのだ。

ちなみに、この「八重」が「弥栄」となり、最終的に「八坂」となった。ゆえに、主祭神が牛頭天王からスサノオ命に変更された全国の祇園社は、みな八坂神社と名乗るようになったのである。

正月飾りと有翼円盤

神社の注連縄から下がる注連子には、いくつかバージョンがあり、中には「照照坊主」のような形をしたものもある。多くの場合、注連子は3つ。「子」という字があてられているよう

⬆鳥居に設置された注連縄から下がった３つの注連子。

に、これは一種の「人形」である。３人の照照坊主とは、３人の天照大神という意味であり、もっといえば３人の太陽神。と、くれば、もうおわかりだろう。造化三神であり、絶対三神である。光る雲を伴って顕現する絶対三神を表現しているのだ。

物部神道が雲を創造神ヤハウェの顕現に見立てるのに対して、秦神道はイエス・キリストを太陽に見立てる。出雲のスサノオ命に対する伊勢の天照大神である。正月飾りにしつらえる橙は太陽だ。鏡餅の上に置かれる橙も、しかり。さらには、玄関の戸口に掲げられる「注連飾り」にも橙がある。中心に太陽が輝き、その光が四方に伸びている様子を稲葉で再現しているのである。

橙をつけた注連飾りの起源は古代オリエントにある。古代エジプト文明及び古代メソポタミア文明では、太陽を「太陽円盤」として表現する。太陽円盤は神々の頭に掲げられたり、中に神々が描かれたりするが、中でも特徴的なのが「有翼円盤」である。円盤の左右に鷲や鷹の翼を描く。一説には皆既日食の際に見られるコロナを表現したものではないかという。翼のほかに、鷲や鷹の頭や2本の足も描かれる。歴史学者の井本英一氏は橙のある注連飾りは有翼円盤が日本に伝来したものだと主張する。

古代エジプトに長らく住んでいた古代イスラエル人がシルクロードを通ってこの日本にやってきたことを思えば、井上氏の説は非常に注目に値する。

忌部（いんべ）氏の祖先に「天日鷲命（あめのひわしのみこと）」がいる。その名の通り、鷲を神格化した太陽神である。天日鷲命は金鵄（きんし）と同一神であるとされる。金鵄は金鴉であり金烏、つまりは八咫烏だ。熊野本宮大社では、八咫烏に見立てた注連飾りを門に掲げている。その姿は、まさに古代オリエントの有翼円盤にほかならない。

注連飾りの下部は縄が放射状に伸びている。これは雨ではない。放射状に広がる光芒である。橙という太陽を中心にして太陽光が広がっている様子を示しているのだ。ルーツはアテンである。アクエンアテンが唯一神に昇華した太陽神アテンには偶像がない。あるのは放射状に伸びた光線の先に手が描かれた太陽円盤だけである。これが、注連飾りから伸びる何本もの縄として再現されているのである。

唯一太陽神アテンと唯一神ヤハウェの類似性は多くの研究家が指摘するところだ。「アテン

⬆橙をつけた正月飾り。橙は太陽を表している。
⬅古代エジプトの遺跡の壁画に描かれた有翼円盤。

⬆熊野本宮大社の八咫烏（やたがらす）に見立てた注連飾り。

賛歌」と『旧約聖書』の「詩篇」の内容がほとんど同じであり、当時、古代エジプトにイスラエル人がいたことを考えると、同一神と考えていい。日本にやってきたユダヤ人原始キリスト教徒である秦氏はイエス・キリストを太陽神として位置づける際、注連飾りにアテンの太陽円盤を再現したのである。

　一般に正月飾りは松の内のみ。本来は小正月の1月15日まで。15日には注連縄や正月飾りをどんと焼きで燃やす。20日になると鏡開きをした。現在では、7日を過ぎると正月飾りを外す家が多くなったが、地方によって差があるのも事実。中には一年中、注連飾りを掲げているところがある。三重県の伊勢地方である。ご当地では年中、戸口に「蘇民将来子孫家門」の木札をつけた注連飾りが飾られている。

　なぜ、伊勢地方では年中、正月飾りをしているのか。その理由は伊勢神宮にある。伊勢神宮は常に正月である必要がある。もっといえば、年越＝過越であり、過越祭を行っていなければならない特別な事情があるのだ。

改めて、よく見てほしい。「蘇民将来」とは「将来、蘇る民」という意味だ。今は自覚なくとも、やがて長い眠りから目覚め、蘇る時が来る。日本民族が失われたイスラエル人であることをはっきりと認識する日が来る。その決定的な証拠が伊勢神宮には隠されているのだ!!

第7章

大預言者モーセの「出エジプト」と牛頭天皇の「出ジャパン」

牛神バアルと牛頭天王

蘇民将来伝承の牛頭天王（ごずてんのう）は秦氏が日本にもち込んだ。秦氏は新羅（しらぎ）系渡来人である。その素性は古代ローマ帝国にまで遡る。古代ローマ帝国で隆盛したミトラス教では、牛を屠る儀式があった。京都の秦氏が行う牛祭に登場する摩多羅神（またらじん）は、まさにミトラスである。中世日本における渡来系の異形神は牛頭天王を含めて、すべてミーラスに行きつく。

古代アーリア人の太陽神ミトラにして、仏教の弥勒菩薩（みろくぼさつ）にまで昇華するミトラスは、古代ローマ帝国にあって、イエス・キリストと極めて類似していた。カトリックは嫌悪感を示すが、カッバーラという視点からすれば、同一神である。

カッバーラでは、イエス・キリストは受肉した創造神ヤハウェにほかならない。ヤハウェは古代イスラエル人の守護天使であった。絶対三神のヤハウェは御子であり、その上位に御父なる神エル・エルヨーンがいる。

エル・エルヨーンは全人類の至高神である。第2位である創造神ヤハウェについては、信仰する民族によって呼び名が異なる。イスラエル人はヤハウェと呼んだが、フェニキア人はバアルと呼んだ。名前が異なれば、違う神格となる。これは現在のユダヤ教とキリスト教、そしてイスラム教を見ればわかるだろう。崇拝する神は、みなヤハウェであるにもかかわらず、互いに争いを続けている。
フェニキア人が崇拝するバアルは雷神である。嵐を呼び、光る雲を伴って顕現するヤハウェと同じだ。壁画に描かれたバアルの頭には2本の角がある。牛の角だ。バアルは牛神であり、あえて外見をもって描写するなら「牛頭神」である。日本的に少し表現を変えれば、牛頭天王である。
同様に、創造神ヤハウェを賛美するにあたって、『旧約聖書』の「民数記」には「野牛の角」のようだと記されている。創造神ヤハウェもまた牛頭天王だった。つまるところ、バアルと同じ神だったのである。

⬆フェニキア人の神バアル。頭に2本の角がある。

「牛頭天王＝摩多羅神＝ミトラス＝イエス・キリスト＝ヤハウェ＝バアル」

預言者エリヤとバアルの預言者たちの戦いがあまりにも印象的なので、キリスト教では、と

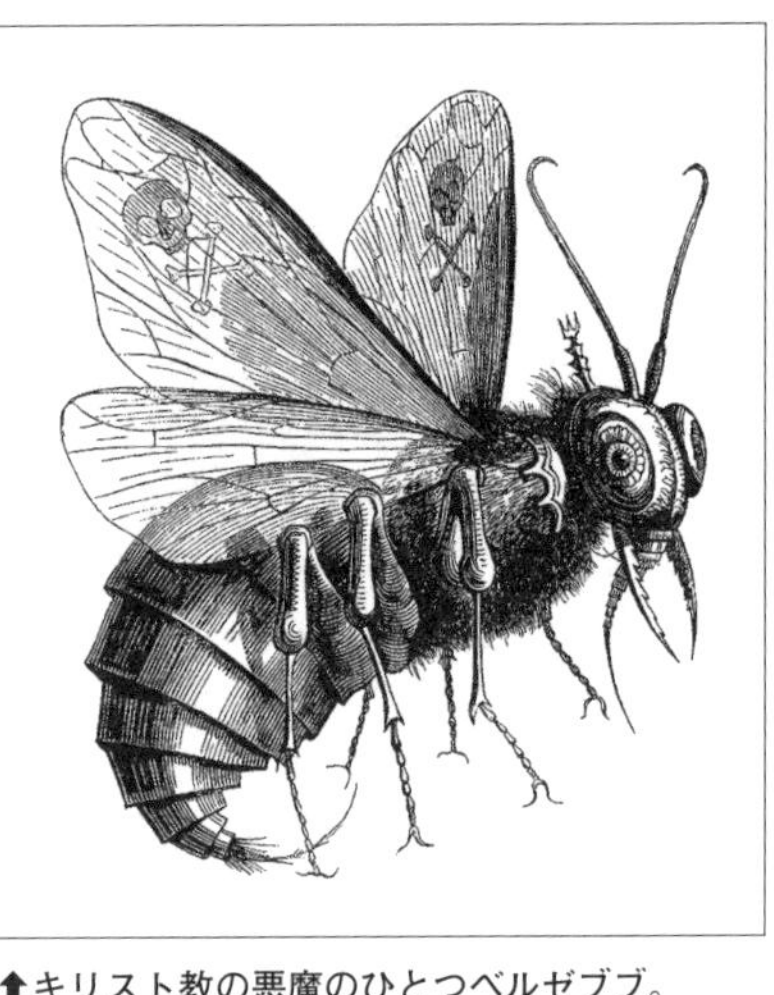
⬆キリスト教の悪魔のひとつベルゼブブ。

かくバアルは悪魔と見なされる。本来、バアルとはフェニキア語で「主」という意味なのだが、ベルゼブブやベリアル、ベルフェゴールといった悪魔の名前にも「ベル」や「ベリ」という形で組み込まれている。

しかし、カトリックやロシア正教、プロテスタントのキリスト教でいう悪魔は、みな異教の神々である。教条的な神学にこだわった結果、異教の神々は、すべて悪魔であると見なされたのだ。これはユダヤ教やイスラム教でも変わらない。悪魔というレッテルを貼ってしまったがゆえに、異民族の崇拝する神々が、本を正せば創造神ヤハウェであることに気がつかなかったのだ。

ユダヤ教では偶像崇拝を禁じているため、歴史的に創造神ヤハウェの図像は極端に少ない。ほとんど皆無に等しいのだが、貴重なヤハウェの図像がシナイ半島のクンティレット・アジュルド遺跡から発見されている。興味深いことに、壁画に描かれたヤハウェは、なんと頭に牛の

⬆クンティレット・アジュルド遺跡の壁画に描かれたヤハウェ。頭に牛の角がある。

角を生やしているのだ。

しかも、その配偶神はアシェラである。フェニキア神話において、アシェラはバアルの母神であり、最高神エルの妻である。時代が下ると、アシェラはバアルの妻とされた。古代のエルサレム神殿には、数多くのアシェラ像が奉納されていた。創造神ヤハウェとアシェラが密接な関係にあったことは間違いない。

すべての謎は創造神ヤハウェとバアルが同一神だったとすれば、きれいに氷解する。古代中国における神農や蚩尤を牛頭神として崇拝したのは失われたイスラエル10支族であり、それをミズラヒ系ユダヤ人とともに日本にもち込んだのは徐福集団の秦人だった。

秦始皇帝の子孫で、別動隊で朝鮮半島に入った秦人たちは、そこでガド族に率いられてきた失われたイスラエル10支族及びユダヤ人原始キリスト教徒と合流、古代ローマ帝国のミトラス教を知る。ミトラスは秦韓及び新羅において、牛頭神として信仰され、やがて牛頭天王という神格を生む。新羅系渡来神は記紀神話においてスサノオ命という名前で知られるようになる。

これらが伏流水となり、中世において神道でも仏教でもない異神が日本にもたらされる。道教の泰山府君（たいざんふくん）は赤山明神や新羅明神、さらには摩多羅神という名前で信仰されるものの、すべては牛頭天王であり、起源を遡れば創造神ヤハウェだった。

名前は異なれど、多次元同時存在の法則によって、その正体は明らかだった。カッバーラの奥義を手にしたユダヤ人原始キリスト教徒の秦氏にはわかっていたのだ。完全にわかっていたからこそ、秦氏の中枢である漢波羅（かんばら）秘密組織八咫烏（やたがらす）は、それを逆手にとって広めた。多神教という顕教をもって人々の信仰を集め、その裏で創造神ヤハウェを唯一神とする物部（もののべ）神道を抱き込み、最終的には絶対三神へと至る呪術を仕掛けたのである。

牡牛座の時代

根本的な問題として、なぜ創造神ヤハウェは牛の頭をもって描かれたのか。同一神であるバアルも、なぜ牛神とされたのか。神農や蚩尤、牛頭天王も、どうして牛の角をもって描かれたのか。さらには、ユダヤ教やミトラス教、そして漢神信仰において、牡牛が生贄として捧げられた理由は何なのか。

確かに古来、牛は重要な家畜であった。牛は財産である。人類にとって重要な動物であるからこそ、神様として祀った。が、理由はそれだけだろうか。実は、ここに重要な秘密が隠されている。

鍵は「占星術」である。『旧約聖書』において、魔術や占い、口寄せの類いは厳しく禁じられている。これらが虚構で、人々がだまされるからではない。むしろ逆だ。効果や影響があるからこそ、危険だと警告しているのだ。下手に素人が手を出すと、恐ろしい目にあうので、近づくなと戒めているのである。ゆえに、こうした魔術や呪術はユダヤ教の密教、すなわちカッバーラにおいて語られるようになった。

占星術の起源は古く、古代文明の発祥と同じであるといっていい。基本となるのは太陽と月、そして5つの惑星だ。天文は暦の基準となるので、一日やひと月、一年といった周期を天体の動きによって計算していた。一か月は月の周期の約30日で、一年は太陽の周期で、かつ12か月。昼と夜の時間が同じになる春分点を基準にして、太陽の黄道を12等分したものが、星占いの十二星座になる。正確には、十二星座に由来する「黄道十二宮」といい、それぞれ角度にして30度の「宮：サイン」を太陽が通過する。

具体的に、黄道十二宮は白羊宮、金牛宮、双子宮、巨蟹(きょかい)宮、獅子宮、処女宮、天秤宮、天蝎(てんかつ)

宮、人馬宮、磨羯宮、宝瓶宮、双魚宮。十二星座は牡羊座、牡牛座、双子座、蟹座、獅子座、乙女座、天秤座、蠍座、射手座、山羊座、水瓶座、魚座と呼ばれている。

ただし、現在、春分点は宝瓶宮にある。それゆえ夜空の十二星座と黄道十二宮は、ふたつずれている。原因は歳差運動である。地球は約2万６０００年周期で自転軸が回転している。このため、春分点は約72年で1度ずれる。２０００年もすると、所属する宮が隣の宮に移ってしまうのだ。これを「プラトン年」と呼ぶ。

理論的にはプラトン年を12分割した「プラトン月」は約２１５０年なのだが、古代において、どれだけ正確に黄道十二宮が区分されていたかは定かではない。あくまでも目安として、ここでは約２０００年という表現をすることをあらかじめ断っておきたい。

現代の占星術において、春分点が宝瓶宮に入ったのは、つい最近のことである。それ以前は双魚宮に約２０００年間あった。紀元前後から紀元前２０００年ごろまでは白羊宮にあり、この時代に、今日の占星術が形成されたため、十二星座の始まりが牡羊座になっている。さらに、紀元前２０００年から紀元前４０００年ごろは金牛宮である。ちょうど、この時代には古代エジプト文明や古代メソポタミア文明が発祥している。

人類史の始まりは金牛宮時代だった。牡牛座の時代であるがゆえ、聖なる牛を最高神として崇めた。創造神ヤハウェや雷神バアルが牛の象徴をもって語られるのは、このためなのだ。牛頭天王は、まさに文明の発祥とともに現れた神格といっても過言ではない。

カッバーラの牛神

占星術によれば、人類史は金牛宮時代から始まり、白羊宮時代、双魚宮時代、そして宝瓶宮時代の現代に至っている。これをカッバーラによって解読すると、どうなるか。

まず、金牛宮時代の始まりは今から約６０００年前である。これは『聖書』の歴史観からすれば、創造神ヤハウェによって天地が創造され、アダムとエバがエデンの園を追放された時代に当たる。楽園を離れて、地球上で人類が生活を始めたのが、ちょうど紀元前４０００年ごろなのだ。

人類が金牛宮時代に始まったことは、ヘブライ語のアルファベットにも表れている。最初の文字「アレフ」は牛の頭を描いた象形文字である。英語のアルファベットでいう「A」である。ちょうどAを上下逆さまにした「∀」が古代ヘブライ文字のアレフである。ちなみに、この文字は牡牛座のシンボルにもなっている。

カッバーラにおいて、最初の文字ということは、絶対神の文字である。人間は次の「ベイト」から始まる文字によって語られるべきだ。事実『旧約聖書』の最初の言葉は「初めに」を意味する「ベーレーシット」で、文字でいえばベイトなのだ。

したがって、神の文字であるアレフが牛の頭を表している以上、創造神ヤハウェが牛神として描かれたとしても不思議ではない。古代ヘブライ文字はフェニキア文字と同系統であり、フェニキア人が民族の守護神バアルを牛神として描いたのも、この理由からだ。

フェニキア文字から派生したのがギリシア文字である。アレフは「アルファ」である。『新約聖書』の中で、イエス・キリストは自らを「アルファにしてオメガである」と称している。これは「最初にして最後の者」という意味だ。創造神ヤハウェも、最初にして最後の者であると自称した。ヘブライ語でいえば「アレフにしてタヴである」。先に見たように、アレフは牛である。創造神ヤハウェは牛神であることを表明しているのだ。

一方のタヴは英語のアルファベットでいえば「T」である。これは十字架を象徴している。アレフにしてタヴとは、最初が創造神ヤハウェであり、最後がイエス・キリストである。両者は同一神であることを意味しているのだ。

日本に伝来して牛神ヤハウェは牛頭天王になる。日本語の五十音は仏教の経典から整理。サンスクリット語をもとにして、母音と子音から成る五十音表が構成された。

その一方で、日本語を表記する仮名は万葉仮名から平仮名や片仮名が作られた。五十音における最初の仮名文字「あ」は「安」を崩した形で、「ア」は「阿」の「阝」をもって書かれた。不思議なことに、起源がまったく異なるのに、「あ」は牛が丸くなった形であり、「ア」は「A」

や「∀」に似ている。編纂の過程で、似ている字体を無意識に選択しているとすれば、日本人の集合無意識に古代イスラエル人の記憶がしっかりと刻まれているからだとしても不思議ではない。

実際、十戒によって偶像崇拝を禁じられたイスラエル人であったが、牛神の記憶は、ずっと残る。出エジプトにおいて、彼らは黄金の子牛像を作って崇拝したり、北朝イスラエル王国でも黄金の子牛像を神殿に安置して拝んでいた。創造神ヤハウェの玉座としての子牛像であったとしても、この世の初めにあった牛神信仰が後世に至るまで脈々と息づいていたのである。

牡羊座と魚座の時代

金牛宮時代を経て、次の約2000年間は白羊宮時代となる。星座でいえば牡羊座である。天界の神は羊をもって象徴されるようになる。古代エジプト王国では比較的目立たなかった羊神アメンが太陽神ラーと集合し、アメン・ラーとなることによって、最高神にまで昇華する。マケドニアのアレキサンダー大王はアメンの息子を自称し、肖像画には羊の角を描かせた。

白羊宮時代は『旧約聖書』でいえば、預言者アブラハムからイエス・キリストが誕生するころに当たる。この時代、イスラエル人は遊牧民であった。羊を飼っていた。古代イスラエル王国のダビデ王は羊飼いだった。

創造神ヤハウェに捧げる犠牲は牛のほかに羊があった。中でも過越祭に屠られるのは子羊だった。十字架にかけられたイエス・キリストは「神の子羊」を称した。イエスは受肉した創造神ヤハウェである。よって、創造神ヤハウェは羊神としての神格をもっていたことになる。

キリスト教で用いられる迷える羊たちとは、本来、イスラエル人を指す言葉だった。羊神ヤハウェを奉じるがゆえ、彼らも羊にたとえられたのである。イエス・キリストが語った「イスラエルの家の失われた羊」という言葉も、その背景には白羊宮時代があったのだ。

また、イエス・キリストの誕生は白羊宮時代から双魚宮時代へ変わる節目の時期でもあった。それゆえ、天界の神の象徴も羊から魚へと変化しつつあった。イエス自身は神の子羊と称したが、弟子たちの中には漁師がいた。12使徒のうち4人が漁師である。ペトロとアンデレの兄弟、ゼベタイの子であるヤコブとヨハネの兄弟である。彼らを召命するにあたって、イエスは「人間をとる漁師にしよう」と述べている。

あるとき、イエスは2匹の魚と5つのパンをもって、それを5000人に分け与えた。魚とパンは減ることなく、全員、お腹を満たすことができた。魚とパンの奇跡であるが、ここで注意したいのは、魚が2匹だったという点である。魚座は2匹の魚である。ギリシア神話によれば、ユーフラテス河に飛び込んだアフロディテと息子エロスが魚に変身した姿であるという。つまり、2匹の魚は魚座を暗示しているのだ。

同様に、イエス・キリスト自身、魚として表現されることもあった。ギリシア語で『「イエス・キリスト・神・子・救世主」を表した「ΙΗΣΟΥΣ ΧΡΙΣΤΟΣ ΘΕΟΥ ΥΙΟΣ ΣΩΤΗΡ」の各頭文字をとった「ΙΧΘΥΣ：イクテュス」は魚を意味する。ゆえに、初期のキリスト教では魚がイエス・キリストのシンボルとされた。

さらに、12使徒の4人が漁師であったことから、漁業で使う船や錨をもって教会の象徴と見なすことも多い。その場合、錨の先には魚を2匹描く。これもまた、イエス・キリストのみならず、魚座の時代であることが背景にあるのだ。

宝瓶宮時代とメルカバー預言

現在、春分点は宝瓶宮に入った。すでに1990年前後には宝瓶宮時代が始まったと考える人々の間ではアクエリアン・エイジが到来したと騒がれたこともある。スピリチュアルの世界では、物質的なものから精神的なものへ人々の価値観が変わる時代がやってきたという認識は一致している。楽観的な予想が多数を占めるが、はたして、そう期待通りのハッピーな時代となるのか。

カッバーラの視点から分析するにあたって、改めて黄道十二宮に注目してみよう。ホロスコープ上でいえば、中心は地球であるが、夜空を神々が住まう天界と見なせば、そこに君臨する

⬆預言者エゼキエルが幻視した創造神ヤハウェの玉座「メルカバー」。

のは創造神ヤハウェである。

黄道十二宮の中心にイエス・キリストが描かれることもある。第3章でも紹介したように、牛を屠る神ミトラスもまた、その周りを黄道十二宮が囲む図像として描かれる。つまり、黄道十二宮は創造神ヤハウェの玉座でもあるのだ。

カッバーラでは創造神ヤハウェの玉座を「メルカバー」と称す。『旧約聖書』には具体的にメルカバーの描写がある。預言者エゼキエルの幻視によれば、メルカバーの周囲には、鷲と牡牛、獅子、そして人間の顔をもった天使が立っていたとある。同じ天使は『新約聖書』にも登場する。

絵にすると、実に奇怪な姿になるため、異星人の宇宙船を描写したものではないかという説まである。実際、メルカバーの意味については、ユダヤ教徒はもちろんのこと、キリスト教徒もかなり困ったようである。カッバーリストが瞑想によって真理に近づこうとして、何人も精神に異常をきたしたという記録がある。

メルカバーを黄道十二宮と見なせば、4つの生き物は、それぞれ天蝎宮と金牛宮、獅子宮、そして宝瓶宮に相当する。星座でいえば、蠍座と牡牛座、獅子座、そして水瓶座である。ちなみに、蠍座は古代において鷲座と呼ばれていた。

人類史における4つの時代、すなわち金牛宮時代と白羊宮時代、双魚宮時代、そして宝瓶宮時代はメルカバーでいう「牝牛」から「人間」に至る期間に相当する。先の3つの時代を象徴するのは、牛と羊と魚であった。ならば、現在の宝瓶宮時代を象徴するものは何か。占星術のシンボルでいえば水瓶であるが、カッバーラでいえば「人間」である。

人類史において、3つの時代は、それぞれ黄道十二宮の象徴が神格として表現されてきた。牛神としてのヤハウェやバアル、羊神としてのイエス・キリストやアモン、そして魚神とされたイエス・キリストだ。したがって、宝瓶宮時代は「人間神」だ。いったい人間神とは何か。復活体となった不死不滅の神イエス・キリストの再臨なのか。イエスが支配する千年王国の到来を意味するのか。現実的に、人間が神に近づくという解釈も十分ありうるだろう。

だが、ここで、ひとつ気になる預言が『新約聖書』にある。「ヨハネの黙示録」によれば、この世の終わりに世界支配を目論む独裁者、反キリストが登場する。反キリストは「獣」と呼ばれ、全人類の額と右手に悪魔の刻印を押す。刻印は獣の名にして、獣の数字「666」である。しかも、６６６なる数字は「人間」を表しているというのだ。

悪魔の刻印がなければ、人はモノを買うことも売ることもできないとあるので、これはバーコードや2次元コードのほか、インターネットやコンピューターによる人類総背番号制の預言ではないかという説がある。とくに昨今のコンピューター技術の進歩はすさまじく、人工知能ＡＩが近いうちに生身の人間の能力を凌駕すると予測されている。量子コンピューターによる超ＡＩが登場すれば、全人類の行動を管理することも十分可能になるだろう。この超ＡＩこそ「人間神」なのかもしれない。

まるでディストピアの出現といったところだが、希望はある。たとえ恐ろしい終末が待っていようとも、神の民ヤマトの国である日本には使命がある。創造神ヤハウェの預言を成就するために日本に封印されたイスラエル人たちは守られる。封印を解く最後の鍵となるのが「蘇民将来伝承」なのだ。

牛の角と栄光

日本の天皇は現人神(あらひとがみ)である。天皇霊を身に宿した存在である。天皇即位にあたっては、大嘗祭(だいじょうさい)において天照大神(あまてらすおおみかみ)と供儀(くぎ)を行う。神聖なる密儀であり、その本質はイエス・キリストとの聖餐式である。天之御中主神(あめのみなかぬしのかみ)＝御父エル・エルヨーンが見守る中、高御産巣日神(たかみむすびのかみ)＝天照大神＝イエス・キリストとともに食事をし、死と再生の儀式を通じて、その身に神産巣日神＝聖霊コクマーを降ろすことで、現人神という預言者になるのだ。

現人神としての天皇の言葉は天照大神の言葉でもある。預言者とは、そういうものである。創造神ヤハウェから啓示を受けて、聖霊コクマーを身に宿した者は、もはや人間ではない。預言者の言葉は、そのまま絶対神ヤハウェの言葉である。言葉のみならず、時に絶対神の姿として、人々の目に映る。

大預言者モーセ。彼の生涯が預言である。『旧約聖書』に記されたモーセの生涯は、そのままユダヤ教の「律法：トーラー」である。「創世記」を除けば、モーセが語った言葉は、すべて創造神ヤハウェの言葉であるといっても過言ではない。モーセ自身の戸惑いや内省の言葉も含めて、すべて意味ある創造神ヤハウェの預言なのだ。預言を語るモーセは、そのとき、創造神ヤハウェでもある。少なくとも、当時のイスラエル人の目には、そう映った。

具体的に、どう映ったのか。ヴィジュアル的に、どう見えたのか。『旧約聖書』には、はっきりと書かれている。十戒石板を授かった大預言者モーセがシナイ山から降りてきたとき、彼の顔には「角」が生えていたというのだ。

有名なミケランジェロが彫刻したモーセ像の頭には2本の角がある。ほかにも、中世の絵画では、しばしばモーセの頭に鬼のように角が描かれることがある。日本人からすれば、鬼である。偉大なる大預言者の頭になぜ鬼のような角が生えているのか。実際、絵画や彫刻を見て、まるで悪魔を思わせる大預言者モーセの姿に困惑する人も少なくない。もちろん、描写の根拠は『旧約聖書』にある。そこに描かれた姿を忠実に再現したまでだというのが、作者のいい分だろう。

しかし、さすがに大預言者モーセの頭に角が生えていたわけがない。お面やコスプレをしたといった文章は皆無である。なぜ『旧約聖書』は大預言者モーセの頭に角があると描写したのだろうか。問題の部分を新共同訳の『聖書』から引用しよう。

「モーセは、山から下ったとき、自分が神と語っている間に、自分の顔の肌が光を放っているのを知らなかった。……（中略）……彼の顔の肌は光を放っていた。……（中略）……モーセの顔の肌は光を放っていた」（「出エジプト記」第34章29～35節）

いったい、どこに「角」があるのか。モーセの顔に角が生えているという描写など、どこにもないではないか。そう思われるであろう。おっしゃる通りである。新共同訳の『聖書』には「角」なる文字はない。

が、しかし。ここで注目は「光」である。創造神ヤハウェとまみえた大預言者モーセの顔は光り輝いていた。文学的な比喩ではない。物理的に大預言者モーセの顔が発光していた。あえて「顔の肌が光を放っていた」と翻訳しているぐらいだ。文字通り、大預言者モーセの顔はランプのように光り輝いていたのだろう。

ヘブライ語で光を意味する言葉は「オール：AWR」である。ここでは光線のように輝いていたという意味で「カラン：KRN」という言葉が使われている。正確には動詞「カーラン：

⬆頭に角があるモーセ（上）と頭から光を放つモーセ（下）。

KWRN」だ。カランという言葉には、もうひとつ「角」という意味もある。若干発音は違うのだが、文字は同じである。動詞になった場合、角が生えるという意味になる。

状況から考えて、どうも、ヘブライ語で書かれた『旧約聖書』をラテン語に翻訳するにあたって、光と角を取り違えてしまった。その結果、モーセの頭には光ではなく、角が描かれてしまったというわけである。すべては誤訳が原因であるというのが定説である。

しかし、世の中、そう単純ではない。答えはひとつではない。いくつもの重層的な多義を込めるのがカッバーラである。ヘブライ語で同じ単語が「光」と「角」、両方の意味になっていることにこそ、意味があるのだ。

「虎の巻」と牛頭天王

ヘブライ語の単語には「語幹：ショーレッシュ」という法則がある。3つのヘブライ文字が根幹にあり、そこから幾多の類似した言葉が派生していく。「光」と「角」を意味するヘブライ語が同じ言葉であるならば、本来、語源は同じなのだ。大預言者モーセの顔が光っていたということは、同時に角が生えていたという意味を含んでいるのだ。

西洋の言語では、このあたりが失われている。ラテン語になった時点で、重要な多義性が失われたのだ。が、日本は違う。何度にもわたって、イスラエル人がやってきている。ヘブライ語の多義性がカッバーラとして継承されている。

ご存じのように『古事記』や『日本書紀』には「角」を名にもつ神や人物が登場する。典型例は「賀茂健角身命」と「役小角」だ。彼らは、いずれも輝く太陽の中に棲む金烏＝八咫烏を祖とする賀茂氏である。大預言者モーセと同じレビ族、中でも大祭司コーヘンの一族である。大預言者モーセの栄光を記憶に留め、輝く光を意味するヘブライ語「カラン」を「角」と読み替え、あえて自らの名前に刻んだのである。角の印象を残したのは、創造神ヤハウェが牛神であることを暗示しようとしたからだ。

おそらく欧米をはじめ、世界中のクリスチャンの方は理解できないだろうが、日本人ならばわかる。角は畏怖と威厳の象徴である。怖いけれど、そこに権威を認める。日本の伝統でいえば「鬼」である。鬼は悪魔であり、同時に神でもある。鬼の両義性は「鬼」という字の点を除いた「鬼」にも表されている。角がない鬼は神であるというわけだ。

鬼の角は、常に黄色く描かれる。黄色は光だ。鬼の角は光っている。その昔、親が子供に向かって怒るとき、鬼の角をまねて、両手で人差し指を頭に掲げて「コラッ!!」と叫んだものだ。「コラ」とは「これは」、もっといえば「これはどういうことだ!!」の短縮形だが、角を意味する「カラン」に通じる。集合無意識的に鬼の角以上に、大預言者モーセの威厳を表現しているのだ。

⬆牛の角をもち、虎の腰巻をした鬼。

　さらに、道教や陰陽道では東北の方角を「鬼門」と呼ぶ。ちょうど十二支でいう「丑」と「寅」、すなわち「艮」の方角だ。ゆえに、鬼は牛の角を頭にもち、体には虎の腰巻をしている。鬼は虎の腰巻をした牛頭天王だといっていいだろう。

　とくに「虎＝トラ」とは「トーラー」のこと。日本では武術などの奥義書のことを「虎の巻」というが、これは『旧約聖書』の律法、すなわち「モーセ五書」を意味する「トーラー」なのだ。「トーラー」は古来、巻物に記されてきた。今でもユダヤ教の儀礼において、巻物としての「トーラー」が用いられる。つまり「虎の巻」とは「トーラーの巻物」という意味なのだ。

　説話であるが、『義経記』によると、源義経は鞍馬に住む陰陽師「鬼一法眼」から「虎の巻」を盗んだという。その源義経の幼少の名前は「牛若丸」であった。彼は寅年寅月寅日生まれ。「鞍馬寺」の本尊である毘沙門天は、元をたどれば太陽神「ミトラ」である。ミトラを「三寅」と表記すれば、まさに牛若丸であった源義経の誕生日を暗示することになる。

⬆源義経と鞍馬天狗。鞍馬天狗と周囲の烏天狗は漢波羅（かんばら）秘密組織八咫烏だ。

もちろん、これは偶然ではない。鞍馬で「鬼」を名にもつ陰陽師が源義経を通じて「牛」と「虎」に紐づけされているのは、そう仕掛けられたからだ。鞍馬山は下上賀茂神社の支配下にあった。源義経の修行を引き受けた「鞍馬天狗」の正体は鴨族である。配下の烏天狗も含めて、彼らは漢波羅秘密組織八咫烏なのだ。

すべては呪術である。源義経ゆかりの「鞍馬寺」から山を越えたところに「貴船神社」がある。その貴船神社の境内には「牛一社（ぎゅういちしゃ）」がある。参詣した方はおわかりだろう。ここが「丑の刻参り」発祥の地である。正確には、もう少し先にある貴船神社の奥宮だ。歴史的に、多くの女性が「呪いの藁人形」を御神木に打ちつけてきた。

呪いの藁人形がイエス・キリストを十字架に磔にする呪術であることは、先述した通りである。

つまり、だ。日本にやってきた古代イスラエル人たちは大預言者モーセの顔が光り輝いていたことを両義的に解釈し、角が生えたと表現した。神道や陰陽道、そして道教にあって角が生えた存在は鬼である。鬼は艮であり、丑と寅になる。丑は牛であり、牛の角。寅は虎であり、鬼がはいている虎柄の腰巻。トラの巻物ゆえ「トーラーの巻物」に見立てたというわけだ。ほとんど駄洒落だが、これもまた言霊なのだ。整理しよう。

「牛＝丑：艮＝鬼門：鬼：牛の角＝カラン＝光：モーセ」
「虎＝寅：艮＝鬼門：鬼：虎の腰巻：巻物：虎の巻：トーラー」

いうまでもなく律法「トーラー」を記したのは大預言者モーセである。モーセは牛神ヤハウェの預言者であるがゆえに、栄光を意味する角を生やして描かれた。現人神という意味では、モーセもまた、日本でいう牛頭天王だったといえなくもない。

牛頭「天皇」モーセ

今でこそ、牛頭天王は「天王」だが、かつては「牛頭天皇」という表記もあった。明治以降、不敬に当たるとして、牛頭天王という表記で統一され、神社での祭神名もスサノオ命と改められた。天王と天皇、どちらも「テンノウ」だ。音韻を重視するなら、それに充てる漢字は、さほど厳しくない。むしろ和歌のように、ひとつの言葉と文字に複数の意味をもたせる。

いわば暗号ともいえる表記には、それなりの意味がある。牛頭天王が牛頭天皇とも表記されたということは、文字通り「天皇」に深い関係がある。初代天皇は神武（じんむ）＝崇神（すじん）＝応神（おうじん）天皇である。失われたイスラエル10支族のうち、ガド族の大王だ。母方はユダヤ人原始キリスト教徒の秦氏である。両者ともに崇拝していたのは創造神ヤハウェであり、これが牛頭天王である。

⬆「牛頭天皇」と書かれた絵。牛頭天王は天皇と深い関係があった。

創造神ヤハウェが受肉したのがイエス・キリストであり、日本でいえば神道の最高神である天照大神だ。天照大神の直系子孫が天皇家となる。創造神ヤハウェが牛頭

⬆祭司と大祭司。大祭司はレビ族の中でもアロン直系のコーヘンだ。

天王であるならば、だ。当然ながら神武＝崇神＝応神天皇は、牛頭天王の子孫だという話になる。ともすれば、イエス・キリストの末裔だという話にもなりかねない。

しかし、ここで忘れてはならないのが現人神という概念だ。現人神は歴代の天皇霊を身に宿し、天照大神の御魂を受け継ぐ存在である。天照大神の託宣を取り次ぐという意味では、大衆にとって神人合一の存在だといえよう。繰り返すが、現人神とは預言者のことなのだ。牛頭天王なる創造神ヤハウェの言葉を語る預言者もまた、牛頭天王なのだ。

中でも牛頭天王と呼ばれるにふさわしい預言者といえば、その頭に牛の角を生やした姿で語られるモーセだ。大預言者モーセは人間としての牛頭天王、いうなれば「牛頭天王人」なのだ。これに対して創造神ヤハウェ＝イエス・キリストは、神様としての牛頭天王であり、同様に

「牛頭天王神」とでもいうべきか。

記紀神話において、天皇は天照大神直系の子孫である。これは創造神＝イエス・キリストの子孫という意味ではなく、大預言者モーセの子孫であることを意味している可能性がある。天皇は神道の元締めであり、祭祀王である。陰陽道に基づく儀式を日々行う。まぎれもなく、古代イスラエルの祭司レビ族である。レビ族の中でも、大祭司だ。『旧約聖書』でいうアロン直系の一族「コーヘン」にほかならない。

だが、そうなると、ひとつ矛盾が生じる。初代の神武＝崇神＝応神天皇は失われたイスラエル10支族のうち、ガド族の王であった。母方は秦氏であり、ユダヤ人原始キリスト教徒につらなり、ユダ族かベニヤミン族、そしてレビ族の可能性はある。現在のイスラエル国やユダヤ教の公式見解からすれば、母方がユダヤ人であれば、その子供は自動的にユダヤ人と見なされる。だが、レビ族だけは例外である。あくまでも男系なのだ。したがって、初代の神武＝崇神＝応神天皇がレビ族ではありえない。レビ族の大預言者モーセの子孫である可能性はゼロに等しい。

したがって、考えられることは、ひとつ。王朝交替である。あるとき、ガド族からレビ族へ皇統が入れ替わった。同じイスラエル人でありながら、なんらかの理由によって、王権がガド族からレビ族へと継承されたのである。

継体天皇の王朝交替説

天皇家は初代・神武天皇以来、今上天皇に至るまで、男系による万世一系の皇統によって保たれてきた。現存する世界最古の王家である。記紀神話通り、紀元前６６０年に神武天皇が即位したかどうかは別にしても、少なくとも5世紀以降の歴史は、はっきりとした歴史的裏づけがある。

仮に第15代・応神天皇以降の歴史を見ると、ひとつだけ万世一系の神話をゆるがす大事件がある。第25代・武烈（ぶれつ）天皇と第26代・継体（けいたい）天皇の皇統断絶疑惑だ。記紀によれば、武烈天皇が亡くなったとき後嗣がいなかった。しかるべき皇太子を擁立することなく崩御したのである。困ったのは、残された側近である。大伴金村（おおとものかなむら）と物部麁鹿火（もののべのあらかび）ら豪族たちは日嗣の御子を擁立すべく東奔西走。第14代・仲哀（ちゅうあい）天皇の5世孫である倭彦王（やまとひこのおう）を擁立しようとするものの、あえなく断念。最終的に白羽の矢が立ったのが「男大迹王（おおどのおう）」であった。男大迹王は応神天皇の5世孫であった。

確かに血統からいって応神天皇の子孫には違いないが、傍系も傍系、ほとんど天皇ゆかりの地方豪族のような存在である。記紀によれば、男大迹王も困惑したらしい。天皇になってくれという申し出に、何度も辞退している。ついには折れて、第26代天皇として即位するものの、当時の都があった大和にはなかなか入らない。ほかの豪族の承認が得られなかったようで、かなりの抵抗があった。事実、奈良において即位したものの、その直後に九州で「磐井の乱」が起こっている。それだけ国内が混乱していた証拠である。

明らかに異常事態である。記紀を編纂した者も、それは十分わかっていた。淡海三船は男大迹王に対して「継体天皇」なる諡号を贈った。「継体」とは「体制を継ぐ」という意味である。裏返せば、そこにふたつの異なる王朝があった。王朝が交替したことを意味していると解釈できるのだ。

⬆第26代・継体天皇。継体天皇のときに王朝が交替した。

武烈天皇までの王朝は断絶し、そこから新しい王朝が始まった。そう考える歴史学者は少なくない。世にいう「王朝交替説」である。記紀神話を前提として、初代・神武天皇、第10代・崇神天皇、第15代・応神天皇、そして第26代・継体天皇は、それぞれまったく別の王朝の始祖であったというのだ。

とくに神話は史実ではないとばっさり切り捨てる歴史学者の津田左右吉氏にい

わせれば、そもそも神武天皇など実在しない。同じく歴史学者の水野祐氏に至っては、初代が崇神天皇である「三輪王朝」、次に応神天皇と仁徳（にんとく）天皇を同一人物であり、かつ始祖とする「河内王朝」、そして再び系統を異にする継体天皇を始祖とする「越前王朝」を想定。世にいう「三王朝交替説」を唱え、戦後の古代史に一石を投じた。

とりわけ継体天皇に関しては、皇統が断絶しているのではないかという疑惑は根強い。記紀の記述や状況からいって、ほぼ間違いない。神武＝崇神＝応神天皇と見なす筆者の立場からすれば、ここでガド族の血統は途切れた。少なくとも、漢波羅秘密組織八咫烏の方々は、そう考えている。飛鳥昭雄は直接、皇統断絶があったことを聞いている。

だが、皇統を受け継いだのは、もちろんイスラエル人である。状況から考えて祭司レビ族の可能性がある。漢波羅秘密組織八咫烏から具体的なことは聞かされていないが、手がかりはある。真相を探るうえで、鍵となるのは、ここでも「秦氏」である。

継体天皇と武内宿祢の暗号

武烈天皇から継体天皇の間には皇統断絶の事実がある。天皇家は万世一系ではない。記紀は、かろうじて皇統はつながっていると語るが、さすがに応神天皇の5世孫となると、無理がある。このことは記紀の編纂者もわかっていたはずだ。十分承知したうえで、そう記した。書かせた裏方がいるとすれば、そこには意味があるはずだ。

どう考えても皇統は断絶している。それをあえて継続していると無理やり語る。語れば語るほど、怪しく見える。逆に、怪しく見せることが本来の目的だとしたら、どうだろう。いわば暗号だ。記紀には、さまざまな暗号が仕込まれている。皇統断絶による継体王朝の始まりの物語も、そこに封印された歴史の真実へ至る謎解きの鍵が巧妙に仕込まれている可能性がある。

まず気になるのは応神天皇である。皇統が断絶している前提で、なぜ先祖に応神天皇をもってきたのか。5代前となると、かなり昔の話だ。それだけ遡れば、系図の偽造もしやすくなるという話は理解できるが、ならば、なぜ続く第16代・仁徳天皇や第17代・履中天皇ではなかったのか。応神天皇でなければならなかった理由があるのではないか。

あらためて応神天皇の出自を検証すると、ここにもやんごとない事情が見え隠れする。父親は第14代・仲哀天皇である。仲哀天皇は応神天皇が生まれる前に死んでいる。神功皇后が神がかり、朝鮮半島へ出兵すべしという託宣を受けたとき、これを疑ったばかりに神罰を受けて突然死している。

この日から十月十日ぴったりで応神天皇は生まれている。ご存じの通り、人間の妊娠期間は十月十日と古くからいわれている。あまりにも出来過ぎなのだ。刑事ドラマではないが、事件の匂いがする。

仲哀天皇が崩御されたとき、神功皇后が下した神は住吉大神である。主祭神として、もっとも古くから奉じるのは大阪の住吉大社だ。『住吉大社神代記』には「是に皇后、大神と密事あり」と記されており、本当の父親は住吉大神であると書かれている。住吉大神とは「底筒男命(そこつつのおのみこと)と中筒男命(なかつつのおのみこと)と表筒男命(うわつつのおのみこと)」の三神である。構造的に、これを造化三神、さらには絶対三神と見なせば、応神天皇はイエス・キリストに相当する。カトリックでいえば、神功皇后は聖母マリアであろう。

　応神天皇が初代天皇であり、大嘗祭を経た現人神ならば、天照大神の御魂を宿した存在である。天照大神がイエス・キリストであり、その御魂を聖霊コクマーと解釈するならば、応神天皇は預言者である。

　記紀神話の編纂者は、これを知っていた。知ったうえで、継体天皇の祖先に応神天皇をもってきた。共に出自に疑義があることを承知のうえで、両者を結びつけた。まるで、ここに注目せよといわんばかりに。ということは、だ。応神天皇から継体天皇に至るまでの系図に、皇統が入れ替わった「しるし」を仕込んだに違いない。

　不自然な存在がひとりいる。「武内宿祢(たけうちのすくね)」である。仲哀天皇が崩御したとき、そこには神功皇后といっしょに武内宿祢がいた。武内宿祢は神功皇后とはもちろん、息子である応神天皇と常に行動を共にした。『住吉大社神代記』にいう住吉大神とは武内宿祢のことだったのではないかという説がある。

記紀の記述は、もっと不可解だ。武内宿祢は第12代・景行(けいこう)天皇から第16代・仁徳天皇にまで仕えた側近中の側近。天皇の祭祀を一手に引き受けた人物である。計算すると、死んだ時点で300歳以上であったともいわれる。ほとんど神のような伝説上の存在である。

一説に「武内宿祢」は、ひとりではない。同じ名前を代々襲名するので、複数存在する。今日に至るまで、祭祀王として武内宿祢は存在する。最近、亡くなられた竹内睦泰(むつひろ)氏は第73世・武内宿祢を名乗られていた。歌舞伎や相撲など、同じ名前を複数の人間が自称することは伝統芸能の世界ではよくあることだ。武内宿祢もそうした襲名だと解釈すれば、なるほど納得がいく。

⬆代々の天皇に仕えた武内宿祢(たけうちのすくね)。謎の多い人物だが、武内宿祢という名前は代々襲名するものだ。

しかし「神武＝崇神＝応神天皇」という視点からすれば、なんてことはない。応神天皇以前の天皇を同一人物、もしくは架空と見なせば、300歳という長寿の謎も解決する。むしろ、それに気づかせるために想定された存在だった可能性がある。

継体天皇は秦氏だった

武内宿祢の子孫は多い。記紀によれば、武内宿祢の息子には波多氏の祖「波多八代宿祢(はたのやしろのすくね)」や巨勢氏の祖「巨勢小柄宿祢(こせのおからのすくね)」、蘇我氏の祖「蘇我石川宿祢(そがのいしかわのすくね)」、平群氏の祖「平群都久宿祢(へぐりのつくのすくね)」、紀氏の祖「紀角宿祢(きのつののすくね)」、葛城氏の祖「葛城襲津彦(かつらぎのそつひこ)」などがいる。

中でも注目してほしいのが長男の波多八代宿祢である。『古事記』では波多八代宿祢、『日本書紀』では「羽田矢代宿祢」と表記する。長男ということは宗家。武内宿祢直系の家柄である。子孫は波多氏や羽田氏、八多氏、八太氏と称した。波多氏は「ハタ氏」だ。羽田氏や八多氏、八太氏も「ハタ氏」である。ならば「秦氏」ではないのか。

秦氏にも「波多氏」と称する者がおり、それを冠した波多神社もある。羽田氏も、同様だ。元総理大臣の羽田孜氏は秦氏である。先祖は秦河勝(はたのかわかつ)流の秦氏を名乗っていた。充てる漢字は異なれど、波多八代宿祢は秦氏なのではないか。仮に波多八代宿祢が秦氏ならば、父親である武内宿弥もまた、秦氏にほかならない。少なくとも、秦人であった可能性は十分ある。

そこで気になるのが、もうひとつの波多氏だ。実に興味深いことに、継体天皇の先祖にも

「波多氏の祖」を称する人物がいるのだ。偶然だろうか。先述したように、継体天皇は応神天皇の5代孫である。といっても、この間、すなわち応神天皇から継体天皇までの系譜について、具体的な人物名は記紀には記されていない。現存していないが、『釈日本紀』が引用した『上宮記』の逸文にある系譜をもとに復元すると、こうだ。

「応神天皇：誉田別尊――稚野毛二派皇子――意富富杼王――乎非王――彦主人王――男大迹王：継体天皇」

↑秦氏の系統の波多神社の扁額。

お気づきだろうか。充てる漢字が異なるが、読みが同じ人物がいる。継体天皇の諱である「男大迹：オオホド」と曽祖父である「意富富杼：オオホド」だ。あえて「小ホド」と「大ホド」と表記すれば、対応は明らかだ。応神天皇から継体天皇の間に皇統断絶があったとすれば、ここではないか。

応神天皇の子供である稚野毛二派皇子につい

ては『古事記』と『日本書紀』の両方に名前がある。が、意富富杼王については『古事記』にしか記されていない。それも「大郎子」の別名として挙げられている。実際のところ、意富富杼王と大郎子は別人の可能性はないだろうか。意富富杼王は稚野毛二派皇子の子供ではないとすれば、いったい何者なのだろうか。

大郎子の別名として挙げられている意富富杼王だが、『古事記』では三国君と息長坂君、酒人君、山道君、筑紫之米多君、布勢君と並んで「波多君」の祖であると記されているのだ。波多君とは波多氏である。つまり、意富富杼王は「波多氏の祖」なのだ。

意富富杼王の子孫である波多氏も、実は秦氏ではないか。波多君と並んで記されている息長坂君とは息長氏と坂田氏のことだ。息長氏は近江の坂田を本拠地にしている豪族である。一族からは応神天皇の母である神功皇后、すなわち「息長足姫」を輩出している。いうまでもなく、神功皇后は天之日矛の子孫である。天之日矛が秦氏集団の象徴ならば、息長氏も秦氏だったはずだ。

よって、息長氏と同じく、意富富杼王を祖とする波多氏も秦氏と見て間違いないだろう。事実、近江には巨大な勢力を誇った「依智秦氏」がいる。意富富杼王は波多氏＝依智秦氏の祖だった可能性が高い。早い話、秦氏だったのだ。

さて、問題は、ここだ。波多八代宿祢と意富富杼王、ふたりの「波多氏の祖」が共に秦氏だったなら、両者の関係は、いかに。考えられることは、ひとつ。そう、同一人物である。謎の意富富杼王の正体は波多八代宿祢だった。本当の父親は武内宿祢である。そう考えれば、王朝交替の謎も解ける。

継体天皇は秦氏だったのである。これに関して、歴史学者の岡田精司氏が興味深い指摘をしている。継体天皇の本拠地は近江だった。近江を支配していたのは息長氏である。息長氏の姓（かばね）は最高位の「真人（まひと）」である。神功皇后をはじめ、きわめて天皇家と近い関係にあった。継体天皇の妃にも息長氏がいる。こうしたことから、皇統断絶があったとすれば、継体天皇の出自は息長氏であった可能性が高いというのだ。当然ながら、息長氏が秦氏ならば、継体天皇も実は秦氏だったことになる。

↑息長氏の祖神を祀って創建された山津照（やまつてる）神社（滋賀県米原市）。

つまり、だ。ヤマト王朝は失われたイスラエル10支族のガド族であった神武＝崇神＝応神天皇に始まり、その皇統は武烈天皇で断絶した。皇位を継承したのは同じイスラエル人の血を引く秦氏だった。ユダヤ人原始キリスト教徒であった継体天皇が新たな王朝を築いて、今日にまで至っているのである。

秦河勝と大預言者モーセ

天皇は祭祀王である。イスラエル人ならば、祭司レビ人だ。継体天皇がユダヤ人原始キリスト教徒だとして、レビ族だった可能性が高い。しかも、ただの祭司ではない。大祭司コーヘンの一族だった。それも、大預言者モーセの子孫だった可能性があるのだ。

新王朝の始祖、継体天皇の長男「安閑天皇」には息子がいないことになっている。少なくとも記紀には記されていないのだが、不可解なことに『本朝皇胤紹運録』には「豊彦王」なる子供がいたと記されている。

これについて、江戸時代の国学者、鈴鹿連胤は『神社覈録』の中で、豊彦王とは播磨の大避大明神である。しかも、秦氏の祖であると述べている。播磨の大避大明神とは、赤穂に鎮座する大避神社の祭神のことだ。

社伝によると、創建したのは秦河勝である。聖徳太子が亡くなったあと、時の蘇我馬子が実権を握った。聖徳太子の側近であった秦河勝は政治的に失脚。身の危険を感じたがゆえ、摂津国難波浦から空舟に乗って、この播磨国坂越にやってきたという。同様の内容が能楽の祖であり、かつ秦氏であった世阿弥元清の著書『風姿花伝』や同じく金春禅竹の著書『明宿集』にも書かれている。

大避神社の主祭神は秦河勝である。大避大明神とは秦河勝のことである。国学者の鈴鹿連胤が秦氏の祖と述べているのは、秦河勝が秦氏の首長であり、太秦（うずまさ）の称号をもっていた事実を前提として語っているのだ。

秦河勝の系譜は記紀にはない。伝承によれば、秦河勝の父は「秦国勝」、もしくは「秦丹照」であるといわれる。秦国勝は秦丹照の弟のほか、祖父であるという説もある。いずれにしても、はっきりしたことがわからない。

⬆継体天皇の長男の第27代・安閑天皇。

養子になった可能性を含めて、秦河勝が豊彦王であった可能性はゼロではない。豊彦王の「豊」も気になる。九州の「豊国（とよのくに）」は『隋書』において「秦王国」と呼ばれた。豊彦王なる名前が豊国、つまりは秦王国を意識したものかもしれない。

仮に豊彦王が秦河勝だったとしよう。だとすれば、秦河勝は継体天皇の孫に当たる。継体天皇が秦氏であるならば、確かに筋は通る。意富富杼王が波多八代宿祢と同一人物であり、かつ秦氏であ

⬆大避大明神を祀る大避神社（兵庫県赤穂市）。

⬆聖徳太子（右）と聖徳太子の側近だった秦河勝（左）。

ったことの重要な裏づけにもなる。

だが、それ以上に重要な鍵が秦河勝にはある。名前だ。秦河勝の「河勝」は「河に勝つ」と書く。先の『風姿花伝』には、こんな逸話が載っている。

欽明天皇の時代のことである。大和の泊瀬川が氾濫して洪水が発生した。すると、上流からひとつの壺が流れてきて、三輪神社の鳥居のところに流れ着いた。村人が拾ってみたところ、壺の中には容姿の美しい子供が入っていた。

その夜、欽明天皇の夢に壺の中の子供が現れ、自分は秦始皇帝の生まれ変わりであると称した。驚いた欽明天皇は翌日、子供を内裏に招き入れ、殿上人として育てることにする。15歳になると、秦始皇帝にちなんで秦という姓を与えた。また、氾濫した泊瀬川から助かったことにちなみ、河に勝ったという意味で、名を河勝としたという。

同様の説話は『明宿集』にも記されており、こちらは欽明天皇ではなく、推古天皇の時代としている。おそらく推古天皇の摂政を行っていた聖徳太子の舎人が秦河勝だったことを意識していると思われる。

いずれにせよ、秦河勝の名前の由来が氾濫した河から助けられたことにある。ここに注目したのが、日ユ同祖論研究家の三村三郎氏である。三村氏は著書『世界の謎　日本とイスラエル』の中で、秦河勝の説話は『旧約聖書』に由来すると指摘する。すなわち、大預言者モーセの名

⬆日ユ同祖論研究家の三村三郎氏。秦河勝の名前の由来がモーセと同じであると説いた。

前の由来とまったく同じであるというのだ。

　先述したように、生まれて間もないころ、モーセは葦舟に乗せてナイル河に流された。これを古代エジプトのファラオの娘が拾い上げ、王家の子供として育てた。モーセの名前もヘブライ語で「マーシャー：河から引き上げた」という意味に由来するのだと「出エジプト記」には記されている。

　確かに、秦河勝の名前がモーセの故事に由来すると見て間違いないだろう。あえて「秦河勝」をヘブライ語に翻訳すれば「イエフダー・モーシェ」、つまり「ユダヤ・モーセ」となるわけだ。ユダヤ人に限らず、子供にモーセと名づけるケースは多い。秦河勝も秦氏＝ユダヤ人原始キリスト教徒にとって伝説の大預言者であり、古代イスラエル人にとってのメシアだったモーセを意識して名づけられたとしても不思議ではない。

　だが、ここには、もうひとつ裏の意味がある。ユダヤ人原始キリスト教徒であった秦河勝は、支族でいえばユダ族かベニヤミン族、そしてレビ族のいずれかだ。モーセという名前をもっとすれば、ここはレビ族と考えていいだろう。大祭司コーヘンの一族だった可能性もある。もっといえば、大預言者モーセの末裔ではなかったか。

もし、仮にそうだとすれば、忘れてならないのは豊彦王である。継体天皇の皇子、安閑天皇。その安閑天皇の息子である豊彦王は秦河勝だった。その秦河勝が大預言者モーセの子孫だとすれば、どうだろう。遡って、継体天皇は大預言者モーセの子孫だった可能性が出てくる。

⬆ナイル河から引き上げられる幼子のモーセ。

消えた大預言者モーセの子孫

ユダヤ教では大祭司はレビ族の祭司の中でも、とくにモーセの兄アロンの子孫だけが就任する決まりとなっている。不思議なことに大預言者であり、兄アロンよりも格上であるはずのモーセの子孫は、ほとんど『旧約聖書』には登場しない。モーセ直系の子孫としては、わずかにダン族と行動を共にしたゲルショムの一族だけが記されているのみである。アロン直系の子孫である

⬆大祭司エリとサムエル。アロンの子孫とされているエリだが、モーセの子孫だった可能性が高い。

コーヘンとは対照的である。

いったい、なぜなのか。これまで多くのユダヤ教徒や聖書学者を悩ませてきた謎について、つい最近、ひとつの答えが出た。モーセ直系の子孫は、けっして歴史の表から消えてはいなかったのだ。

イタリアの聖書学者フラビオ・バルビエロの最新研究によれば、どうも『旧約聖書』には記述の混乱と改竄の痕跡があるという。とくに大祭司に関して、多くの研究家は誤った解釈をしてきた可能性がある。

注目すべきは預言者サムエルを育てた大祭司エリである。一般にエリはアロンの子孫とされている。アロンの跡を継いで大祭司になったのは、息子のエルアザルである。続く大祭司には、エルアザルの息子であるピネハスが就任し、その兄弟であるイタマルの子供がエリだとされる。大祭司の職はピネハスの子孫が代々受け継ぐ預言になっているのだが、なぜか傍系であるエリがのちに大祭司となっている。

しかし、エリの父親の名前は『旧約聖書』には記されていない。あくまでも状況的にイタマルの子供だと解釈されているに過ぎない。エリはシロという町に住んでいた。エリを除けば、ここにはアロンの子孫はいなかった。シロに住んでいたのはモーセの子孫だった。住んでいた場所を考えると、エリはモーセの子孫だった可能性が高い。考えられるのはシェブエルである。シェブエルはモーセの長男ゲルショムの息子である。つまり、エリはモーセの曾孫だったと、バルビエロは主張する。

大祭司の職はエリの息子であったピネハスが受け継ぐ。ピネハスは戦死するが、イカボドとアヒトブという息子がいた。このうちアヒトブが大祭司になる。以後、大祭司はエリの子孫であるアヒヤ、アヒメレク、アビヤタルが継承する。途中、エリの子孫がもうひとり、大祭司に就任しているのだが、その名前はない。

アビヤタルはソロモン王の怒りを買って、大祭司の職から追放され、代わって就任したのがツァドクである。ツァドクはエルアザルの息子であるピネハスの家系である。幕屋からエルサレム神殿が建設された節目ともいう時期に、大祭司の家系がエリからピネハスへと移る。

しかし、バルビエロの研究によると、どうもツァドクもエリの子孫らしい。一般にツァドクはアヒトブの息子とされるが、その先祖はエルアザルの息子であるピネハスではなく、アビヤ

⬆ソロモンの頭に塗油する祭司ツァドク。ツァドクもモーセの子孫だった。

タルと同様にエリの一族だったというのである。

つまり、大預言者モーセの子孫は大祭司として、ずっと歴史の表で活躍してきたことになる。当然ながら、その子孫も多数いる。アロン直系の子孫とされる大祭司コーヘンだが、実際はモーセ直系の子孫もいたことになる。

ならば、モーセ直系の大祭司が古代日本にいてもおかしくはない。継体天皇は大預言者モーセ直系の大祭司だった可能性がある。決め手となるのが、契約の聖櫃アークの存在である。

バルビエロの説が正しければ、幕屋の時代からエルサレム神殿が破壊されるまで、至聖所に安置された契約の聖櫃アークは、すべからく大預言者モーセ及びその子孫によって管理されてきたことになる。

預言者エゼキエルによれば、世の終わりに建設されるエルサレム第三神殿の祭祀を司るのは大祭司ツァドクの末裔であるという。未来の第二神殿には、当然ながら契約の聖櫃アークがあるはずだ。

現在、契約の聖櫃アークはバビロン捕囚の際に行方不明になっている。どこにあろうとも、契約の聖櫃アークを管理するのは大祭司の使命である。モーセ直系の大祭司が儀式を行っているはずだ。もし仮に、契約の聖櫃アークが日本にあれば、天皇は大預言者モーセ直系の子孫、ツァドク家の大祭司である決定的な証拠となるのだ。

失われた契約の聖櫃アーク

エゼキエルの予言通り、エルサレム第三神殿が再建されるために絶対不可欠なもの。それは至聖所に安置されていた契約の聖櫃アークである。新バビロニア王国によってエルサレム第一神殿が破壊されたときを境に、契約の聖櫃アークは歴史上から姿を消した。新バビロニア王国の戦利品リストにはない。

もし仮に敵の手に渡ったとしても、契約の聖櫃アークは非常に危険な代物である。かつてペリシテ人が契約の聖櫃アークを奪った際、彼らを疫病などの大災厄が襲った。恐れをなしたペリシテ人たちは、ついには契約の聖櫃アークをイスラエル人たちに返還した。新バビロニア王国が持ち去ったとすれば、恐ろしい事態になっていたはずなのだ。

映画『レイダース』のモチーフにもなったように、失われた契約の聖櫃アークをめぐっては、

⬆契約の聖櫃アークとともにヨルダン河を通過するヨシュアの一行。

これまでユダヤ人はもとより、多くの歴史学者や探検家が捜し求めたが、いまだに発見されていない。

隠されている場所としては、エルサレム神殿の地下のほか、ゴルゴタの丘の地下、エチオピア正教会、イギリスのロスリン礼拝堂など、数多くある。シバの女王がソロモン王から譲り受けたとか、聖堂騎士団が発見して秘匿したのではないか、さらには秘密結社フリーメーソンが密かに持っているのではないかという説もある。

契約の聖櫃アークの行方を探るにあたって、まず押さえておかなければならないのが『旧約聖書』である。実在した契約の聖櫃アークに関する最後の記述は南朝ユダ王国のヨシヤ王の時代である。ヨシヤ王は管理していた大祭司たちに対して、契約の聖櫃アークをエルサレム神殿に移すように命じている。至聖所に安置されると、犠牲が捧げられて、過越祭が行われたとある。

このとき、ヨシヤ王はエルサレム神殿にあった異教の偶像や祭具をことごとく破棄している。バアルやアシェラ像のほか、大預言者モーセが鋳造した「青銅の蛇：ネフシュタン」も架けられていた「旗竿」ごと破壊されている。神殿を清めたとされるが、大預言者モーセの聖遺物まで壊すとは、かなり度が過ぎている。

ヨシヤ王の宗教改革によって、それまでのイスラエル教は変質し、今日のユダヤ教となった。三神教から唯一神教となったのだ。エルサレム神殿の清掃は、その象徴だといっていいだろう。一時的に、至聖所からも契約の聖櫃アークが外へ持ちだされていたことが窺える。はたして、このとき命令通りに、契約の聖櫃アークは清められたエルサレム神殿の至聖所に戻されたのだろうか。

戻されたとしても、ヨシヤ王の宗教改革に疑念を抱いた者もいたはずだ。とくにネフシュタンを破壊したことは、大預言者モーセの子孫たちにとっては、かなり衝撃的だったに違いない。このままでは、いつか契約の聖櫃アークもまた破壊するよう命じられるのではないかと危惧したとは考えられないだろうか。

ヨシヤ王の宗教改革からしばらくして、かのバビロン捕囚が起こる。創造神ヤハウェのためにエルサレム神殿を清めて唯一神教としたのに、まるで天罰を受けるがごとく、南朝ユダ王国は新バビロニア王国によって滅ぼされてしまう。滅亡の原因は、まるで宗教改革にあったかのようにも読める。

契約の聖櫃アークが隠された洞窟

新バビロニア王国によってエルサレム神殿が破壊される直前、密かに契約の聖櫃アークが至聖所から持ちだされたという記録がある。といっても正典ではない。外典の「第2マカバイ書」である。ここには創造神ヤハウェの啓示によって、預言者エレミヤが大祭司たちとともに、契約の聖櫃アークをエルサレム神殿から運びだし、遠く北方にそびえるネボ山へとやってくる。

ネボ山とは、かつて出エジプトの際、大預言者モーセが約束の地カナンを遠くに望んだ場所である。大預言者モーセは、ここで天寿を全うし、墓に葬られた。墓は隠され、今もって場所がわからない。大預言者モーセが眠る地に、預言者エレミヤは契約の聖櫃アークを運んできた。どこまでも、契約の聖櫃アークは大預言者モーヤと一体なのだ。

預言者エレミヤはネボ山で人が住むことができる洞窟を見つけると、そこに契約の聖櫃アークと香壇を運び込んで安置した。入り口は封印され、外からは洞窟がわからないようにした。帰還する際、いっしょにいた者の中には、隠した場所を特定しようとした者もいたが、残念ながら来た道に戻ることはできなかった。

これを見た預言者エレミヤは、彼らを叱責した。創造神ヤハウェが再びイスラエル人を招集し、憐れみをいだかれるときまで洞窟は隠される。しかるべき時が来たならば、封印は解かれ、契約の聖櫃アークは再び姿を現す。創造神ヤハウェの栄光が雲となって現れるであろうと語ったという。

気になるのは、隠された洞窟について、わざわざ人が住めると表現している点である。人が住めるということは、実際に住んだのではないか。入り口は封印しても、扉のようなものがあれば、中に入ることはできる。門番のような見張り役の人間がいた可能性はゼロではない。

⬆エルサレム神殿が破壊される前に契約の聖櫃アークを持ちだした預言者エレミヤ。

というのも、契約の聖櫃アークは財宝ではない。創造神ヤハウェが顕現する聖なる祭壇である。後生大事に、倉庫にしまっておくような代物ではない。常に、祭礼と儀式をしなければならない。そのためには大祭司が必要である。秘密の場所を知っている大祭司が契約の聖櫃アークを管理していたに違いない。

　問題は、いつまで隠しておいたか、である。いまだに封印されたままなのか。それとも、すでに開封の日が来ていたのか。ひとつの区切りはバビロン捕囚だ。ユダヤ人がバビロンに連行されている間はずっと隠されている。が、バビロン捕囚から解放され、大祭司たちがエルサレムに帰還し、第二神殿が建設されたならば、至聖所には契約の聖櫃アークが必要になる。洞窟の封印が解かれるとすれば、まさにそのときだ。

　ツァドクの子孫である大祭司ヨザダクはバビロンに連行されたが、その息子であるヨシュアは帰還して、ユダヤ人たちをまとめあげた。以後、ユダヤは大祭司が王となって、エルサレム第二神殿も建設した。すべての準備が整ったかのように見えるのだが、エルサレム第二神殿には契約の聖櫃アークはなかった。イエス・キリストの時代にも、至聖所には契約の聖櫃アークは存在しない。

　考えられることは、ふたつ。ひとつは、まだ洞窟に封印されたままだということ。もうひとつは、封印が解かれ、契約の聖櫃アークが持ちだされたが、エルサレム第二神殿ではなく、まったく別の場所へと運ばれていった可能性だ。

　ヨシヤ王の宗教改革によって、もうかつてのイスラエル教は失われてしまった。変貌したユダヤ教の神殿にもはや契約の聖櫃アークは不要なのだ。ならば、本来のイスラエル教を奉じているユダヤ人のところへ運び、大預言者モーセ直系の大祭司が祭礼と儀式を執り行えばいい。もともと契約の聖櫃アークは担ぎ棒のある移動式の神殿である。幕屋に安置して、移動しながら祭礼と儀式を行うことにはなんの不便もない。

仮に封印が解かれていたとすれば、契約の聖櫃アークを手にした大祭司たちは、どこへ向かったのか。エルサレムではないとすれば、当時、もっともユダヤ人が多く住んでいたのはバビロンである。新バビロニア王国が滅亡したとき、バビロンはアケメネス朝ペルシアが支配していた。契約の聖櫃アークはアケメネス朝ペルシア領内のミズラヒ系ユダヤ人のところへ運ばれたのではないだろうか。

秦始皇帝と大預言者モーセ

ミズラヒ系ユダヤ人の足跡は「秦」の暗号で追いかけることができる。アケメネス朝ペルシアは大秦と呼ばれた。同じく大秦と呼ばれたシリアやバクトリアの東方には、古代中国の秦があった。アレキサンダー大王の東征に伴い、ギリシア人のみならず、ミズラヒ系ユダヤ人もまたアジアへと流入。中国でも、もっとも西に位置する秦へとやってきた可能性が高い。秦には、少なくとも失われたイスラエル10支族の羌族（きょう）がいた。

移動経路は不明だが、契約の聖櫃アークを手にしたと思われる人物がいる。秦始皇帝である。

秦始皇帝は契約の聖櫃アークの力をもって中国全土を統一したのではないか。彼は皇帝に即位するにあたって、泰山で封禅の儀式を行った。このとき契約の聖櫃アークをもって儀式を執り行ったのではないだろうか。

司馬遷は『史記』において、秦始皇帝の本当の父親が呂不韋だと記している。呂不韋は羌族である。羌族は失われたイスラエル10支族であることが判明している。失われたイスラエル10支族のもととなる北朝イスラエル王国にも祭司レビ人はいた。呂不韋という名前もレビを意味している可能性がある。

レビ族は男系ゆえ、もし仮に本当の父親が呂不韋ならば、秦始皇帝もレビ族である、祭司レビ人であったがゆえ、創造神ヤハウェを祀る儀式を執り行う資格があった。契約の聖櫃アークを手にすることができる大祭司コーヘン、さらにいえば大預言者モーセの子孫だったとは考えられないだろうか。

秦氏は秦始皇帝の末裔を称した。歴史的に、秦氏がみな、秦始皇帝の末裔であるとは考えにくい。が、秦始皇帝の血統を受け継ぐ人物がいた可能性はゼロではない。歴史の表には出てこない秦始皇帝の子孫がいて、彼らが秦氏と名乗った。『新撰姓氏録』において、秦氏の首長である弓月君は秦始皇帝の子孫だと記されている。

秦河勝は弓月君の末裔である。秦河勝の名前の由来が『旧約聖書』の故事にあり、しかも血統が大預言者モーセに遡る。その秦河勝が秦始皇帝の生まれ変わりだと称しているということは、だ。逆説的に、秦始皇帝自身が大預言者モーセの末裔だったことを暗示しているのではないか。

もちろん、これはすべて推論である。状況証拠から導きだした仮説に過ぎない。幾何学でいう補助線だ。これを証言するのが漢波羅秘密組織八咫烏である。彼らは秦始皇帝の側にいた。というより、呂不韋はもちろん、嬴政（えいせい）を幼少のころから皇帝にするべく隠密として動いてきた秘密組織である。

断言しよう。ネボ山の洞窟から契約の聖櫃アークを運びだしたのは、彼らである。漢波羅秘密組織八咫烏は創造神ヤハウェの預言を成就するために、契約の聖櫃アークを東アジアへと運んできたのだ。

この世の終わり、極東には失われたイスラエル10支族がいる。彼らはもはやイスラエル人であることを忘れている、と預言されている。しかるべき機会が来たとき、自らのアイデンティティを思い出させるために、もっとも効果的なもの。それは契約の聖櫃アークである。

大預言者モーセの子孫を中心とする大祭司はバビロン捕囚からの解放を契機に、契約の聖櫃アークをネボ山の洞窟から運びだし、失われたイスラエル10支族がいるアジアへと向かった。途中、アケメネス朝ペルシアにてミズラヒ系ユダヤ人と合流し、中国へとやってきたのだ。

契約の聖櫃アークと徐福

突拍子もない話に聞こえるかもしれないが、これは漢波羅秘密組織八咫烏から直接、飛鳥昭雄が聞いた話である。ネボ山からアジアへと運ばれてきた契約の聖櫃アークは、やがて秦始皇帝のもとへ至る。秦始皇帝は契約の聖櫃アークがもつ圧倒的な力によって中国全土を統一した。なにしろ、秦始皇帝はレビ族である。大預言者モーセ直系の大祭司であるがゆえ、創造神ヤハウェの祭礼と儀式を執り行う権能をもっていたのだという。

ただし、問題があった。危険なのだ。契約の聖櫃アークは取り扱いが難しい。高エネルギー装置のようなものである。しかるべき人間、レビ人のみが扱える物体なのだ。『旧約聖書』にあるように、扱いを誤ったがゆえに命を落とした人間は少なくない。レビ族である秦始皇帝はいいとしても、現場は大変である。

ここで、漢波羅秘密組織八咫烏が一計を案じる。契約の聖櫃アークは蓋と箱の二重構造になっている。両者が一体になることで、高エネルギー装置になる。危険を回避するためには、これらを分離すればいい。飛鳥昭雄が会った八咫烏の一羽はいう。いっしょにするから悪さをする。だから、そうできないようにした、と。

どういうことか。聞くところによれば、契約の聖櫃アークを蓋と本体に分離し、それぞれに別の蓋と本体を用意した。いわばレプリカだ。ひとつの契約の聖櫃アークを蓋が本物である「表アーク」と箱が本物である「裏アーク」に分けたというのだ。

中に入っているのは表アークが十戒石板。裏アークはアロンの杖だ。ちなみに、残るユダヤ三種神器のマナの壺は失われたイスラエル10支族のガド族が持っていたので、ここにはない。

表アークは秦始皇帝配下の大祭司が継承した。なにしろ、ユダヤ教の要である十戒石板が入っているのだ。厳重に管理した。ちなみに、皇帝のしるしである「璽」という文字は、契約の聖櫃アークを象っているのだという。

一方の裏アークは徐福に与えられた。徐福は秦始皇帝と同族である。道教の方士であったという記録からわかるように、彼もレビ族であった。大預言者モーセの子孫だった可能性もある。秦始皇帝の密命を帯びた徐福は裏アークを持って、預言された東海の島々、すなわち日本列島へと向かう。最初に上陸したのが丹後である。

徐福配下のミズラヒ系ユダヤ人たちは、のちに海部氏（あまべ）と名乗る。海部氏が奉じる籠（この）神社に裏アークは安置される。これが、やがておとぎ話「浦島太郎」に登場する「玉手箱」として語られることになる。浦島太郎伝説は海部氏の祖である倭宿祢命（やまとすくねのみこと）をモデルとしている。

ミッションを終えた徐福は再び本国へと帰還する。手ぶらなのにお咎めなしである理由は、もうひとつ役目があったからだ。

⬆「浦島太郎」に登場する玉手箱は籠神社に安置された裏アークだ。

秦始皇帝の密命を帯びた徐福は再び日本列島へと向かい、今度は九州へ上陸する。ここで配下の技術者と童男童女とともにひとつの王国を築く。物部王国である。物部王国は畿内へと進出し、かの邪馬台国となる。

しかし、なかなか倭国はまとまらない。そこで、丹後を中心とした投馬国から預言者である卑弥呼を推戴し、彼女を邪馬台国の女王とした。海部氏と物部氏の合体だ。これによって西日本はひとつの連合王国となった。

投馬国が主導権を握ることができたのは、ひとえに裏アークである。裏アークをもって、これを邪馬台国の権威としたのだ。

契約の聖櫃アークと古代朝鮮

ユダヤ教徒にとって、もっとも大事な創造神ヤハウェとの契約、すなわち十戒石板が入った表アークは、秦始皇帝が保持した。背後にいた漢波羅秘密組織八咫烏は密かに秦始皇帝の血を引く子供たちをかくまっていた。秦始皇帝の死後、当然ながら起こる権力争いを見越したうえで、次なる行動に出た。秦帝国が滅亡すると見るや、彼らは陸路、東へと向かった。中国北東部から朝鮮半島へと集団で移住したのだ。

秦帝国末期、中国は大混乱に陥っていた。中原は戦国状態となり、多くの亡命者が朝鮮半島へと流れてきた。秦人である。秦人には北方の騎馬民族のほか、秦帝国からの亡命者も多数いた。彼らは、失われたイスラエル10支族とミズラヒ系ユダヤ人、そしてユダヤ人原始キリスト教徒である。

秦人と呼ばれたイスラエル人たちは朝鮮半島の東部に秦韓と弁秦を築く。この両国に表アークは運ばれてきた。その証拠に、建国神話には契約の聖櫃アークをモデルにした「金櫃（きんき）」が登場する。

秦韓から誕生した新羅の第4代目の王に「脱解王（だっかいおう）」がいる。彼は新羅から東北、海の彼方にあった「多婆那国（たばな）」の出身である。あるとき、王女が卵を産んだ。無気味に思った王は玉を箱に入れて海に流した。箱は秦韓の海辺に漂着した。村人が開けてみると、中には子供がいた。子供は長じて脱解王となった。ずっと鵲（かささぎ）がついてきたので、脱解王は昔氏を名乗ったという。

ここでいう多婆那国とは丹波国、すなわち投馬国のことである。脱解王は倭人だった。投馬国を支配していたのは海部氏である。海部氏は裏アークを手にしていた。裏アークの記憶が卵を入れた箱として描かれている。鵲が箱についてきたとは、表アークには翼を広げた天使ケルビムが設置されていたことを暗示している。表アークは秦帝国からやってきた秦人たちが手にしていた。

新羅には、もうひとり、箱に関わる人物がいる。金氏を名乗る新羅王の始祖「金閼智」である。やはり、これも脱解王の時代である。あるとき、始林で鶏がけたたましく鳴いていた。脱解王が「瓠公」を遣わすと、樹木に金色をした箱が引っかかっている。箱を下ろして、蓋を開けてみると、そこには子供がいた。脱解王は非常に喜び、王国を継がせるために大事に育てた。のちに、金の箱があった場所は鶏林と呼ばれたという。

脱解王の大臣とされる瓠公は倭人である。海を渡って、新羅へとやってきた。腰に瓢箪を下げていたので、瓠公と呼ばれた。瓢箪を下げているとは、まさに浦島太郎の姿そのものだ。瓠公は海部氏である。瓢箪は籠神社の重要なシンボルで、奥宮である真名井神社の別名は「匏宮」という。匏とは瓢箪のことである。

樹にかかっていた金の箱、すなわち金櫃は契約の聖櫃アークである。鶏が鳴いていたとあるように、ここでも翼を広げた天使ケルビムを暗示している。

秦人が建国したもうひとつの弁韓からは伽耶が誕生する。伽耶諸国の中でも大伽耶の始祖

⬆鶏林にある金色の箱の逸話を刻んだ碑が祀られている建物。

「金首露（きんしゅろ）」の伝説は、こうだ。あるとき、亀旨峰という山で、天から声がすると騒ぎになった。人々が喜んで舞い踊ると、天から金の箱が降りてきた。紫の紐の先に紅の布で包まれた金の箱には、6つの卵が入っていた。卵が孵化すると、中から子供が生まれた。子供は長じて金首露となったという。

　基本的なストーリーは金閼智の金櫃伝説と同じである。いうまでもなく、天から降りてきた金の箱、金櫃とは契約の聖櫃アークである。秦人たちが持ってきた表アークの記憶が金櫃として、始祖伝説に反映しているのだ。

　伽耶の金首露伝説は、しばしば日本の天孫降臨神話と比較される。天孫ニニギ命は高千穂の久士布流（くしふる）多気（たけ）に降臨した。久士布流＝クシフル、もしくはクジフルが亀旨峰のクジホンに通じる。降臨するとき、ニニギ命は真床追衾（まとこおうふすま）にくるまれていた。真床追衾は

⬆亀旨峰にあった金首露（きんしゅろ）誕生の伝説をあしらったモニュメント。

卵が入っていた金櫃に相当する。

伽耶と日本の神話が類似しているのは、朝鮮半島から秦人たちが渡来してきたからである。具体的にいえば秦氏である。秦氏が朝鮮半島の金櫃伝説を生みだし、さらに日本列島へと伝えた。

実際、九州には箱にまつわる伝説がある。福岡の筥崎宮である。社伝によれば、かつて神功皇后が、自らが産んだ応神天皇の胞衣（えな）を箱に入れて地中に埋めた。その場所には目印として松を植えた。松は筥松（はこまつ）と呼ばれ、埋めた場所は筥崎宮と呼ばれるようになったのだという。

胞衣とは胎盤である。応神天皇の体の一部である。胞衣を箱に入れたとは、応神天皇が箱に入っていたと解釈できる。箱に入っていた王子とは、まさに新羅や伽耶の王と神話的にまったく同じである。神功皇后が天之日矛の末裔であり、応神天皇が八幡

⬆筥崎宮にある筥松。神功皇后（じんぐうこうごう）が応神（おうじん）天皇の胞衣（えな）をこの下に埋めたという。

神と呼ばれた背景には、秦氏がいる。秦氏によって契約の聖櫃アーク、ここでは表アークが朝鮮半島を経由して、九州に運ばれてきたことを物語っているのだ。

契約の聖櫃アークと神輿

表アークが上陸したのは九州の筥崎宮である。筥崎宮の神職は秦氏だった。正式には筥崎八幡宮という。宇佐八幡宮と石清水八幡宮と合わせて日本三大八幡宮のひとつに数えられる。八幡神社の総本山である宇佐八幡宮の創建には秦氏の支族、辛島氏が深く関わっている。原始八幡信仰は秦氏によるもので、八幡とは弥秦（いやはた）を意味する。先述したように、弥秦はユダヤを意味するヘブライ語「イエフダー」のことだ。

あまり知られていないが、宇佐八幡宮は「神

⬆宇佐神宮のある宇佐市に設置されている神輿発祥の地をアピールする立体看板。

輿」の発祥地である。歴史上、初めて神輿が記録として登場するのが『続日本紀』である。奈良時代、東大寺の大仏が完成した折、これを祝福するために宇佐八幡宮から神輿がはるばる運ばれてきたという。このとき東大寺の別当だった「良弁」も、実は秦氏である。いうなれば、日本で神輿を最初に作ったのは秦氏であるといっていい。

神輿は御神体を入れた箱である。その姿は、実に契約の聖櫃アークとそっくりだ。まず、本体は祭壇である。創造神ヤハウェが顕現する祭壇であり、大きさからすると、日本でいう祠だ。神輿は移動式の神社だ。契約の聖櫃アークの機能とまったく同じである。

移動式であるがゆえ、それを担ぐ必要がある。契約の聖櫃アークには2本の棒があり、これをレビ人が担いだ。日本人が見たら、だれしも神輿と思うはずだ。

契約の聖櫃アークの蓋は贖いの座といって、そこに創造神ヤハウェが顕現した。贖いの座に

⬆移動式の神社である神輿は装飾や造り、機能など、すべてにおいて契約の聖櫃アークと同じだ。

はふたりの天使ケルビムの像があり、互いに向かい合って、その顔を覆っていた。端から見れば、翼を広げた存在が目につく。神輿の上には、決まって鳳凰の像がしつらえられるが、まさに天使ケルビムだ。

中には、宝珠を神輿の上につけることもあるが、これは炎である。神社建築にある宝珠は、みな炎の象徴だ。創造神ヤハウェが顕現するとき、光る雲とともに灼熱の炎が出現した。大預言者モーセがネボ山で出会った燃える柴だ。出エジプトにおける雲の柱に対する炎の柱を表現したものなのだ。

契約の聖櫃アークは全面を金で覆われた。神輿も、しかり。本体はもちろん、装飾は、みな黄金細工である。祭の際、神輿という名の黄金櫃を氏子が担ぐ様は、ユダヤ教徒にとって衝撃である。かのユダヤ人の大富豪ロスチャイルドが、日本の神輿を見て驚愕したという話を伝え聞いたことがある。

無理もない。神輿とは、契約の聖櫃アークがモデルなのだから。日本に渡来してきた秦氏は表アークを手にしていた。表アークを最大限に使ったのが応神天皇である。騎馬民族の大王にして、秦氏の王である応神天皇は表アークを手に九州を制圧。頃合いを見計らって、畿内へと侵出する。まさに表アークは錦の御旗のごとく掲げられた。

ふたつのアークの合体

契約の聖櫃アークがふたつに分けられ、それぞれ陸上ルートと海上ルートで、共に日本列島へもたらされた。どちらにも大祭司がいた。契約の聖櫃アークを扱うことができるのは、アロン直系、もしくは大預言者モーセ直系の大祭司コーヘンしかいない。

裏アークを継承した海部氏は、表アークの存在を知っていた。先に日本列島へと上陸したが、表アークが大陸にあることをわかっていた。いずれ、使命を帯びた漢波羅秘密組織八咫烏たちが表アークを日本に運んでくることをわかっていた。

もし日本列島に大陸から侵攻してくる部族があれば、彼らの素性を知るための「しるし」をもっていた。いわば、符牒のようなものだ。互いに同じイスラエル人であり、預言に従って約東の地に来た同胞である証があったのだ。これが記紀でいう「天羽々矢（あめのはばや）」と「歩靫（かちゆき）」である。神武天皇とニギハヤヒ命が共に天神であることを証明するために、互いに提示した代物である。ごく簡単にいえば、弓矢である。矢そのものと、それを入れる筒のような箱のことだ。武器が同じということは、同じ一族の証だという意味である。

しかし、なぜふたつなのだろう。矢だけでも、矢を入れる筒だけでもいい。なぜ、あえて両者を見せ合ったのか。見せ合わなければならないもの。それは符牒だ。符牒がふたつあったのである。

そう、契約の聖櫃アークである。契約の聖櫃アークは秦始皇帝の命令によって、ふたつに分離された。表アークと裏アークである。表アークは蓋が本物であり、裏アークは箱が本物である。

表アークには一対の翼を広げた天使ケルビムがあった。裏アークはモノを入れる箱である。天羽々矢という文字には「羽」がある。しかも「羽々」とある。ふたつの羽は、一対の翼をもつ存在、つまりは天使ケルビムのこと。歩靫とは、いわば矢箱だ。ユダヤ三種神器を入れた箱、つまりは契約の聖櫃アークの本体を意味しているのだ。

秦始皇帝は契約の聖櫃アークを分離するにあたって、精巧なレプリカを作った。一寸たりとも違わない複製品「権アーク」を作らせた。そのうえで、蓋と箱の部分を入れ替えたのだ。これが表アークと裏アークだ。

両者が預言通り、この日本で再び相対することになった。漢波羅秘密組織八咫烏の目論見通り、ふたつの契約の聖櫃アークは、この日本で再び一体となる。蓋と本体が分離結合され、本物の契約の聖櫃アーク、つまりは「真アーク」が復元された。これをもって、正式に大和朝廷が開かれることになる。初代の神武＝崇神＝応神天皇が降臨したイエス・キリストとともに最初の大嘗祭に望むにあたって、そこには復元された契約の聖櫃アークが安置されたのだ。

儀式を執り行ったのは、もちろんレビ族である。大祭司コーヘンのイスラエル人であったはずだ。ただし、その血統はアロンではなく、大預言者モーセの大祭司だった。そうでなければ、契約の聖櫃アークを扱うことができない。あくまでも、契約の聖櫃アークは大預言者モーセ及びその子孫の管理下にあるからだ。

崇神・垂仁天皇とダビデ・ソロモン王

復元された契約の聖櫃アークは、当然ながら大和朝廷の最高権威、天皇が所有することになるのだが、問題があった。神武＝崇神＝応神天皇はガド族であり、祭司レビ族ではなかった。ゆえに、祭礼と儀式は、すべて大祭司コーヘンに任せていたのだが、ここで不都合が生じる。

このあたりの状況は記紀において、崇神天皇と続く垂仁（すいにん）天皇の治世の出来事として語られている。契約の聖櫃アークという言葉はないが、その中に納められていた十戒石板を八咫鏡（やたのかがみ）として表現している。天照大神から皇孫に授けられた八咫鏡が、なぜか天皇に危害を加える。崇神天皇が神威に恐れをなしたゆえ、八咫鏡を皇女、豊鍬入姫命に託して、皇居の外で祀らせたという。この時点で、契約の聖櫃アークは皇居の外に置かれる。

また、記紀では三輪山の大物主神の祟りだとしているが、崇神天皇の時代、深刻な疫病が流行した。疫病の災いは、創造神ヤハウェのお怒りを意味する。契約の聖櫃アークを略奪したペリシテ人たちを疫病が襲ったことと同じだ。レビ族ではないイスラエル人が大王となって、契約の聖櫃アークを管理したという意味では、崇神天皇の逸話にはダビデ王の故事が反映しているのかもしれない。

⬆第11代・垂仁天皇。八咫鏡を伊勢神宮に祀った垂仁天皇はエルサレム神殿に契約の聖櫃アークを安置したソロモン王にあたる。

続く垂仁天皇は、さしずめソロモン王だ。『旧約聖書』によれば、ダビデ王は契約の聖櫃アークをエルサレム神殿に安置することはできなかった。エルサレム神殿を建設したのは息子のソロモンである。ソロモンが建設したエルサレム神殿の至聖所には契約の聖櫃アークが安置された。

⬆六芒星が刻まれた伊勢神宮の石灯篭。

同様に、契約の聖櫃アークの象徴である八咫鏡は皇居の外に出されたあと、各地を転々とする。皇女の豊鍬入姫命が御杖代(みつえしろ)となって、近畿地方を中心にして巡幸。途中、垂仁天皇の皇女である倭姫命(やまとひめのみこと)がミッションを受け継いで、最終的に伊勢神宮にて祀ることになる。伊勢神宮をエルサレム神殿と見立てれば、まさに垂仁天皇はソロモン王なのだ。

皇居をあとにして伊勢神宮に落ち着くまで、八咫鏡が祀られた地は「元伊勢」と呼ばれる。最初に祀られた場所は大和の笠縫邑(かさぬいむら)である。場所については諸説あるが、その候補地のひとつ笠縫神社は秦氏が奉じる蟠満寺(かにまんじ)の境内にある。

その次に遷座したのが丹後の籠神社である。かつて裏アークがあった場所である。障りがあったので、一旦は元あった籠神社へ合体した契約の聖櫃アークを戻したという経緯があったのかもしれない。

いずれにせよ、祭祀する場所が移動するとは、古代イスラエルにおける移動式の幕屋を示唆する。幕屋にあった移動式の神殿こそ、契約の聖櫃アークなのだから。

いずれにせよ、八咫鏡は最終的に今の伊勢神宮に落ち着くことになる。伊勢神宮の参道にあった石灯篭にはユダヤ人のシンボルである六芒星が刻まれていた。さまざまな憶測を呼んだが、ひとつだけ確かなのは、元伊勢の籠神社の裏社紋が六芒星であるということ。さらには、磯部にある元伊勢の伊雑宮(いざわのみや)の裏社紋もまた六芒星だという事実である。

籠神社では神職の海部氏が祀る倭宿祢命は海亀に乗り、伊雑宮では故事に稲穂をくわえた真鶴が登場する。縁起物である鶴と亀は、それぞれ表アークと裏アークの象徴だ。蓋にある天使ケルビムが鶴であり、本体は文字通り箱亀をもって象徴されているのである。ちなみに、鶴と亀がモチーフの童唄「カゴメ唄」は籠神社の暗号唄である。

本神輿と伊勢神宮の御船代

伊勢神宮には常若(とこわか)の思想がある。常に社殿は新しいもので造られる。期限は20年。かつては数え年だったので、正確には19年。時期が来れば、伊勢神宮の社殿は解体され、まったく新しい社殿に移し替える。これを「式年遷宮」と呼ぶ。

式年遷宮に当たっては、伊勢神宮の内宮(ないくう)と外宮(げくう)は隣の敷地に新しい本殿が建設される。見方を換えると、20年ごとに移動を繰り返している。移動式の神殿なのだ。これは幕屋である。幕屋の記憶が今も式年遷宮を行わせしめているのだ。

ということは、だ。そう、今も伊勢神宮には契約の聖櫃アークが存在している。移動式の神殿という意味で、神道では神輿だ。日本でもっとも由緒正しく、巨大な敷地をもつ伊勢神宮にも神輿があってしかるべきだが、それがない。伊勢神宮は皇室ゆかりの神社であるがゆえ、民衆が担ぐ神輿は存在しないのだともいう。

しかし、実際はある。契約の聖櫃アークの中に納められていたのは「ユダヤ三種神器」である。本来は十戒石板とマナの壺、そしてアロンの杖があった。中でも重要なのは十戒石板である。十戒石板は「日本三種神器」でいえば、八咫鏡である。

八咫鏡は伊勢神宮の内宮に安置されている。八咫鏡を納めている箱のことを「御船代（みふなしろ）」と呼ぶ。八咫鏡は御船代の中に入れられ、伊勢神宮の内宮正殿に安置されている。八咫鏡を十戒石板、御船代を契約の聖櫃アークと読み替えれば、確かに筋は通る。

天孫降臨神話の起源を朝鮮神話に求めるなら、先述したように、新羅の王朝始祖は幼少のころに箱の中に入れて流されてきた。箱を、乗せられていた「船」と同一視すれば、ニニギ命がくるまれていた真床追衾をもって、契約の聖櫃アークと見なすこともできないわけではない。

が、現実は、そう単純ではない。一連の仕掛けをしたのは陰陽師である。カッバーラの呪術師だ。言霊（ことだま）という視点からすれば、御船代の「代」とは代用品という言葉があるように、本物は別にあることを暗示している。

考えてみれば不可解である。なぜ八咫鏡を納める箱を御船代と呼ぶのか。船である理由が記紀神話には、まったく見出せない。天照大神から八咫鏡を託されたニニギ命が船に乗って降臨したのなら、話はわかる。が、そんな記述はない。

しかし、正体が契約の聖櫃アークならば、筋は通る。『旧約聖書』には、もうひとつ別のアークがある。ノアの「箱舟」である。ノアの箱舟もまた、アークなのである。アークには「箱」と「船」という、ふたつの意味が込められているのだ。

思い出してほしい。大預言者モーセは古代エジプトで育った。エジプトの文化には、移動式の神殿があった。2本の担ぎ棒を持って巡幸するあたり、まさに日本の神輿そのものなのだが、興味深いことに船の形をしているのである。

契約の聖櫃アークがエジプトの移動式の神殿、つまりは日本でいうところの神輿をモデルにしているとすれば、慣例に従って「船」に見立てたとしても不思議ではない。地方によって、小さな船を神輿にして担ぎ上げる祭もある。

伊勢神宮の内宮に安置されている御船代とは、八咫鏡を入れた箱である。が、あくまでも、それは代用品である。本体は、別にある。名を「御船（みふね）」という。これが失われた契約の聖櫃アークにほかならない。御船は伊勢神宮内宮の正殿にはない。安置されているのは地下だ。知られざる伊勢神宮の地下殿なのだ。

心御柱と聖十字架

伊勢神宮にとってもっとも神聖なもの、それが「心御柱」である。心御柱とは正殿の下に建てられた木製の柱のことで、何人たりとも見てはならない。半分地下に埋められているが、正殿の床下には接していない。民俗学的には、依代のようなものであると解釈されている。「忌柱」や「天御柱」「天御量柱」などとも呼ばれる。

心御柱には謎が多い。ほとんど実態がわからない。が、漢波羅秘密組織八咫烏から聞いたところによれば、その正体は驚くべきものだった。

まず、一般に心御柱は正殿の中心部に立てられていると思われているが、実際は、中心から北西にずれている。柱も一本ではない。三本柱である。三本一束になっており、上中下と３か所を絹紐で結わえてある。高さは約１５６センチ。材質は檜で、白木作りになっている。三本柱は造化三神を象徴している。

ただし、三本一束の心御柱は式年遷宮の儀式が終わると、すぐに抜かれる。代わりに安置されるのが男根を象った石柱である。その数、三本。造化三神が、いずれも男神であることを意味している。カッバーラでいう絶対三神、御父と御子と聖霊である。

しかし、本当の心御柱は秘密の地下殿に安置されている。棒状ではなく、縦木と横木を組み合わせたT字形をしている。形状から「羽田竿」と呼ばれる。縦木のほうを天御柱といい、横木のほうを忌柱という。長さは天御柱が約4・5メートルで、忌柱は約1・6メートルである。

恐るべきことに、天御柱には1か所、一方の忌柱には2か所、血がついた釘穴がある。これは、いったい何を意味するのか。答えは十字架である。イエス・キリストが磔になった聖十字架なのだ。聖十字架が心御柱の正体だったのである。

⬆磔刑に処せられたイエス・キリスト。伊勢神宮の心御柱はイエスが磔になったこの聖十字架だった。

聖十字架は契約の聖櫃アークの上に置かれている。ちょうど、ふたりの天使が翼で聖十字架を支える形になっている。

創造神ヤハウェは自らを「最初の者であり、最後の者である」と称した。ヘブライ語で「アレフとタヴ」。イエス・キリストはギリシア語で「アルファとオメガ」と称した。アレフは創造神ヤハウェであり、契約の聖櫃アークにて象徴されている。これに対して、タヴはイエス・キリストである。タヴは英語のアルファベットでいう「T」であり、まさに聖十字架を象徴しているのだ。

古代イスラエルの祭具と聖遺物

心御柱は伊勢神宮の外宮にもある。外宮の地下殿に安置されているのが、天御量柱といい、こちらもT字形をしている。正体は「モーセの旗竿」である。そこには青銅の蛇、ネフシュタンが架けられている。いずれもヨシヤ王の時代に一度破壊されたものである。

モーセの旗竿はイエス・キリストの聖十字架の予型である。そこに架けられたネフシュタンはイエス・キリストの予型だ。イエス・キリストが死と復活を遂げたように、ネフシュタンもまた、破壊されたあと、再び復元されたのである。

ここには、かつて表アークと裏アークの補完部分を組み合わせた契約の聖櫃アーク、つまりは権アークが安置されていたが、今はない。権アークは日光東照宮の某所に安置されている。移したのは南光坊天海(なんこうぼうてんかい)である。天海は漢波羅秘密組織八咫烏の一羽だ。

現在、外宮の地下殿にはもうひとつ、マナの壺が祀られている。かつては丹後の籠神社にあったが、戦後、縁あって外宮へと移管された。外宮の主祭神である豊受大神(とようけのおおかみ)は食物の神である。それゆえ、創造神ヤハウェがイスラエル人に与えた神聖なる食物マナを入れた壺を象徴とした

⬆ネフシュタンが架けられたモーセの旗竿。伊勢神宮の外宮の地下殿に安置されている天御量柱（あめのみはかりのはしら）の正体はこのモーセの旗竿だ。

のである。

残るユダヤ三種の神器のひとつ、アロンの杖は現在、愛知の熱田神宮にある。熱田神宮の境内にある一之御前（いちのみさき）神社の地下で、心御柱として祀られている。やがて時が来れば、アロンの杖は磯部の伊雑宮に移管される。伊雑宮は本当の伊勢神宮である。ここには漢波羅秘密組織八咫烏曰く、天照大神の首が祀られている。生首ではない。天照大神＝イエス・キリストの聖十字架に掲げられた罪状板である。聖十字架を人体に見立てて、罪状板を首と表現しているのである。

罪状板には「ナザレのイエス、ユダヤ人の王」と、3つの言語、すなわちヘブライ語とギリシア語とラテン語で書かれている。このうち、ヘブライ語の文章の各単語を拾うと

「ＹＨＷＨ」、つまりはヤハウェとなる。イエス・キリストが受肉した創造神ヤハウェであることを示している。

ラテン語では「ＩＮＲＩ」となり、母音を補うと「ＩＮＡＲＩ：イナリ」となる。日本語でいう稲荷である。稲荷大神は宇迦之御魂神（うかのみたまのかみ）で、食物の神である豊受大神と同一神である。さらには、伊勢神道において豊受大神は天之御中主神と同一神である。ここでいう天之御中主神は

⬆十字架に掲げられた罪状板には「ナザレのイエス、ユダヤ人の王」と書かれている。

大元神という意味であり、創造神ヤハウェに相当する。

預言者エレミヤがネボ山の洞窟に運び込んだのは契約の聖櫃アークだけではない。祭礼に使用する七枝燭台メノラーや香りを焚く香壇もあった。現在、メノラーは出雲大社の地下殿で祀られている。メノラーの足は蛇頭になっており、これが八岐大蛇（やまたのおろち）伝承を生む。

香壇は諏訪大社で祀られている。香壇の四隅には、それぞれ角がある。4本の角が諏訪大社の4つの宮となり、境内の四隅に立てられる御柱となった。ちなみに、4本の柱は伊勢神宮の

外宮地下殿にある天御量柱の周りにも立てられている。

古代イスラエル王国にあった祭具のすべては日本にある。ユダヤ三種神器はもちろん、イエス・キリストの聖遺物まで存在する。エルサレムからは失われてしまったが、この極東イスラエルである日本で、しかるべき立場の祭司レビ人たちによって祀られている。すべてのレビ人の頂点に大祭司コーヘン、すなわち天皇がいる。大預言者モーセの直系子孫である天皇が取り仕切っているのだ。

漢波羅秘密組織八咫烏によれば、かつて明治天皇は伊勢神宮の本神輿、つまりは契約の聖櫃アークの金箔を張り直したことがあったという。明治天皇の御手をもって、直接、契約の聖櫃アークに触れた。契約の聖櫃アークに触れることができるのはレビ人のみ。明らかに明治天皇はレビ族である。まさに大預言者モーセの直系子孫の証である。

出ジャパン

日本は多民族国家である。古来、大陸から多くの人々が渡来してきた。この中に古代イスラエル人がいる。彼らは自分たちが聖書の民であることを知らない。

が、遺伝子の研究によって、徐々にユダヤ人と兄弟であることがわかってきた。いずれ多くの日本人が自ずと自覚するときが来る。

世界中に散った失われたイスラエル人たちが自分たちのルーツを知り、世の終わりに約束の地へ帰ってくることが預言されている。「イザヤ書」には、東の地の果て、海の島々で絶対神ヤハウェをほめたたえる人々がいると記されている。彼らはひとつの国を建て、ひとりの王の導きによって帰ってくるという。

聖地エルサレムから東に向かって、地の果てとはユーラシアの極東、東アジアのこと。しかも、海に浮かぶ島々で、かつ王をいただくひとつの国とは、天皇がいる日本しか考えられない。

考えてみると、日本人は不思議な民族である。日本人は集団で同じ行動をすることができる。全体主義国家でもなければ、共産主義国家でもなく、国家から強制されたわけではないのに、コロナ禍において、ほとんどの日本人はマスクをしている。同調圧力の極みであり、レミングの死の行進のようにリスクはあるだろうが、見方を変えれば、これは強みでもある。

ひとたび決断すれば、行動は早い。自らが失われたイスラエル人であるという認識をもち、本当の歴史を知ったならば、聖書預言のもとに動くはずだ。きっかけとなるのが契約の聖櫃アークである。失われた契約の聖櫃アークが伊勢神宮から運びだされ、白日の下にさらされたならば、世界中が仰天するだろう。と同時に、しかるべき立場の方が隠されてきた日本とユダヤの関係を公開し、預言成就に向けて、自らの使命を宣言するだろう。

アリアー、すなわち約束の地への帰還である。極東から聖地エルサレムへと集団で移住するのだ。そのとき、時の天皇は契約の聖櫃アークを手にし、漢波羅秘密組織八咫烏を従えて日本列島から脱出する。

第2の出エジプト、そう「出ジャパン」だ!!

もっとも、これまで安住してきた日本列島を離れることには抵抗があるだろう。多くの日本人にとって出ジャパンは現実的ではないと思うに違いない。

しかし、日本列島に住めなくなる状況になるとしたら、どうだろう。近年、危惧されている首都直下型大地震や東海及び東南海大地震、さらには富士山噴火。3・11のときのように大津波が襲えば、原子力発電所もひとたまりもない。

加えて戦争である。コロナ禍によって世界経済は不景気から恐慌へ。経済悪化を一転させるために、大量消費の戦争を起こす国も出るだろう。台頭してきた中国とアメリカの対立は先鋭化し、第3次世界大戦も現実味を帯びてきた。グローバル化した今日、日本も無関係ではすまされない。

ヤハウェである牛頭天王、すなわちスサノオ命の化身であるアマビエが注目され、かくも多くの日本人が、その姿を描いたという社会現象は、出ジャパンが近いことを意味しているのではないか。だとすれば、いよいよ日本は歴史的「年越」を迎えようとしているのかもしれない。

日本は神国である。物部(もののべ)氏と秦氏をはじめとする古代イスラエル人が建国した極東イスラエル「ヤマト」だ。物部氏は『旧約聖書』のユダヤ教であり、秦氏は『新約聖書』の原始キリスト教だ。日本神話でいえば、創造神ヤハウェがスサノオ命であり、イエス・キリストが天照大神(あまてらすおおみかみ)である。神道におけるスサノオ命は荒魂(あらたま)であり、天照大神は和魂(にぎたま)だ。

世に災いをもたらすのは悪魔ではない。悪魔は堕天使であり、人間を悪の道へと誘惑する存在であり、いわば試す者だ。『旧約聖書』を読むとわかるように、地上の生物や人間を滅ぼしてきたのは絶対神ヤハウェである。悪魔の誘惑に負けて堕落した人間に天罰を下すのは、この世を創造したヤハウェ＝イエス・キリストなのである。

日本は神に祝福された国であるが、同時に試される。日本人の多くが堕落し、そして、神の怒りを買う。近い将来、日本は滅亡の淵へと追い込まれる。蘇民将来の大預言は、けっして明るい未来を約束するものではない。最初の過越、すなわち古代エジプトにおける出エジプトの前夜のごとく、日本にも殺戮の天使たちがやってくる。

出エジプトにおいては、全土に疫病が流行した。まさに今、全世界で新型コロナウイルスという疫病の感染が広がり、人類史上最悪の事態となっている。世界の雛型である日本も、しかり。何度も緊急事態宣言が発出され、毎日、多くの死者が出ている。創造神ヤハウェであるスサノオ命の荒魂が蘇民将来の預言の通り、疫病をもたらしているのだ。

　恐るべきスサノオ命の荒魂は、もうひとり恐るべき男を蘇らせようとしている。平将門である。奇しくも、２０２０年11月22日、東京の大手町にある平将門の首塚の改修工事が開始された。が、３日後の25日、茨城県を震源とするマグニチュード４・３の地震が発生した。茨城県は平将門の本拠地である。幸い改修工事は４月下旬に無事に終了したが、安心するのは早い。今回の改修工事によって、平将門の怨霊が目覚めるかもしれないのだ。改修工事によって、首塚をいじったというだけではない。実は、この裏でひとつの密儀が行われていたのだ。茨城県の神田山延命院には首塚とは別に胴塚がある。改修工事にあたって、実は、この胴塚の土を首塚にもっていき、いっしょに埋めたというのだ。ある意味、首と胴体がつながった。呪術的に平将門は蘇った可能性がある。

　本来、平将門の首塚は江戸の要であった。江戸城の霊的守護を目的として作られた。裏で動いたのは南光坊天海である。天海は漢波羅秘密組織八咫烏のひとりであり、正体は明智光秀である。新型コロナウイルスが流行した２０２０年のＮＨＫ大河ドラマ「麒麟がくる」では、明智光秀が主人公だったのも、おそらく偶然ではない。

織田信長を討った明智光秀は、その首を京都の北、船岡山に埋葬した。ここには織田信長を祀る建勲(けんくん)神社がある。建勲神社の某所に織田信長の首は密かに埋められ、平安京の霊的守護として位置づけられた。まさに、これと同じことを明智光秀＝天海は江戸でも行っていたのである。もし、仮に平将門が霊的に復活したら、どうなるか。英雄神ならまだしも、怨霊となれば、東京が壊滅状態になる可能性もある。作家荒俣宏氏の小説『帝都物語』の世界だ。しかも、ここで鍵となるのが安倍晴明(あべのせいめい)である。本文でも触れたが、安倍晴明は平将門の子供である。

安倍晴明は陰陽師である。陰陽道は常に表と裏。日本もまた、東日本と西日本から成っている。平将門は関東武士として新皇を名乗った。いわば東日本の天皇だ。同じようなことは幕末にもあり、戊辰戦争において東武皇帝が立てられた。東武皇帝として擁立された北白川宮能久(きたしらかわのみやよしひさ)親王(しんのう)は輪王寺宮(りんのうじのみや)と呼ばれたように、日光とゆかりが深い。いうまでもなく日光東照宮は天海が設計した。日光東照宮は東日本における伊勢神宮なのだ。つまり、天照大神＝アマテラス大神に対する東照大権現＝アズマテラス大権現という位置づけだ。平将門が霊的に復活した今、近い将来、ふたつの日本が現出する。はたして、そこに現代の安倍晴明は現れるのだろうか。

今回も共著者として全面的に協力してくれた三神たける氏と編集作業でお世話になった西智恵美氏に感謝の意を表したい。

サイエンス・エンターテイナー　飛鳥昭雄

●編集制作●西智恵美
●写真提供●長岡京市教育委員会／亀山市歴史博物館／唐松神社／ムー編集部ほか
●イラスト●久保田晃司
●聖書引用●日本聖書協会
●ＤＴＰ制作●明昌堂

失われたモーセの大預言「蘇民将来」の謎

2021年7月4日　第1刷発行

著者―――飛鳥昭雄／三神たける
発行人――松井謙介
編集人――長崎有
発行所――株式会社　ワン・パブリッシング
　　　　　〒110-0005　東京都台東区上野3-24-6
印刷所――中央精版印刷株式会社
製本所――中央精版印刷株式会社

●この本に関する各種お問い合わせ先
本の内容については、下記サイトのお問い合わせフォームよりお願いします。
https://one-publishing.co.jp/contact/

不良品（落丁、乱丁）については　Tel 0570-092555
業務センター　〒354-0045　埼玉県入間郡三芳町上富279-1

在庫・注文については書店専用受注センター　Tel 0570-000346

ワン・パブリッシングの書籍・雑誌についての新刊情報・詳細情報は、
下記をご覧下さい。
https://one-publishing.co.jp/